新中国文物保护史记忆

谢辰生　口述
李晓东　彭蕾　整理

文物出版社

图书在版编目（CIP）数据

新中国文物保护史记忆/谢辰生口述；李晓东，
彭蕾整理. —北京:文物出版社，2016.8
ISBN 978-7-5010-4577-8

Ⅰ.①新… Ⅱ.①谢… ②李… ③彭… Ⅲ.①文
物保护—历史—中国—现代 Ⅳ.①K87

中国版本图书馆CIP数据核字(2016)第081805号

新中国文物保护史记忆

口　　述：谢辰生
整　　理：李晓东　彭　蕾

装帧设计：晨　舟
责任印制：陈　杰
责任编辑：周　成　陈　峰

出版发行：文物出版社
地　　址：北京市东直门内北小街2号楼
邮　　编：100007
网　　址：http：//www.wenwu.com
邮　　箱：web@wenwu.com
制版印刷：北京鹏润伟业印刷有限公司
经　　销：新华书店
开　　本：787mm×1092mm　　1/16
印　　张：16.25
版　　次：2016年8月第1版
印　　次：2016年8月第1次印刷
书　　号：ISBN 978-7-5010-4577-8
定　　价：88.00元

谢辰生，1922年生于北京，著名文物专家、国家文物局顾问、中国文物学会名誉会长、国家历史文化名城专家委员会委员。年轻时师从郑振铎，参加了《中国历史参考图谱》、《甲午以后流入日本文物之目录》的编辑出版。1949年进入文化部文物局，参加起草了新中国成立后的一系列主要文物法规。曾主持起草1982年《中华人民共和国文物保护法》，撰写《中国大百科全书·文物博物馆》文物部分前言，还出版了《谢辰生文博文集》和《谢辰生先生往来书札》等著作。

目　录

序

　　我和辰生同志相交相知已逾半个世纪。对他，我是十分尊敬和钦佩的。人们把他称为祖国文物的守护人，他确实当之无愧。

　　大家都知道，文物是一代又一代前人遗留下来的实物，是历史的见证，具有巨大的历史价值、艺术价值和科学价值。对它的价值，人们的认识一直在不断深化，往往今天还没有认识到的，若干时间后又有新的理解。而文物有一个重要特点：它是不能再生产的。一个现代摩天大楼的倾塌固然能造成不小损失，但不难重新兴建起来。重要文物一旦被破坏，便永远在人间消失。这样的事实不仅在以往经常发生，在今天依然不断出现。

　　新中国成立以来，文物工作取得举世瞩目的巨大成就。但在这过程中，也看到过不少来自各个方面的破坏活动。特别是在大规模基本建设和发展旅游事业时，常常有一些因无知或只顾眼前局部利益而造成的无法弥补的损失。正因为如此，新中国投入不少精力，先后制定并发布一系列文物保护管理的法律和条例，督促执行，使这方面的工作走上法制管理和稳步前进的轨道。

　　任何再好的法律和条例，都要靠人来监督和执行，否则仍可能成为一纸空文。但要真正成为祖国文物的守护人十分不易。它至少需要具有两个条件：一是真正懂得它的价值和意义，有丰富的知识和经验，知道应该怎样来保护和管理祖国文物，想得比别人更深更远更在行。二是要有那股对祖先负责、对后人负责的强烈责任感和使命感，把它看得同自己的生命一样重要。当遇到使常人畏缩的困难和阻力时，敢于挺身而出，并且锲而不舍，不达目的不轻易罢休。

讲到这两条，不能不立刻想到郑振铎、王冶秋、夏鼐等几位令人难忘的先行者。就拿我接触比较多的王冶秋同志来说，在"文化大革命"那样大破坏的困难岁月中，对文物工作就起着别人难以替代的作用。记得李先念同志那时对各地领导干部所讲的一句话：你们一定要把文物保护好，否则王冶秋要同你们拼命的。文物工作在那几年中确实取得了震动世界的巨大成就，包括秦兵马俑坑、马王堆汉墓、银雀山竹简、满城的金缕玉衣等等。想想当时的环境，再想想取得的辉煌成就，不能不令人肃然起敬。

如今，这几位先行者都不在了。今天能具有前面所谈的那两个条件的，首先得数到辰生同志。他堪称对新中国文物保护和管理工作最有发言权的历史见证人，亲历了新中国文物工作的全过程，并且始终处在不是无足轻重的关键性岗位上。有这样经历的，可说已无第二人。最令人感动的是，他依然时刻关注着文物保护工作的全局和每一步发展，并且积极投身到这项工作的发展进程中去。遇到重要问题时，他总是挺身而出，疾恶如仇，加以阻止，多少次直言不讳地给中央领导人写信，得到重视和采纳，发挥着其他人难以起到的作用。

大家都记得那句名言："实践是检验真理的唯一标准。"辰生同志这本口述历史，最突出也最宝贵的特点是：始终把新中国六十多年来文物保护工作的实践作为出发点，提纲挈领地叙述在这一过程中遇到过的重大问题，剖析问题产生的原因，说明探索如何解决问题的经过，指出怎样做才能取得成功、怎样做就可能是弯路，从中领悟到怎样做好这项工作的道理。这样的叙述，实实在在，明明白白，引人入胜，不是流于抽象地空发议论，也不是陷入烦琐的流水账的细节记录，实在是一本值得所有文物工作者好好读一读的生动教科书。

写下这些话，既可以说是自己粗浅的读后感，也可以说是对作者又一本新著出版的祝贺。

金 冲 及
2015 年 12 月 12 日

第一讲　新中国成立初期的文物保护工作（上）

一　历史背景

在说新中国文物保护的历史以前，首先要了解历史背景。中华人民共和国成立后的文物保护管理工作，从 1949 年开始。在新中国成立以前，我们的文物保护状况很差。先简要说一下，自从 19 世纪中叶中国沦为半殖民地半封建社会，中国近代史实际上是一个被压迫被屈辱的民族史，是很可悲的历史。我们祖先遗留下来的文物本身的遭遇跟我们国家的遭遇是一样的，同样遭到了很大的破坏，我觉得这点很重要。我们的文化遗产如圆明园，在战争中先是被外国侵略者洗劫，然后又被放火焚烧，这是一种破坏。还有我们故宫里很多的宝贝也被八国联军掠夺走了，这是一种战争掠夺。那么战争掠夺之外，西方列强还用巧取豪夺的手段掠夺我们的文物。比如到 19 世纪末期，在那个所谓地理大发现的时代，英国、俄国、德国、瑞典、美国、芬兰、法国、日本等国家都组织了探险队进入我国，尤其是西部地区，包括敦煌、黑水城、楼兰、龟兹、于阗等地，进行所谓的"考古"，实际上是盗挖盗运我国的珍贵文物，这也是一种掠夺。不仅掠夺，而且这些国家还利用掠夺的文物来歪曲我们国家的历史，作为他们整个侵略的一个内容。这也是很重要的一点。所以，我说当时那些资本主义国家对我国既在军事上侵略、经济上掠夺，同时也在文化上侵略和掠夺。这是一个大的历史背景。

其实在清末时期和民国时期，也不是说我们国家一点都没搞文物保护，还是保护了。清末已经开始重视这块。1906 年（光绪三十二年），清政府设立民政部，拟订《保存古物推广办法》，并通令各省执行。1908 年（光绪三十四年）颁布的《城镇乡地方自治章程》其中就有涉及"保存古迹"的条款。清朝民政部在 1909 年 8 月，也就是宣统元年，还草拟了《保护古迹推广章程》。这部章程对文物的概念和范围都有规定，即"周秦以来碑碣、石幢、石磬、造像及石刻、古画、摩崖、字画之类"。并且要求，各省督抚对文物详细查清，咨报民政部存案备核、严禁倒卖文物、违者科以重罚，并处地方官失察之罪；各省创设博物馆，以收藏文物，妥善保护。但是那时候我们是弱国，政权不稳，力量也不大，主权也不完全掌握在中国人自己手里，这些法律几乎都没能执行下去，所以当时对文物的保护是很不够的，但确实还是有保护的措施和规定的。这点应该承认。

到了民国北京政府时期，中国文物走私现象还是十分严重。为了扭转这一局面，以防"数年之后国家留贻悉为外国吸收"，北京政府决定制法对文物出口加以限制。1914 年 6 月 14 日北京政府大总统发布限制古物出口令，"嗣后关于中国古物之售运，应如何区别种类，严密稽察，规定惩罚之处，着内务部会同税务处分别核议，呈候施行。并由税务处拟定限制古物出口章程，通饬各海关一体遵照"[1]。1927 年 3 月 26 日，北京政府再度发布大总统令，"著税务处妥订禁止古物出口办法，饬令海关切实稽察"[2]。

1916 年 3 月，内务部颁发了《为切实保存前代古物古迹致各省民政长训令》。同年 10 月，内务部又颁发《保存古物暂行办法》，通令各省对待古物应"一面认真调查，一面切实保管"。暂行办法将古物大致分为五类，据此设定了五项条款[3]。并且规定对以上各类古物以政府保护、修葺为主，备案，严禁出口。

值得一提的是，1912 年 12 月和 1913 年 12 月，税务处曾两度函请内务部拟定限制古物出口章程，1927 年 8 月内务部也致函税务处建议其制定禁止古物出口章程，当时的政府也曾责成内务部会同税务处拟定禁止古物出口章程，但由于时局动荡，这类章程始终没能出台。

南京国民政府时期开始全面制定文物法律，从而开启了中国文物保护的法制化进程。1930年6月7日，南京国民政府颁布了《古物保存法》[4]。为了便于执行，南京国民政府行政院又在1931年7月3日公布了《古物保存法施行细则》，对前面颁布的《古物保存法》进一步细化[5]。后来，国民政府又先后颁布了《采掘古物规则》（1935）、《古物出国护照规则》（1935）、《外国学术团体或私人参加采掘古物规则》（1935）、《暂定古物之范围及种类大纲》（1935）、《古物奖励规则》（1936）、《非常时期保管古物办法》（1936）。它们是国民政府颁布的第一批文物方面的法律规定，涉及可移动和不可移动文物、古物的概念和认定、考古挖掘、出口许可、登记管理等几个方面，是中国文物法律发展史上的重要阶段，对新中国的文物法律制度建设都产生了深远的影响。

中华民国时期，除了上边提到的文物法制建设，还在1928年成立了中央古物保管委员会。这个委员会是一个文物管理机构，隶属于大学院（院长是蔡元培）。1929年3月大学院制结束后，改隶教育部。当时成立这个委员会，集中了全国的名流做这个委员会的委员，所以这个委员会还是起了很大的作用，也搞了很多事情[6]。尽管搞了很多事情，但那时候海关不完全在我们手上，半殖民地半封建社会，没办法，所以大量的文物外流。

除了政府，百姓也有一定的文物保护意识。像美国人华尔纳，1924年组织探险队来到敦煌，用特制的化学溶剂和胶布从莫高窟粘取了七个洞窟的壁画二十六方，一共是32006平方厘米，这第一次来了，把壁画拿跑了。1925年他第二次来了，想把285窟壁画全部弄走，结果让老百姓发现给轰走了，这次就没弄成。这说明我们民众非常热爱祖国的文化遗产。

那些帝国主义国家从我们国家抢走、偷走文物运回他们自己国家收藏，行为本身就是对文物的极大破坏。比如像美国人普爱伦跟古董奸商岳彬等勾结，凿取帝后礼佛图这件事。帝后礼佛图，是龙门石窟宾阳中洞东壁上的浮雕，那是一个非常珍贵的浮雕啊，了不起的一个东西，结果他就是把这个东西用锤子凿下来，然后秘密弄走，现其中的《北魏孝文帝礼佛图》藏于美国纽约市艺术博物馆，《文昭皇后礼佛图》藏于美国堪萨斯市的纳尔逊艺术博物馆。我去美国看过，从远处看这个图还是挺完整的，好像保护得不错，可是一近看啊，净是裂纹，就是砸成碎块了才往上拼的。那是大破坏，本来一个完整的东西，现在拼起来，远看还可以，近看就发觉破坏得太严重了，一块块的，都是纹。所以像这种文物遭到抢劫、掠夺、盗运的惨痛历史，应该跟我们近代国家和民族的历史联系在一起。就是说我们国家文化遗产的命运是跟国家和民族的命运相通的。我觉得这是一个大背景。

所以毛主席在中共七届二中全会上的报告里有一段话，我觉得是很重要的。它的大意是说，我们进城以后，还要继续与帝国主义国民党势力做斗争，在我们掌握海关以后，那才是在帝国主义面前站起来了。这是很重要的一点。为什么我们新中国成立以来第一个文物法规[7]是禁止珍贵文物出口呢？跟毛主席这句话很有关系。就是说，原来外国列强拿走文物我们没办法，海关也不控制，追了半天也弄不回来。现在我们中华人民共和国成立了，第一个就是要堵住文物流失的口子。海关掌握在人民手里以后，才真正在帝国主义面前站起来了。所以我说有这么一个历史背景，毛主席说过这话，1949 年我们中华人民共和国成立后，首先就办这件事。事实上，禁止珍贵文物出口不是 1949 年才开始的，而是在华北人民政府时期就规定了的。1949 年 1 月 31 日北平解放，2 月20 日华北人民政府迁到北平，4 月 8 日就以华北人民政府的名义颁发《为禁运古物图书出口由》。当时对文物的概念还没那么具体，世界上对文物的概念是说一百年以上的就算文物，那时候华北人民政府那个文件写的是八十年以上。我也搞不清当时为什么用八十年来判断是否可以出口，但至少是有这么一个文件规定了八十年的年限[8]。所以，在华北人民政府时期就已经开始动手禁止文物图书出口了。人民解放军部队进城以后呢，很多东西（文物）就出不去了。

二　新中国成立之初的文物保护工作

到了 1949 年 10 月 1 日中华人民共和国成立，1949 年 11 月文化部文物局成立，当时文物局提出一个最重要的任务首先就是要堵住海关口子。这条很重要。我跟郑振铎到文物局工作，他任局长，交给我的第一个任务就是起草几个文件。郑振铎给我一些材料（比如《古物保存法》）做参考。那时候我对文物工作还不怎么了解，也不知道该怎么办。郑振铎就亲自指导我，告诉我文物工作是怎么回事，国际上是什么情况，文件该怎么写，都给我讲，我起草文件。那时候是博物馆处代管文物，裴文中任处长，还有王冶秋副局长。我这稿子跟他们反反复复讨论，改完再写，然后再送给郑振铎看。我记得我还保存有一个《古文化遗址及古墓葬之调查发掘暂行办法》文件初稿，现在找不着了，但肯定是有，他还签着字。我参与起草的文件主要就这么三个：一个是《禁止珍贵文物图书出口暂行办法》（1950 年 5 月 24 日），一个是《古文化遗址及古墓葬之调查发掘暂行办法》（1950 年 5 月 24 日），再一个就是《中央人民政府政务院关于保护古文物建筑的指示》（1950 年 7 月 6 日）。最早出来的是前两个，差不多两个多月之后吧，就出了第三个文件。第三个文件颁布之前还出了《中央人民政府政务院为征集革命文物令》（1950 年 6 月 16 日）。这个文件整个是王冶秋自己写的，我参加了讨论，但不是我起草的，是王冶秋自己起草的，佟柱臣、罗歌他们也参与了这些事情。就这么个情况。所以最先起草的文件首先是为了堵住海关口子。这条已经定了。就是因为堵住了海关口子，刚解放的时候北京城里头那些个外国人手里的中国文物都没能拿走。所以从那个时候开始，到"文化大革命"，中间可以说大规模的走私和盗掘基本上是没有的。个别的不是说没有，但基本上没有。所以，毛主席所说的，我们真正在帝国主义面前站起来了。我们的文物再也出不去了（指非法出口）。这是很重要的一条。

为什么为了堵住海关的口子要制定两个文件，一个关于禁止文物图书出口，一个关于考古调查发掘呢？这也是当时郑振铎和王冶秋有远见，他们觉得我们新中国成立以后肯定会开展国家的社会主义建设。我们这样一个有五千年绵延不绝的文明历史的国家，可以说是全世界没有的。在文字史料方面，有二十四史，或者说是二十五史，还有大量的野史，历史从古至今是连续不断的，都有记载。文物实物方面，从旧石器时代到新石器时代，从夏商周，一直到清朝，都保存着大量的文物，所以从文献和文物流传、保存情况来说，都是全世界没有的。全世界其他国家也有比我国历史早的，埃及文明就比我国的早，可是它的文明中间断了，现在的埃及人不是古埃及人，是阿拉伯人了。印度文明也不完整。现在中华文明五千年，也可能更早，我们说五千年的文明历史连绵不断，文字不断，文物不断。这是一个极大的财富，而且在甲午战争（1894～1895）以前，我们整个几千年在各方面都在世界居于前列，不是落后，是先进的国家，只有到鸦片战争以后，才沦为半殖民地半封建的社会。在这以前我们是强国，是世界上的大国，从经济上文化上都是对世界有影响的。我们几千年的文明历史所创作的许许多多的东西在世界上都是不得了的，比如"四大发明"。马克思曾高度评价火药、指南针、印刷术的发明，他说："这是预告资产阶级行将到来的三大发明。"

所以说我们这个文化是不得了的，现在很多东西我们自己都看不懂了，很多东西也被毁掉了，毁掉了的东西有什么价值我们都不知道，我们根本就不了解。我就想举一个例子，我们保护故宫，研究故宫，可有谁研究过故宫的下水道啊？这次大水[9]，积水较深。可故宫呢，并没有积水。可见故宫的下水道现在很值得我们研究，从这里头我们能吸取多少教训啊。事实上几乎每件文物都或多或少有类似这些值得研究借鉴的地方。所以说到现在我们对于文物价值的认识，还是非常之浅薄。什么花多少钱，一锤子买卖，谁了解价值是什么啊。

文物本身凝结了几千年文化，是人类知识的结晶，文物是当时的人们为了生存而创造出来的。生存本身就意味着是要跟自然做斗争。这里头蕴含着很多科学道理，只是可能以现代人的眼光还没认识到呢。要搞文物的话，得搞科学研究，得对文物的价值进行深入的研究，不是光欣赏，要深入研究。文物里面往往有取之不尽用之不竭的价值，我们还不完全理解它的价值，还不懂，就认为我们现在了不起了，可以判断哪些才需要保护，这是错误的幼稚的想法和做法。文物对我们今天建设的各个方面都起了很大作用。

我想在这儿谈一下关于荣科的一件事。荣科是谁呢，是一个英国毕业的航天专家，在英国都是很出名的。他是中国人，是我们七机部的顾问。改革开放以后，我们要造飞机，但我们没那本事呀，一些核心技术都没有，比如像那些个喷气式的飞机，那个叶片怎么造出来的？不知道。所以让荣科代表咱们国家去英国买技术，结果花了几百万买回来的"技术"，人家那个核心机密就不告诉你，比如那叶片怎么造成的，就没告诉。买回"技术"来以后等于白搭。就是在这个时候，正好随县曾侯乙墓出土了一大批青铜器，这是在 1978 年。这批青铜器当中有一套编钟，那是了不起了。过去一直说中国只有宫商角徵羽五个音阶没有七个音阶，那"哆来咪发唆拉西"没有全。那个战国时候的这套编钟就能敲出七个音来。打破了我们过去的传统说法，不是五个音阶而是七个，而且在不同部位就出七个声。这是一个了不起的技艺。更重要的就是出土了一个尊盘。尊盘上面的那个纹的细致程度简直不得了，就跟头发丝似的，漂亮极了。尊盘整个儿都是花纹，还是镂空的。不知道当时怎么那么大本事，能造这么好的东西。我们文物部门的人不知道当时采用了什么技术手段和制造工艺。荣科是搞精密铸造的，他说这也是精密铸造，能做出这个尊盘，就能做出那个飞机叶片，非想办法不可。他跟我说，我们来给你解决这问题。他就召集全国的铸造业专家，鉴定了好些天，研究这到底是怎么造出来的。最后大家得出结论，这是用失蜡法做的。这个失蜡法太重要了，这是精密铸造的一个很重要的技术手段。

荣科跟我讲这些对我们有很大的意义。为什么呢？因为这个失蜡法在民间还保存着呢，在云南地区造佛什么的都用这个失蜡法。有个叫陈纳德的，抗战时期从缅甸到重庆，多次经过云南，他在民间看到这种失蜡法，大为惊异，结果就学了这一套，带到美国去了。之后，他又把这个技术传给了英国。最后英国就是用这种方法，当然他是借鉴，是有发展的，但实际上是根据我们这个技术发展起来的，造成了所谓后来的喷气式叶片，就是咱们要买的那个东西，列入英国十大军事机密。荣科说文物真是不简单，这么高级的技术在几千年前我们有了，当然是比较雏形的，但是人家就利用这个造出飞机来了，我们到现在都造不出来。他说英国不给我们这个技术，我们自己搞，所以他就拉着我到王震家去。那时候王震管国防科委，他跟王震说我现在有个要求，您能不能给经费，单独成立一个专门研究民间失蜡法的研究所？王震说那当然没问题。后来到底怎么样？因为是军事机密，我不便问，所以最后的结果怎么样我就不知道了。但荣科的这件事至少说明一个问题：这个文物价值太大了。不是一提文物，就是拍卖什么的，那太肤浅了。所以我认为文物很重要，出土文物这里边的东西（学问）太深，所以对文物宁可保守不可粗暴。新中国成立初期非常重视文物保护工作。所以我刚才说新中国成立以来，第一件事就是堵住海关口子，这已经解决问题了。

三 新中国成立初期文物工作的任务

新中国成立后的头三年，从国家建设来说，是三年恢复时期。这时文物工作的几大任务，一个是对内防止破坏，一个是对外禁止出口。那时候对破坏文物处理得很严厉。像龙泉塔，那个副县长不知道为什么把它给拆了，浙江省省长沙文汉即刻就把他撤职了，严格得很。像河南的百泉，当地卫生局占用古建筑，也是即刻就处分，非常严格。那时候倒还没立法呢，破坏文物这些事都受到了严厉的处分。所以当时对内是禁止破坏。1950 年文件出来以后，就把住了。1950 年最重要的前三个文件，就是有关禁止珍贵文物图书出口，考古调查发掘办法，古建筑的保护。文件出来以后，对外严禁文物出口也把住了。还有一个是征集革命文物令。征集革命文物，就文物工作来说是一个新发展，别的国家没有这个说法，我们有了这个说法，这是别的国家没有的。这些革命文物都是 20 世纪的文物。所以现在说 20 世纪文物，一点不新鲜，对不对？当时就是这么一个情况，对外禁止出口，对内严禁破坏。

第二个任务是成立机构。在三年恢复时期，那时候全国所有的省都有文物管理委员会，而所有的文物管理委员会（以下简称文管会）的主任都是由一个副省长当主任。文管会底下的办公室跟文物局一样，管着文物这一块，一个是收集了很多文物，一个是保护了一些东西。像我刚才说的，把那些破坏文物的人（甚至是企图破坏文物的人）都处理了，那都是文管会上报的，要不然上级也不知道这事。因为有这么几个案子出来了，马上就不一样，很快就没什么破坏了。对外，文物出不去了；对内，制止了破坏文物、盗掘古墓。特别是1952年，枪毙了一批盗墓贼，一下就镇住了，管了三十年。在新中国成立后的前三十年，哪有什么大规模破坏文物、挖掘地下文物？没有这事。应该说前三十年，文物走私、盗掘基本控制住了。前三十年建立机构，河北省文管会主任吕贤，河南省的是嵇文甫，都是副省长兼。所以那时候文物工作开展得很顺利，机构也很有权威。后来成立文化局，慢慢这文管会并到文化局去了，就成了文化局的一部分了。开始，文化部成立的时候，地方的文物部门就是直接由省政府、市政府成立的文管会。北京没成立文管会，成立了文物组。

第三个任务是培养技术人员。这三年当中一个重要问题是人才问题。旧中国遗留下来的文物人才很少。三年恢复时期以后，紧接着就是中国第一个五年计划。开始，苏联援助中国一百五十六项工程在全国各地铺开了。郑振铎、王冶秋有远见就在这儿，一方面堵住旧的口子，一方面觉得我们国家要进行大规模的社会主义建设，作为我们有五千年文明历史而且文物众多的国家，必然会遇到基本建设与文物保护产生矛盾的问题，要赶快想办法。于是就诞生了郑振铎亲自起草的、后来由中央人民政府政务院颁发的《关于在基本建设工程中保护历史及革命文物的指示》（政文习字24号）。这个文件是1953年10月12日发的，但是这事是在1952年就开始琢磨了。我们海关口子把住了，内部破坏也按住了。但是如果基本建设当中不注意保护，文物又会遭到很大破坏。但是呢，会做好保护的人没有。因为那时候考古所（中国科学院考古研究所）来的人，郭宝钧[10]那样的没几个呀，历史研究所（中国科学院历史研究所）给我们留下的也没几个人。在全国范围内开展社会主义建设，到处动土兴工，修铁路、修公路、盖厂子，那不得了啊。所以他们认为，得赶快培养技术人员。

　　所以在1952年以前，文物局就开始酝酿这个事情，主要解决两个问题：一个是政策问题，一个是人才问题。一方面，写在基本建设工程中保护历史及革命文物的报告，后来形成了《中央人民政府政务院关于在基本建设工程中保护历史及革命文物的指示》。这是一个政策问题，就是说在这个时期要注意保护文物。人才问题呢？没人哪，郑振铎和王冶秋急了，就想办法得办短期训练，举办短期考古人员训练班。当时，在这个问题上是有不同认识的，郑振铎和王冶秋提出来，最好是由文化部、科学院、北京大学联合举办短期考古人员训练班。同时要在大学，也就是北京大学成立考古专业。但是那考古专业是正规的，得几年才能毕业啊。所以首先要抓训练班。有人说三个月行不行？当时夏鼐、苏秉琦对此也有不同认识的。夏鼐说考古是一门科学，你三个月怎么能行呢，根本不可能啊。当时郑振铎和王冶秋就跟他讨论这个问题，你说不行怎么办？要想成为一个考古学家那确实不行，即使成为一个考古研究人员也不是三个月能解决问题的，但是有一条，考古最基本的技术三个月能不能掌握？比如说记录、绘图、照相，在考古过程当中必须遵守的一些准则，原封不动的记录不就完了嘛。只要把这些材料记录下来，至于将来到底有什么价值，这些人没办法研究，还可以有更高层次的学者来研究。但你得先保下来，保不下来怎么办。保下来至少得会这几个技术吧，考古发掘不会这个不行啊。所以最基础的工作让训练班学员学会，最基本的常识要知道，最基本的要求要知道，最基本的技术要掌握。那么在三个月内行不行？夏鼐、苏秉琦听了觉得这样还是可以的，同意举办短期人员训练班。结果连续举办了四期训练班，三个月一班，三个月一班，一共培养了三百四十一人。这就是人们后来说的所谓"文物队伍的黄埔四期"。这些人后来都成为文物骨干人员。

　　考古人员训练班开班以后，一方面训练，一方面马上带队伍下去了。夏鼐到工地上亲自指导。那时候动员了最高级的专家为文物工作服务。像洛阳站的库房还是梁思成设计的。训练班主任就是裴老（裴文中）啊，来讲课的人都是第一流的：郭沫若、夏鼐、裴文中，都是这些人给学员讲课。训练班的学员一批出来就下去，一批出来就下去，到各地方，哪里发现地下文物就去哪里。所以讲，那时候最主要的基本建设是一个"点"和"线"的问题。一个点，比方说洛阳那么些个厂，那个就是"点"；另一个是"线"，就是修铁路，比如成渝铁路。所以"点"和"线"的问题都是非常重要的。训练班学员确实起了非常大的作用。那时候很紧张，工期不等人，配合基本建设搞考古发掘挺费劲，累得很。不能请假，文物抢救是第一位的。

注　释

[1] 中国第二历史档案馆：《大总统发布限制古物出口令》，《中华民国史档案资料汇编第三辑·文化》，江苏古籍出版社，1991 年，第 185 页。

[2] 中国第二历史档案馆：《大总统令税务处妥订禁止古物出口办法令》，《中华民国史档案资料汇编第三辑·文化》，江苏古籍出版社，1991 年，第 188 页。

[3] 这五类古物具体为："历代帝王陵寝和先贤坟墓；城廓关塞、壁垒岩洞、楼观祠宇、台榭亭塔、堤堰桥梁、湖池井泉等；碑版造像、画壁摩崖等关系艺术类；植物；金石竹木、陶磁锦绣、旧刻书帖及各种器物等。"参见中国第二历史档案馆：《内务部拟定保存古物暂行办法致各省长都统饬属遵行咨》，《中华民国史档案资料汇编第三辑·文化》，江苏古籍出版社，1991 年，第 197~199 页。

[4]《古物保存法》是民国第一部保护文物的大法，计 14 条，对古物范围、保存机构、登记造册、采掘执照、出口管制以及主管机构的组织诸方面做出了概括性、原则性的规定。

[5] 细则计 19 条，着重对私有重要古物登记、古物采掘和古物流通作了详细规定。

[6] 中央古物保管委员会自 1928 年成立以后，进行了多项有关古建筑、古墓葬、古遗址的调查，发表了多种具有一定学术价值的报告，并且办理了美国人安得思在蒙古私采古物案、日商盗卖山西天龙山北齐石刻案、山西浑源出土大批古铜器案、私卖安徽寿县出土楚王鼎案、私卖甘肃定西出土莽

权、莽衡案等等。1935 年 5 月，该会编辑出版了《古物保管委员会工作汇报》一册。抗日战争开始后，该会工作即告结束。

[7]《禁止珍贵文物图书出口暂行办法》是 1950 年 5 月 24 日中华人民共和国中央人民政府政务院颁发的第一个文物法规。

[8] 法令对禁止出口的文物有明确规定："为防止古物图书盗运出口，自命令之日起，凡属于考古学、历史学、古生物学及其他文化有关之古物，并八十年以前之一切图书，均严禁出口，运往国外（经政府特许交换者不在此限）。"

[9] 2012 年 7 月 21 日，北京暴雨导致全城积水，故宫内没有积水。

[10] 郭宝钧（1893 ~ 1971），字子衡，河南省南阳市人，考古学家。多次参加对安阳殷墟的考古发掘。新中国成立后，任中国科学院考古研究所研究员，为首届中国史学会理事，兼任北京大学研究生导师。

第二讲　新中国成立初期的文物保护工作（下）

一　成功举办全国基本建设工程中出土文物展览

由于上面的措施，结果在一年之后就产生了非常好的效果。在各地都发现了文物，那个资阳人（化石）不就是修成渝路时出来的吗？很多地方都出土了重要的文物，这些文物过去从没出土过，见都没见过。所以郑振铎就下决心了，要赶快把这些个文物收集起来办展览，向领导宣传，向群众宣传。最终决定把全国出土的文物都集中到北京，在午门楼上办"全国基本建设工程中出土文物展览"（以下简称"出土文物展"）。这个"出土文物展"引起了社会强烈反响，因为过去没有这么大规模地搞过发掘和出土文物展览，一下子出土这么多文物，有旧石器的东西，有新石器的东西，还有战国的东西。我记得过去有人问过我，"举案齐眉"中的这个"案"是什么样儿？长沙出土的文物中就有这个"案"，从而证实了"举案"的"案"是这个样儿。

当时就觉得文物很重要，在史学界引起的震动最大，史学界的人意识到学习历史、了解历史光靠文献不行。文物对研究历史也是极为重要的。所以范文澜写了一篇文章，大意是说这次的"出土文物展"告诉我们，文物对于研究历史有三个重要的作用：第一个作用是证史，就是说这个文物正好证实了原先文献记载是正确的，比如说安阳的殷墟，证明了奴隶社会确实存在；第二个作用是补史，就是说历史上根本没有记载，当时的文物出土之后，从而补充了历史文献的不足；最后一个作用是正史，纠正历史文献的谬误。比如，都说毛笔是蒙恬发明的，实际上不是这么回事，在战国时期就有毛笔了，在长沙就发现了战国时期的毛笔[1]。所以这毛笔不是秦朝才有的，是战国时候就有了。因此，讲文物作用有"三史"：证明历史记载的正确、弥补历史的缺漏、纠正历史的错误。这个太重要了，当时很多人写文章，提到范文澜提出来的这个"三史"，后来我们一直采用这个说法。

毛主席曾两次参观"出土文物展"，第一次去的时候天已经黑了，那时候又没有电灯，条件很糟糕，结果他的随从给他拿着手电看，他说我看不完了，下次我再来吧。后来毛主席又来了，所以一共看了两次。毛主席跟周围的人说，看见没有，这就是历史，你们要好好学习。这次"出土文物展"也因此引起了各界很大的重视。那时候郑振铎非常重视宣传工作，展览同时就马上去上海搞珂罗版印刷《全国基本建设工程中出土文物展览图录》[2]。他是每次搞展览必出一批书，马上就办，宣传很及时。那时候的工作真痛快，既高兴又痛快，觉得真有意思，快得很，及时就办了，中央的领导层又这么重视。

二　"两重两利"方针的形成

那么"两重两利"的方针是怎么出来的呢？就是因为"出土文物展"的时候有题词，陆定一题的，配合基本建设搞考古发掘是"既对基本建设有利，又对文物保护有利"。他这个提法现在就有人反对，什么两利？只能一利。这话说错了，为什么？因为有个情况。在洛阳，那时候所谓"两利"开始是这么提出来的。洛阳遍地都是古墓葬，当时他们刚开始建厂房时有人并不想让我们文物部门配合，自己就盖了房子了，结果底下有墓，没勘探就盖房子，结果没几天房子歪了，塌陷了。怎么办？就找文物部门。后来大家都意识到，底下有古墓葬，要是不清理的话，厂房也没法盖。所以"两利"最简单的时候是这么个问题：文物部门清理了地下的墓葬，地上盖的房屋才能安全，从这么个角度来理解，最初的"两利"是这么提出来的。因为经过清理发掘，文物出来了是一利；文物部门清理了这些墓葬以后，建设部门可以放心去建设了，对建设工程也有利。这不是"两利"吗？所以如果不配合，不事前清理挖掘，在工程进行当中造成破坏的话，结果不是你利就是我利，而不是"两利"。"两利"是在建设工程没有开始以前，建设部门和文物部门共同考虑这个问题，让文物部门配合清理发掘，然后建设，对文物保护和建设工程必然是"两利"。应当这么解释。事实是如此，否定"两利"是不对的。有些人好像说怎么能是"两利"？只能是"一利"。不对，确实是"两利"。

什么是"重点保护，重点发掘"。那时候大家在"文参"（即《文物参考资料》，《文物》杂志的前身）上就讨论，什么叫"重点"？后来大家意见就很一致了。一个叫作"建设重点"，这是当时提出来的很重要的方针问题，从政务院发文件，办考古人员训练班，到全面展开考古发掘去配合基本建设。而且那时文物局有一个具体的工作方针，就是以配合基本建设进行考古发掘为中心的全面文物保护工作。提法是这样的。当时重点是方针这上面的，因为那时候搞大规模的基本建设，到处都动土兴工。那怎么办呢？当时就说人力很少，第一个重点是，哪有建设，哪里就是考古发掘的重点。在保证重点的过程当中，发掘也不可能全都按部就班地搞，要选择文物价值重要的地方进行考古发掘，一般的清代墓葬，就只好放弃。这是"重点发掘"。"重点保护"是两层意思，一个是建设地区的重点，哪有需要保护的问题就去哪里，这是重点地区。而在重点地区发掘的时候，以重要的文物作为保护的重点，有些一般的只好放弃。所以"重点保护，重点发掘"是这个意思。现在也有人批这是错误的，但那时你全面地发掘保护行吗？这种批评都是脱离实际、脱离历史的。我认为这个"两重两利"方针是正确的，一直到现在，在一个相当长的时期，小康社会没有建成以前，始终是正确的。

这个"两重"和"两利"不是同时提的，"两利"是陆定一参观"出土文物展"时，他的题词是这么写的。"两重"是周总理提的，他有他的体会，他发现了这个问题。

这里面有许多问题，除了我刚才说的考古发掘问题，还有城乡建设问题。城乡建设中主要涉及"重点保护"的问题。当时北京拆故宫北上门，拆四牌楼，有一场大争论。特别是在帝王庙前面的牌楼，那是很好的一个牌楼。要拆，就有人反对，分歧很大。当时中央很重视，拆这么一个牌楼，最后是在国务院最高国务会议讨论的。周总理表示不能什么都保护，不然交通没法解决，主要是交通问题。如四牌楼只能拆了，因为四牌楼不是文物，是朱启钤那时候建的，全是钢筋水泥的，不是原来的四牌楼，也不在原来的地点，这个可拆。可是帝王庙前面的牌楼是有价值的，那可不是钢筋水泥的，没办法，最好迁移一下，保存下来。最后决定把这个牌楼拆迁到陶然亭。

"重点保护，重点发掘"的"重点"，周总理提到要重点保护，所以后来才有了保护团城的事情，那是到 1954 年了。因为拆那个牌楼在先，北京市有人认为可以拆团城。当时为拓宽北海前的桥，就计划要拆团城，或者砍一半。郑振铎他们都急了，说这绝对不行。结果周总理一天下午自己到团城来了，带着秘书。那时候谁都不知道他来，到这儿就上城墙，就他一辆车，连两辆车都没有。他上了城墙以后大伙一看，周总理怎么来了？他在团城上转，说你们好好工作，别管我，我在这儿休息。在那儿待了一两个钟头。他问来来往往的人，该拆不该拆团城？有的人说该拆；有的说不能拆，他就光听，笑笑。最后他就起来走了，说团城不能拆。这个太重要了。怎么解决桥向南拓宽的问题？国务院围墙后退 20 米，拆了国务院的墙让路，保护团城。他作了这个决定。周总理认为要重点保护，自己模范地遵守了"两重两利"的方针。"两重"是他提出来的，他又以实际行动说明这个问题。怎么判断是不是重点，就是看它重要不重要。因此引申到我们的考古发掘也是如此，最后大家形成的共识就是"两重两利"方针，这个方针是合情合理的，没有错。不可能说什么都保，四牌楼可以不去保，那不是文物。团城就不能拆，是金代的，了不起啊。在考古发掘方面就是我刚才说的，一个是重点地区，一个是重点文物。坚决反对搞全面发掘，我们的人力物力不可能达到这个水平，这个方针一直到现在都适用。

周总理跟陆定一，一个从重点保护说明问题，一个从两利方面说明问题，加起来就是这个方针。报国务院同意了，周总理赞成这个方针，以后就提"两重两利"方针。但这个方针不是文物工作的全面方针，而是配合基本建设保护文物的方针。这一点也和有些人理解不一样，当时有些人认为这就是全面的方针。所谓以配合基本建设为中心的全面文物保护工作方针，不能说是一个全面文物工作的方针，而是一个阶段性的方针，这个阶段很长。所以这个方针和今天说的十六字方针不一样，一个是具体的，一个是全面的。

三　讨论与交流

李晓东：我提几个问题。第一个问题，据你的回忆，当时你起草的《禁止珍贵文物图书出口暂行办法》，规定了天津、上海、广州三个口岸，为什么当时别的海关不行呢？

谢辰生：当时是三个，后来是四个（又加上了北京），因为当时出口就指定了这三个地方，别处根本不许出口，否则就是非法出境。

李晓东：这是一个三个口岸的问题，再就是在这三个口岸出口的文物鉴定的问题，当时怎么考虑的？

谢辰生：文物出口的时候要有人鉴定。那时候是傅忠谟负责这个事，当时还请了一些专家，在前三年里头还有一个大问题，就是"工商业改造"问题。现在有些人说新中国成立以后不许有文物市场，这是完全不正确的。这个我要补充一下。新中国成立初期，琉璃厂所有的古玩店铺，什么这个阁，那个斋的，实际上就是文物商店，都全盘照收，允许他们经营，但文物不能出口，这条是定死了的，所以当时文物经营是合法的。1953 年开始工商业改造，公私合营，就是把私营的东西变成公私合营了，这是所有制的转变，并不是工作的转变，该干什么还干什么，文物还是可以买，还是可以卖。所以说不允许买卖文物，是不符合事实的。那时候文物随便买卖，价格还很便宜。

李晓东：公私合营以后还可以继续经营？

谢辰生：我们的政策说得非常清楚，从来没有说过禁止文物买卖，琉璃厂那么些人在进行文物交易，怎么能说没有文物市场呢？过去是完全私营的，到后来公私合营，最后国营。但是它经营范围和方式都没有变。新中国成立初期三年还有这么个问题。

李晓东：在《古文化遗址及古墓葬之调查发掘暂行办法》里边提出了保存原状的问题，你现在还能回忆起，当时起草这个文件时候，这些原则是如何提出的吗？

谢辰生：都是大家说的，我笔录的。说我起草，实际上也是大家的成果。

李晓东：还有一个问题，当时你们起草的时候，郑振铎提供参考的资料中给你留下比较深的印象的是哪些？

谢辰生：最主要的还是中华民国的材料。

李晓东：是1930年的《古物保存法》吗？

谢辰生：对了，外国的他讲了讲，他说基本都是一个意思，就让我按《古物保存法》起草就行了，我就照猫画虎写出来了。

李晓东：《古文化遗址及古墓葬之调查发掘暂行办法》里，有几个很重要的事情，一个是考古发掘需要有团体领队资格，提出来考古发掘团体应具备的条件[3]，这是一。二是提出了具体的人员的资格。此外，还规定了发掘以后写报告的期限[4]。是不是可以说后来出台的相关文件里的主要规定，在《古文化遗址及古墓葬之调查发掘暂行办法》这个文件里基本都有类似规定？

谢辰生：都有，这个文件里还有很多方面的问题，回头看看，过去都提的很明确，很具体。说句老实话，当时的要求都很及时，文件内容都是比较具体的。为了总结"大跃进"的教训，我们搞了一次务虚，差不多一两个月，最后形成一个文件叫《文博十一条》，没有正式发布。那里面对应该怎么做都有具体规定。现在看来都还是必要的。那时候工作还是踏实的。

李晓东：那个《古文化遗址及古墓葬之调查发掘暂行办法》里还提到考古发掘项目的审查，后来也是按照这个原则来做的，包括后来的《文物保护法》（1982年），也是贯彻这个精神的。当然2002年的《文物保护法》改了，虽然也规定了要审查，但是审查单位和程序不是那样规定了，原则精神还是那样的。

谢辰生：基本原则我认为就是按照新中国成立初期那样定的。

李晓东：你当时在起草这个考古发掘文件的时候，《古物保存法》里有没有相关的内容呢？

谢辰生：也参考了一些，但主要都是大家讨论形成的。

李晓东：当时讨论的时候，裴老（裴文中）肯定参加了吧？

谢辰生：裴老、王冶秋，主要是他们俩。那时候还有佟柱臣也参加过。

李晓东：裴老是搞考古的，佟柱臣也是搞考古的。为什么问这个？在起草的时候涉及人，看了那么多东西，有一个新的认识，这些东西和后来的原则精神是不断地发展完善。当时它应该有考古方面的专家参加讨论，提出一些意见和建议。

谢辰生：裴文中主持，我是笔录。

李晓东：讨论历史建筑的时候，除了王冶秋以外，搞建筑的还有哪些专家？

谢辰生：老罗（罗哲文）、陈明达都来了。

李晓东：还有谁？单士元参加了吗？

谢辰生：没参加。

李晓东：梁思成？

谢辰生：送给他看了。

李晓东：那是征求意见的时候了。因为《古文化遗址及古墓葬之调查发掘暂行办法》里还提出一个原则就是保持原状的问题[5]，这到现在还用。当时起草文件时候，大家讨论，除了王冶秋，还应该有相关的专家，这样才能有人有事有物。

彭蕾：关于保存原状的问题，这个“原状”是什么时候的“原状”？

谢辰生：就是发现时的“现状”，当时没说，后来遇见问题了才这么说的。那个时候我们还不了解世界上有些什么意见，后来提出保持现状、维持原状，那是 1961 年的事了。

注　释

[1] 1954 年我国考古工作者在湖南省长沙市左家公山的一座战国墓群中，发掘出一支长约 21 厘米，直径为 0.4 厘米的毛笔实物，被认为是我国迄今发现最早的毛笔实物，称之为"战国笔"，又因长沙古属楚国，亦被称为"楚笔"。

[2] 全国基本建设工程中出土文物展览会工作委员会编，中国古典艺术出版社，1955 年。

[3] 该暂行办法第六条规定："凡拟进行发掘工作之团体应具备下列各项条件：1. 必须由学识经验丰富之考古专家担任实际领导。2. 必须具有若干谙练发掘工作之技术人员。3. 必须具有进行发掘工作之详细计划，必需之工具设备，以及足够之经费。"

[4] 该暂行办法第十四条规定："发掘团体应于发掘工作完毕后一年内，完成发掘报告。其研究报告则视实际情形由该团体自行规定完成之期限。"

[5] 该暂行办法第三条规定："凡因浚河、筑路及进行其他建筑工程而发现有古文化遗址、古墓葬或古物时，应即时报告当地人民政府。当地人民政府应一面按照原状合理保管，一面报告中央人民政府文化部。在未得中央人民政府文化部指示前，不得擅自发掘。其已出土可移动之古物，应由当地人民政府移往安全地带妥为保管。"第四条规定："凡施行团体、科学调查团体，或其他学术团体所派遣进行田野工作之调查队，于中途或工作进行中，发现古文化遗址或古墓葬时，应一面按照原状保护，一面立即报告当地人民政府转报中央人民政府文化部请示，在未得中央人民政府文化部指示前，不得擅自进行发掘。"

第三讲　文物保护制度的创建

对前两讲可以总结一下。新中国成立初期，开始首先是颁布文物法令，建立机构，培养干部，对外是禁止文物出口，对内是严禁破坏。用这么几句话可以概括起来。这是文物保护的第一步，随着第一个五年计划的开展，确立了以配合基本建设进行考古发掘为中心的全面的文物保护工作方针。从1953年开始，很快就取得了很大的成绩。到1954年就开花结果了，举办了"全国基本建设工程中出土文物展览"，宣传成果。就是说文物保护工作跟整个的形势是密切相连的，是适应形势需要。这时候我们应该怎么做，就是采取这些办法。我认为总结起来就是这么一些内容。

一　在农业生产建设中保护文物

到1955年国家又开始出现了一个新的变化，这个变化就是全国开展农业合作化高潮，这以前是工业建设，修铁路、盖工厂。面对这个形势，当时提出来，农业合作化跟工业建设不一样，因为之前是"线"的问题，"点"的问题。"线"的问题是什么呢？铁路、公路，这是"线"的问题。"点"的问题就是在若干重点地区进行建设，像洛阳、西安、长沙等等，156项建设项目摆在这些城市，所以是"点"跟"线"的问题。那时候文物保护工作已经应接不暇了，提出的考古发掘问题都是为了配合基本建设。现在农业合作化高潮到来以后，是全面开花，整个中国都开始了，所有土地都进行农田基本建设，文物保护问题就更严重了。

当时及时提出来要解决这个问题，所以就出现了 1956 年国务院的《关于在农业生产建设中保护文物的通知》（以下简称"通知"）。这个"通知"的背景是适应农业合作化高潮新形势采取的一个步骤，而这个步骤和前面不一样了。当时围绕这个"通知"里几点内容讨论得很激烈，最主要的争论点就在于这时候和基本建设时期有什么不同。最后，大家统一了认识，认为作为建设相同，但从影响面来说，现在是波及全国的。那时候考古发掘根本不可能全国开花，所以首先提出来先公布一批已经知道的文物古迹作为保护单位，由各省、直辖市、自治区公布并保护。在这个基础上，同时开展文物普查，在普查当中再逐渐补充。知道的先公布，再普查，普查的新的成果再往文物保护单位名单里补充。这个名单由各省、直辖市、自治区公布。

当时起草这个文件的时候，几届考古训练班的学员配合基建进行考古发掘已经很紧张了，农业合作化中的文物保护人员根本不够用了，所以必须发动群众。这个文件的特点，第一条是发动群众，要开展群众性的活动来保护文物，所以要建立文物保护小组。第二条是必须普查，不普查不行。要依靠群众进行文物普查，由石光明、顾铁符带队。普查以山西为试点，那时候山西是先进，建国初期山西是文物工作最先进的。为什么？因为它的厅长崔斗臣（时任山西省文教厅副厅长，兼省文物管理委员会主任委员、文史研究馆馆长）是老干部，省长、书记都是他过去的学生。第三条是建立文物保护单位制度。这个制度沿用到今天，就是在这个文件中提出来的。在"通知"里还特别突出了保护大遗址，提出来十几处有大遗址的地方，强调如果农村搞基本建设规划，必须把这些大遗址的保护列入规划当中。规划必须经文化部批准。所以不是到了 20 世纪 80 年代才发现大遗址的重要性，完全不是这么回事。那时候的确是重视这事，与农业生产建设矛盾最突出的就是大遗址，所以特别在"通知"中列举了那些大遗址。我认为这个"通知"是为今后工作奠定基础的一个很重要的文件。当时有配合基建搞考古发掘的方针，可是真正具体措施是在这个"通知"里提出来的，比如提出群众保护、公布文物保护单位、开展文物普查。从 1956 年开始，就开始搞这个事情。当时各省、直辖市、自治区都根据"通知"公布了一批文物保护单位，最后还出来一本书，就是介绍文物保护单位的书，那时候文物保护单位只有七千多处。后来陆续发现，就再继续公布。

二 "大跃进"中的文物工作

从 1956 年开始，到 1958 年"大跃进"，这又是一个阶段。各个行业都开始搞"大跃进"，我们文物行业怎么搞"大跃进"呢。当时有一条是发动群众，是根据国务院六号文件提出来的。另外就是要解放思想，文化部提出来的解放思想是很特殊的，九个"人人"。我现在背不下来九个了，"人人唱歌"、"人人画画"、"人人跳舞"、"人人作诗"……反正就是九个"人人"，但都是不可能的。我认为那时候的"大跃进"是根本不可能的，但它说的还是文化本身。那会儿"大跃进"就认为是要快，依靠群众就是"人人"，个个人人都得这样儿。我们提出来是什么呢？县县办博物馆，社社办展览，甚至于提出这样荒谬的话"一车黄土一头牛，就办一个博物馆"，完全打破了事物本身的规律。这是博物馆方面的"大跃进"。在考古发掘上呢，就是依靠群众，但一下子就偏了，成了群众搞发掘，群众边发掘边写报告，完全违背事物本身的科学规律。这都不可能，这不是胡来吗？那时候考古训练班都是有严格要求的。一下推动群众发掘，群众保护。群众保护是对的，群众发掘就不行啦。还有"三边"，考古发掘要"一边搞发掘，一边整理，一边写报告"。这就不行了，是违背事物本身规律的做法。

在此期间还是看出了问题。比方说王冶秋在 1958 年开座谈会的时候讲革命遗址的保护问题，他说不能随便改变原状，必须尊重规律。那时候他就提出来很有意义的意见。1958 年出现问题以后持续时间很短，就是 1958 年提出来的，到了 1959 年就认识到这么做不行。这点是很有意义的。一上来搞了这么多事情，不到一年的时间，马上就认为这个不行，根本办不到，这是个问题。所以，很快就采取措施进行纠正。

三　制定《文物保护管理暂行条例》和公布全国重点文物保护单位

从 1959 年开始总结"大跃进"的经验教训，那时候就认为这么搞不行，所以从 1959 年我们就开始纠"左"。那时候我们搞一个务虚会，开了几个月，就是讲我们 1958 年怎么出的问题，今后怎么个搞法。大家主要是认为"大跃进"打破了科学的规律，不按章办事，自己随心所欲，主观主义，必须要重新想办法规范文物工作，要把那些不合实际的想法和做法纠正过来，着重应该解决法制问题。从新中国成立以来到 1958 年为止，所有已经颁布了的文物领域的文件都是针对具体事情提的，现在要把它们综合起来形成一个比较全面的规范的文件，于是就开始起草《文物保护管理暂行条例》（以下简称"暂行条例"）。从 1959 年开始，总结 1958 年的错误，成果就落实在"暂行条例"这个比较系统的综合性的文件里了。中心是加强法制建设，加强管理制度。不能想怎么样就怎么样，"大跃进"不行，必须得符合科学规律，符合管理制度，根据科学规律来确定我们的政策方针，所以要搞一个文件。这个文件就是法律文件，就是《文物保护管理暂行条例》。先搞这么一个文件，准备报国务院同意。"暂行条例"的制定背景就是这样。

在《文物保护管理暂行条例》制定过程中，中央提出来"八字方针"，就是"调整、巩固、充实、提高"。围绕这"八字方针"来纠正 1958 年"大跃进"的错误，我们就根据"八字方针"搞这个"暂行条例"。同时还提出来搞务虚小结，叫"文博十一条"，后来没有作为正式文件发，但还是提出来了。这十一条主要就是讲怎样加强法制，加强规章制度。"暂行条例"的草案是 1959 年提出来的，1960 年报上去的，到了 1960 年 11 月 17 日，国务院召开 105 次全体会议，讨论这个"暂行条例"。这次会议是陈毅陈老总主持的，这里面发生了一件很有意思的事情。因为周总理不在，这次会议由陈老总主持，主持的时候拿着这个文件坐下一看，突然间他说这个会议他不能主持。当时的副秘书长就是齐燕铭，他又是文化部的党组书记，就问陈老总这是什么意思？因为报的时候就说三个文件：一个是《文物保护管理暂行条例》，一个是第一批一百八十处全国重点文物保护单位名单，还有就是通过"暂行条例"要发一个文，也就是《进一步加强文物保护和管理工作的指示》，在这个指示里面又再次强调了"两重两利"方针。陈老总一看名单里面那180处说：你想想，我们五千年来这么伟大的民族有这么丰富的文物，你们只保一百八十处，这个名单如果将来子孙知道是我主持通过的话，那我得挨骂的啊，不能挨这个骂，这不行，这太少了。齐燕铭赶快就给解释了，现在公布的一百八十处全国重点文物保护单位是第一批，以后还有第二批、第三批，这是尖子，最好的，先拿出来示范，然后陆续再搞，还有若干批呢。另外省里还有省级文物保护单位，县里还有县级文物保护单位，所以不是说只有一百八十处，今后还会逐渐增加的。将来应该保的都得保。陈老总说那可以。

　　接下来陈老总就提出了自己的看法，他说：保护文物很重要，保护文物的问题宁可保守，不能粗暴，因为什么呢？如果错保了一个文物，不应该保的保了，这个错误随时可以纠正。可是一个很重要的文物一旦错拆了的话，那是永远不可弥补的。所以在这个问题上是宁可保守一点，不要粗暴。保证一定要保护好。保护文物，特别是这些个古建筑，要保持它的古趣和野趣。古趣就是古代的古，野趣实际上就是我们说的原貌，一定要坚持保护原状的意思，不要随便乱动。这都是原则性的问题。这是陈老总提出来的。当时他就批评北京市为什么把西单那儿的双塔庆寿寺[1]的双塔（金代的），给拆了，为什么要拆呢？你不拆也可以嘛。这个双塔是非常重要的，你们拆了是不对。他就大大地批评了一下北京市。他还说，你们都看过京剧，京剧里有个传统剧目叫《四进士》，那唱词里头就有"双塔寺前分别后"，那"双塔寺"就是这双塔寺。说这多有意思啊，怎么就拆了。他就批这个东西，同时他就提出上边那个原则：宁可保守不要粗暴。这是名言，而且提出来保护古建筑要保持它的古趣和野趣，绝对不允许对文物本身进行社会主义改造。这就是他的原话。这话说得非常好。

陈老总说，另外呢，我看你们这《文物保护管理暂行条例》里有很多漏洞，都是两边说。他说的非常对。我们起草这个文件，原来都是很严谨的，要求很严格的。但文件写好了以后不经过各个有关部门同意根本通不过，根本上不了会。所以有关部门提出的意见我们不能不让步，有些地方留点儿活口，在什么情况下，可以怎么样。他说这些都不能要，这就开了后门了。你们必须重新搞严格一些，所以后来又发回来让我们改。当然也不能太严了，但至少是改了很多问题，最后报上去的"暂行条例"草案稿是第十一稿。结果在"文化大革命"期间把我留的底稿都给我毁掉了。搞了十一稿，最后通过了。陈老总说现在会上是通过了，等周总理（周恩来）回来还得请他看一看，别马上发。所以"暂行条例"是1960年11月17日国务院第105次全体会议上通过的，1961年3月4日才颁发的。

周总理看了之后也发表了一些意见，那些意见也都是非常重要的。周总理说文物保护单位一个是要有物可看，一个是要有事可讲。否则就不能叫文物保护单位。文物保护单位必须是要有真实的东西，有物可看。第二，跟物相联系的必须要说出它的价值来，有事可讲。周总理完全赞同"暂行条例"，但这里面有个小插曲。"八一"起义指挥部旧址列为全国重点文物保护单位了，周总理说这个不要了。他一直是这样的，只要涉及他自己，绝对不允许表扬什么的。他当时说这个不行，因为在整个的革命当中，"八一"起义向反动派打响了第一枪，大方向是正确的，当时我们的路线还是攻打城市。真正体现我们革命路线的是文家市的秋收起义，毛主席提出的农村包围城市，那是代表正确路线的。所以首先应该是秋收起义。当时有人说，中国人民解放军的帽徽都是"八一"图案，"八一"起义还是非常重要的。周总理后来就同意了。实际上秋收起义文家市会师旧址也是第一批公布的全国重点文物保护单位。所以说周总理真是了不起。

就在通过这个全国重点文物保护单位名单时，这两位，一个是周总理，一个是陈老总，都发表了很多意见，都是对文物保护的一些最基本的看法，都是我们到现在必须继续遵循的，我认为这是非常重要的。所以通过反思"大跃进"的错误，然后提出一些正确的意见，这些意见我们自己也想到了，但是真正带有指导性意义的是这两位领导人提出来的这些东西。这个《文物保护管理暂行条例》是历史性的文件，从这儿开始，我们才真正步入了依法管理文物工作的阶段。我们接着就根据"暂行条例"起草了几个由文化部颁发的行政法规，它们分别是：《文物保护单位保护管理暂行办法》（1963 年 4 月 17 日）、《革命纪念建筑、历史纪念建筑、古建筑、石窟寺修缮暂行管理办法》（1963 年 8 月 27 日），还有经国务院批准的《古遗址、古墓葬调查、发掘暂行管理办法》（1964 年 9 月 27 日）等一系列的法律文件。

四 恢复原状、保持现状原则

在《文物保护管理暂行条例》中规定了文物保护单位进行修缮和保养的时候，"必须严格遵守恢复原状或者保持现状的原则"。

当时确定文物保护的原则就是保持现状或者恢复原状的原则，是因为在国际上有两派意见：一派是法国派，以杜克为代表，宣称要恢复原状，就是要把文物完全恢复到最早期的那样子，也就是诞生之时的样子，但是要经过详细的考订，对文物的修缮就要整个恢复原状。可是英国派的代表拉斯金就说，不行，要这样等于破坏。因为把历次的修缮都否定，整个重新建了，不是等于新造的吗？所以说这有问题。他说绝对不能大拆大改，要保持现状，根本就不能动。这两派一个是完全恢复原状，因为这也是历史；一个是根本一点儿都不能动，一动就破坏，都太绝对。所以后来又出来第三个派别就是意大利派，意大利派说不能这么干，要让文物长久，还得给它修缮，但是对于历史上遗留下来的痕迹，如果是合理的，就应当保持原状，不要动它。你不能说原来不是这样的，后来修缮就给它改了，重新再改回最初的样子。我们应该尊重通过创造性干预而达到的新的统一，否则有可能导致对历史的废止或篡改。后来"威尼斯宪章"[2]采纳了意大利派保护文物的原则。

我们起草"暂行条例"的时候还没有"威尼斯宪章",它是1964年,我们是1960年。那时候两派争论很厉害,我们就同时规定了恢复原状或者保持现状,就把两个都算上了,因为我们拿不准呢。所以为什么《文物保护法》变成不改变文物原状原则[3]了,那就是借鉴"威尼斯宪章"的精神,也就是保持现状,就是我们发现、确定它是文物时的现状。所以说这个"现状"可以说是"原状"的一部分,"现状"是"原状"历史发展的科学组成部分。在这个过程当中,如果说有损它科学价值的,或者说并不是一个完整的健康的现状是可以改变的。当年祁英涛在正定隆兴寺摩尼殿的修缮当中,就按照这个原则去掉了一些不健康的、不符合历史规律的东西。因为这些东西是后代有些人利用的时候乱加的,没有任何科学价值,去掉以后并不影响它的历史脉络,反而更能反映它的历史价值、科学价值,所以经过论证之后可以把它去掉。

五　永乐宫搬迁和原址保护

在这个阶段,除了公布文物保护单位、考古发掘,在古建筑保护方面有个很重要的工程项目就是永乐宫的搬迁,涉及永乐宫壁画的搬迁问题。这里面的来龙去脉,一些重大的决策,我得详细说一下。

当时的情况,必须搬迁,不搬迁的话永乐宫就毁了,所以只能搬迁。一般说不可移动文物都不应该搬迁,只要一搬,离开了原址价值就受影响,这是很明确的事情。可是永乐宫不同,为什么?永乐宫离开了这个地方,它在这个地方的历史信息消失了,这的确是个损失。但是,因为是完全按照原状整个迁移的,结构还是元代的建筑结构,壁画本身还是原来的壁画。没错,这是一件艺术品,它的艺术价值一点都没因为迁移而有所损失,只是离开了原来的地方。这里面的关键就在于必须保持它的原状,必须把它原来的东西真真正正原原本本地迁移过去。

永乐宫搬迁的时候,按照当时设计方案,进行了详细的测绘和照相。并且将所有主要的构件全部编号,文字记录也非常详细。然后搬迁到新址,按原来的平面布局、周围环境来进行重建的。这里面最终有一个涉及壁画的切割和搬迁的问题，这是个复杂的技术问题。当时我们请捷克的专家来做方案，结果我们专家一讨论，他的方案根本不切合中国文物的实际和特点。因此就由我们的专家，由祁英涛研究设计。最后是按照祁英涛设计的方案，并由他主持做的。祁英涛采取的办法的确是非常成功。这是我们在古建搬迁修复当中一个重大成果。用这个办法永乐宫是一点儿都没有损失，还是原来的壁画。当然在壁画上划了切割的线，这个损失是没办法避免的，可是恢复上去以后还是原来的样子。另外所有的构架所有的斗栱是完全按原来的样式安装上去的，这点没有问题。所以说切割壁画是很不简单的技术，这是一个创造、一个创新，是一件了不起的事。捷克没这个技术，不会这个玩意儿。这是我们在那个阶段里，古建筑保护里面最重大的事情，而且对以后文物保护的影响也非常大。

因为文物本身有价值，才能迁移而不至于价值受损，要是名人故居一搬迁那就完了。永乐宫本身是有价值的，它的壁画有价值，它的古建筑有价值，都是很重要的，只要能把它保存下来了，还可以挪。因此，不可移动文物搬迁不是绝对的，原则上不能搬迁，只要搬迁就有损失。但是，如果能够保持它这些原状，它的艺术性没有受损失，古建筑本身也没受损失，它还是一个古建筑，只是变了地方了。变了地方是损失，但是古建筑还保存着。名人故居就不同了，他在这儿住着，是故居的主要价值。如果给他搬迁了，主要价值消失了，完全是假的了，就没有保护的必要了。永乐宫它不假啊，壁画还是原来的壁画，木头构件还是原来的，所有的东西都是原来的。因此，古建筑跟名人故居不同。文物保护要考虑保护原状，迁移不迁移，那必须具体事情具体分析。

现在有些人说梁思成故居能不能搬迁？不能搬迁，搬迁就完了。像白鹤梁水文石刻我们一直坚持，那绝对不能动。它和壁画还不一样。壁画本身还是壁画，水文石刻跟当地的环境直接联系，它在这儿就有价值，一离开这儿就没有什么价值了。所以这白鹤梁水文石刻绝对不能动，它有绝对不能动的原因。同样的天文台也不能搬迁。天文台有在那个地方观测天文几百年的资料，只要在这个地方，那么几百年的资料都是活的资料，因为和今天的对比，看天文有什么变化，它都有用。如果把这个天文台挪地儿了，那以前的这些资料就等于全部没用了。现在这个观测结果和以前的接不上口了，所以绝对不能动。白鹤梁水文石刻不能动，天文台绝对不能动，保持原状，留在原地。有的可以分开，离开原址是损失，但是它本身价值还在。像永乐宫那壁画还在吧，建筑也还在吧，没有问题。非常严格的原状恢复，那就根本没问题，损失的是地址的历史信息。可是有的就不行，离开原址，那个信息就全部没了，只有在原址才能体现它的价值。

六　改变文物商业性质和出台文物出口标准

还有一件事情是 1960 年的三部联合通知[4]。1959 年的时候，北京市有一个姓方的，把不应该出口的文物给出口了，而且他胡说是定陵出土的。那时候是困难时期，结果美国《时代》杂志就提出来，说中国没钱了，在卖文物，把发掘的明代定陵的文物都卖出去了。后来那姓方的也被拘留了。这件事反映到我们这儿以后，虽然他胡说，不是卖定陵出土的文物。但是我们就感觉文物出口方面过去没有一个很严格的标准，这不行。另一方面，文物商店是不是应该改革？那时候文物商店一部分归商业部门管，一部分是归外贸部门管，需要整顿一下。

1960 年开会，一个是制定比较严格的具体细致的文物出口标准，一个就是要改变文物商业的性质。因为那时候大家普遍认为文物商店是保护文物的措施，是利用经济手段来保护文物的机构，不是纯粹的文物经营单位，所以不能够搁在商业部门。如果归商业部门，那就是追求利润，就不管保护文物了，文物就成为单纯的商品了。我认为这就是改革，对文物商业的一次重大的改革。我这么看这个问题。这不是很清楚吗？就是要改革，因为文物商店肩负的任务就是替国家保护文物，当然是以商业的形式。

后来提出来，文物商店要事业单位企业管理，统一交由文化部门管理。这就改变了整个文物商店的性质，不是单纯的商业机构，而是事业单位企业管理。为什么要企业管理？商店当然是企业，但文物商店是事业单位。所以前一阵有些人就是骂这个，我认为都是胡说，其实我认为这都是创新，都是改革，真正的改革是这种改革。把整个文物商店全部作为文化事业单位，但是企业管理，它的最重要任务是保护文物，而且是要为国家收集流散在社会上的传世文物，向博物馆输送藏品。中国的博物馆经过几十年的发展之所以能够有今天，包括大博物馆，很多重要的藏品都是通过文物商店买的，文物商店给博物馆输送了很多件文物。文物商店跟文物事业就是这么个关系，我认为现在也应该这样。那是一股力量啊。

根据三部联合通知，文物商店的另一个任务就是将收集的文物"有计划、有选择地供应国内需要和适当地组织出口"。此外还有一个重要的任务就是废旧物资的拣选工作。拣选文物，是流散文物管理的重要方面。有许多地方铜厂、纸厂，都定期派人去看，有没有文物混进去了，从那里面拣选出来，取得了很大成绩。当初都是做得相当好的事情啊，那都是全面地保护文物。所以我认为下发这个通知这是个很大的事情。

同一年，我们还制定出来《文物出口鉴定参考标准》（以下简称"参考标准"）[5]。这个"参考标准"应该说还是学苏联，但又不同于苏联。所以我认为我们这个"参考标准"是先进的，不是死的，是有灵活性的。比如，列宁命令十月革命以前的全是文物，这是绝对的，可是我们就不是这样规定，"参考标准"中划了三条线：第一，原则上 1949 年以前的都是文物，但是其中还有两条线，一条线就是 1795 年，乾隆六十年，乾隆六十年以前是全部不许出口；乾隆六十年到 1911 年期间，这一阶段，若干个品种是可以出口的，而且在出口的时候还要鉴定，国内少的，而且珍贵的也不能出口。所以规定还是很严格的，但又是灵活的。1911 年到 1949 年又有若干品种，跟上一阶段的品种一样，原则上可以出口。但其中经过鉴定特别好的、重要的，还是要留下来，规定得很严格、很科学，而且很细致。不是一下就全不许文物出口，或是全许出口。那时候是傅忠谟负责这事情。把全国有关方面的人找来开会，制定了这么一个"参考标准"。我认为这个"参考标准"比其他国家禁止珍贵文物出口的规定要科学得多、实事求是得多，现在还应该坚持。个别的品种当然可以调整，但是这条原则我认为非常好。

总之，当时主要是针对外国人造谣，说我们国家没钱了要卖文物。这就致使中央下决心整顿这个事情。最主要的，首先第一条是把整个文物商业的性质改变了，事业单位企业管理，它的任务是为国家收集文物，是通过经济手段来保护文物。这也是一种创新。今天老讲创新，我看这就是创新，全世界没有，这不是创新吗？怎么能把这些都说成是不对头的呢？现在都否定了，那肯定不对。所以，三部联合指示是文化部、商业部、外贸部联合通知，改变文物商店的体制，报国务院批准。第二条，在三部联合通知改变体制的同时，修改所谓出口鉴定标准。当时世界上大部分国家都规定一百年前的算文物，不许出口，那是美国那一套。但是我们不是这样规定的，我们的文物出口鉴定标准是非常细致的、非常原则的，同时又是灵活的，我认为这些东西很重要，都是值得充分肯定的。

这就是对"大跃进"错误反思以后，制定的一系列的方针政策和管理办法。从这时开始，一直到"文化大革命"以前，我们始终是贯彻这些东西，整个十七年（1949～1966年）就是这么个情况。

七　讨论与交流

李晓东：好，那提几个问题。

谢辰生：你提。

李晓东：三部联合通知，首先它是总结"大跃进"以来的经验教训，同时它和国际斗争有什么关系呢？

谢辰生：和国际斗争的关系就是，那会儿出了问题了，美国说我们三年困难时期，什么钱都没有了，正好西藏有铜器出口了，结果就说我们"掠夺"了西藏的铜器出口卖钱，跟我刚才说的明代定陵的出土的东西出口了一样，要换取外汇，是这么一个背景。所以中央说不行，得抓一下，文物出口进一步严格了。这是对 1958 年"大跃进"的反思，也是对当时国际舆论的反击，这么个问题，就这么一个内容。

李晓东：因此在《文物出口鉴定参考标准》里面，同样也规定了对少数民族文物的严格控制。

谢辰生：那都有了，少数民族文物都有了。

李晓东：对少数民族的一些文物也实行严格的控制了。就是 1949 年以前的少数民族文物原则上都不许出口了。这和刚才你说的以及国际上的舆论都有关系吧？

谢辰生：有关系。因为国际上美国《时代》杂志上都说现在中国困难大得很，没办法只好卖文物了，是"掠夺"西藏的铜器，出口换外汇，甚至于把定陵的东西都卖出去了。所以为了反击这个。一是澄清根本不是这么回事，一是确实应该加强管理。这下对这个问题就作了这么几个决定：三部联合通知，管理体制改革。另一个就是制定严格的又有灵活性的文物出口标准。而这个标准我认为非常科学、非常好。哪个国家也没像我们这么细致。别的国家就一句话，一百年以前的。我们不是，我们完全是针对现实情况。同时把 1950 年的《禁止珍贵文物图书出口暂行办法》也进一步的细化、规范了。

李晓东：还有一个问题是，我们 1956 年公布文物保护单位，提出来文物保护单位这么一个概念，这个概念当时是怎么提出来的？

谢辰生：那时候文物都破坏了怎么办呢？要重点保护的文物叫个什么名儿？这实际上是借鉴苏联的，他们是文物保护单位。这是借鉴外国的，不是我们自己想出来的词儿。

彭蕾：我们国家制定的《文物出口鉴定参考标准》是借鉴苏联吗？

谢辰生：不是，跟苏联没关系。苏联那时候按列宁的命令十月革命以前的一律不许出口，我们是原则上 1949 年以前的不许出口，再者我们里面分了好几段，跟他们就不一样了。你说借鉴也可以说是借鉴，就是说以中华人民共和国成立的 1949 年为一条标准，就这一点是借鉴。但实际做法上是根据中国历史的发展阶段来定的。因为我们这是灵活的，不是一刀切；他们是一律不许出口，我们不是。

彭蕾：一开始我们公布文物保护单位的时候，您提到我们先公布了一批文保单位，然后又在这个基础上进行文物普查。

谢辰生：国务院要求省级人民委员会把知道的文物古迹赶快先公布，同时要开展文物普查，在普查当中发现新的东西再慢慢补充。

彭蕾：最后就是统一发了一个全部的名单？

谢辰生：后来编成了一本书，七千多处。那时候普查，没有现在这么大范围，没有现在这么细致，还是比较粗糙的。

李晓东：就是 1956 年国务院《关于在农业生产建设中保护文物的通知》下发后，各省级人民委员会逐步公布的，从 1956 年一直到 1957 年，前前后后公布的。就是按照"通知"里面讲的，把知道的文物古迹可以先行公布，以后通过调查了解，对于尚未公布的不可移动文物，加以适当选择，公布为文物保护单位，加强保护工作。各省就根据这个规定逐渐公布了一批。因为普查持续了一段时间。谢老说的那本书我也有，它是黄皮儿，内部印的，16 开，现在都找不出来了。谢老说的那七千多处，我在《中国文物学概论》[6] 的大事记里面，把每个省的都列出来了，然后又统计起来的。资料问题是个大问题。

注　释

[1] 双塔庆寿寺分别建于 1257 年、1258 年，是两位高僧海云、可庵的灵塔，该寺见证了北京城从金、元、明、清，直到民国，史称先有双塔寺后有长安街。

[2] 1964 年 5 月 31 日，在从事历史文物建筑工作的建筑师和技术人员国际会议第二次会议上通过，全称是《保护文物建筑及历史地段的国际宪章》。因为会议在威尼斯举办，故简称"威尼斯宪章"。这是保护文物建筑及历史地段的国际原则。宪章对古建筑修缮原则的规定大致有以下内容：修复是一种高度专门化的技术，其目的是完全保护和再现历史文物建筑的审美和价值，它须尊重原始资料和确凿的文献，决不能有丝毫臆测。各时代加在一座建筑上的东西都要尊重。补足缺失的部分，必须保持整体的和谐一

致，但在同时，又必须使补足的部分跟原来的部分明显地区别，防止补足部分使原有的艺术和历史见证失去真实性。不允许添加，除非它们不至于损伤建筑物的有关部分、传统布局、构图的均衡和传统环境的关系。

[3] 1982 年《文物保护法》第 15 条规定：文物保护单位"以及专设的博物馆等机构，都必须严格遵守不改变文物原状的原则，负责保护建筑物及附属文物的安全，不得损毁、改建、添建或者拆除"。

[4] 1960 年 10 月 17 日《文化部、商业部、外贸部关于研究执行"关于改变文物商业的性质和管理体制的方案"的通知》。

[5] 1960 年 7 月 12 日，文化部、对外贸易部下发《关于文物出口鉴定标准的几点意见》，附"意见"和《文物出口鉴定参考标准》。

[6] 李晓东：《中国文物学概论》，河北人民出版社，1990 年 2 月第一版。

第四讲 "文化大革命"时期的 文物破坏与抢救保护

"文化大革命"是全局性的、长时间的严重错误,使党、国家和人民遭到建国以来最严重的挫折和损失[1]。但是,由于文博系统的干部职工和广大群众在极为困难的情况下,经过不懈斗争,想方设法保护文物,使"文化大革命"中对文物的破坏受到了一定程度的限制。

我可以概括地说,"文化大革命"极"左"思潮破坏法制。当初他们提出来"文化大革命"要扫荡一切旧的东西,要跟传统观念做最彻底的决裂。这是极"左"思潮,极"左"思潮必然要破坏法制。这两条是一致的。就是随便爱怎么干怎么干,一点法制精神都没有。这给我们国家造成极大的混乱。因为"四人帮"那一套是极"左"思潮,要扫"四旧",所以文物就变成了"四旧"的代名词了。那个时候,主要是红卫兵抄家,给文物造成最大损失的是红卫兵抄家。把一些个老家底给弄出来,把瓷器给砸了,把画给烧了,损失是相当大。现在主要讲1966~1968年这段时间的文物破坏与抢救保护。

一 对文物抢救与保护的政策措施—— 呼吁书和中央文件

(一)《关于保护国家财产、节约闹革命的通知》

"文化大革命"初期,红卫兵刚刚上街闹事的时候,主要有这么两件事起到了抢救保护文物的作用:一个是周总理下命令派一个团的兵力进驻故宫[2]，保卫故宫，所以故宫在"文化大革命"期间是分毫未损；另一个就是中共中央、国务院、中央军委、中央文革四家联合发了一个保护国家财产的通知[3]。红卫兵上来逮什么砸什么，当时文化部也砸烂了，那时候叫砸"三旧"。这个"三旧"指的就是旧文化部，旧中宣部，旧北京市委。红卫兵上街，机关是冲着这三个机关干。社会上的打击对象就是"地富反坏右"，结果是到处抄家，破坏文物现象很严重。就在文物被冲击最厉害的时候，正在破坏高潮的时候，下发了这个联合通知。"文化大革命"是 1966 年开始的，这个通知 1967 年就出来了，所以说通知下发得很及时。通知一共才四条，第四条就是"对文物、图书要加强管理和保护工作，不许随意处理和破坏"，而且是全国张贴的，街上就贴这个通知，还不是仅仅就发个文。这个通知对保护文物，保护国家财产那还是起了一定作用的。

（二）一个会议，一个呼吁书

那时候曲阜师范学院（后更名为曲阜师范大学）的红卫兵，到文化部来了，其实那时候文化部已经被砸烂了。他们说要砸孔子像，要烧档案，要把碑都砸了，提出这些个意见，还说那儿有什么变天账、水牢。但是他们没动，到这儿来询问文化部门同意不同意。最后他们找到了文物局，我和他们一起座谈。我跟他们说，你们弄错了，毛主席说了，反面教材也很重要。我说你们想，要是把水牢也拆了，把档案也烧了，那不是替他毁赃灭证了吗？我说有这些东西倒反而能说明问题。他们马上就接受了，回去就保护了，不那么破坏了。这很有意思，他们改成保护了。后来谭厚兰又去了，她又要砸"三孔"（孔庙、孔林、孔府）。她也不敢真砸，她又请示"中央文革"。当时曲阜师范学院的红卫兵跑到文化部，因为那时候他们还不知道文化部倒了，跑这儿来询问后他们就回去了。这时候文化部已经是"三旧"了，谭厚兰她明白，所以她不找文化部，找了"中央文革"。为了给各地群众组织说明要保护文物，根据中央领导同志指示，1967 年 1 月 27 日，在全国政协礼堂召集北京市所有的群众团体，不管是造反派、保守派，还是逍遥派，各机关的都得去。这次群众大会的中心内容是文物不能砸，要保护文物。那次会我去了，黄景略也去了。会后要大家起草一个保护文物的呼吁书，要保护文物。同时呼吁书还要呼吁，让红卫兵了解文物不是"四旧"，不能砸。那么这个起草呼吁书的任务就落在我们文化部门头上了，具体是我起草的。当时起草了两个文件，其中一个文件就是保护文物、图书的呼吁书。文件里面把文物和图书分开了，因为图书中有的是现在的图书，也得保护，都烧了还行啊。起草完了就由文化部的造反派联络站牵头搞了好多群众组织，共同发了这么一个呼吁书。但是这个呼吁书底稿我现在已经找不到了。

（三）《中共中央关于在无产阶级文化大革命中保护文物图书的几点意见》

呼吁书发了没几天，大概十来天吧，突然来了一个穿军装的人，我现在还记得他叫杨松友。他说：我是"中央文革"的，来找你们主要是为了保护文物的事情。你们已经发了呼吁书，这个很好。但是有的领导同志说，保护文物光搞群众发起不行，恐怕还得要有个中央文件才能起作用。现在让你们替中共中央起草一个关于文物保护的文件，由中共中央发。可是他始终没说这个领导是谁。

这是中央领导同志的命令，咱们得写。大伙讨论了一下，都说这太好了。那时候大伙还挺有积极性，就像老罗（罗哲文），那都很积极。起草完了以后不久，杨松友来取。取走了没几天，中共中央文件[4]就出来了，那很快。在起草的时候我确实是有点为难，说起文物保护，就必然会提到1961年《文物保护管理暂行条例》（以下简称"暂行条例"），但是那时候造反派就说"暂行条例"有问题，有人就说"暂行条例"是修正主义的，什么国家啊，什么历史、艺术、科学价值都没有提阶级性。这简直是胡说。可是这个问题很严重。那时候造反派为了打倒周总理，就讲"新文革，旧政府"。"暂行条例"不被承认，拿不出来了，是否定的东西。可是如果不提"暂行条例"又该怎么写呢？能从什么角度入手呢？后来我想，干脆抛开这个。于是我在文件开头用的都是

"文革"语言，什么同传统的观念实行最彻底的决裂，扫荡一切污泥浊水，说了一大套。然后就话锋一转说人类创造的文化精华还是需要保护的，"这些文物图书都是国家的财产，在'文化大革命'中，应当加强保护和管理工作"，"为此，对保护文物图书，提出如下几点意见"。底下那规定就全是把"暂行条例"里的那些规定改头换面，搬出来了。报上去就发了。

接着不久呢，发现很多铜器被砸了，这不行，得赶快去抢救。当时"中央文革"就委托学部近代史所的张海鹏组织我们成立了四个小组到全国去传达。我跟纪宏章去中南和华东，刘巨成去四川，小包（包世盛）去东北。当时全国分了几个区，四个组到各个区找当地的军管会，要求保护文物。那时候贯彻执行还是比较到位，只要说了就干，一竿子到底。所以那时候军管会一听这个，马上就停止，就是这么个干法。所以很多地方都组成了文物抢救小组，保护文物，制止破坏。红卫兵也跟红卫兵干仗，有的红卫兵要保护，有的红卫兵要砸，就打起来了。好多地方都有这事。比如在灵隐寺，就是有红卫兵站在里面要保，有的红卫兵在外面要攻，双方要打架。结果没办法只好打电报给中央，后来周总理批示，不能砸，要保护，结果灵隐寺就得到了保护。

二 文物抢救与保护的机构设置——
以北京的文物清理小组为例

（一）成立文物清理小组抢救文物

那时候，北京市成立了文物清理小组。由谁当组长呢？就是琉璃厂中国书店的一个叫贾书玉的，是一个看门的。因为他是红五类，所以他当了组长，我们这些人都得听他的。文物清理小组成立以后，就把所有的文物干部，包括文物商店的、中国书店的这些人组织起来，昼夜到炼铜厂、造纸厂这些地方往回抢救文物。同时还有一部分人在街道上抢救文物。把所有抢救回来的文物都集中，那么集中在哪呢？就集中在位于府学胡同的现北京市文物局院子里，那地方很大，所以都集中到那里去了。不能说是全集中了，但确实是大部分。看得见的，好的东西，确实是集中到那里去了。在此期间里，参与文物清理的人可是费了大力气了，夜以继日地抢救文物。所以尽管文物破坏得非常严重，但也抢救了不少。这些都在清理小组，都在府学胡同。当时清理小组在贾书玉的指导下清理文物。我们出去到外地也是这样就地都找人抢救文物。

文物清理小组确实起了保护作用。除了北京，上海、天津这些大城市都搞，有的地方是我们去传达了中央保护文物的文件精神后，也开始保护文物了。1970年王冶秋从五七干校回来成立国务院图博口以后，保护文物的工作就更有起色了。

（二）保护天文台

在这期间还有个事情，就是文物清理小组保护天文台。那是在1967年，北京要修地铁，就要把天文台挪地方。那时候文物局已经没有了，我们说文物清理小组可以去，就我们四个人，我、罗哲文、崔兆忠，还有包世盛，去调查、测量、照相。罗哲文会照相，那时候器材都是他的，他自己掏钱，都是自费。还有一个伊世同，我们一起商量着写的报告，送给周总理。周总理看了说这不行，地铁外移，天文台不能拆，责成保护。因为天文台离地铁很近，还要花钱保护，花了二百多万。那时候二百多万不得了。二环地铁在那拐了个弯儿，就为了保护天文台。

三　此时期对文物的影响

（一）私人收藏损失较重

现在有些文章说"文化大革命"对文物破坏非常严重，文章也举了一些数字，比如扫"四旧"的时候烧了多少图书，砸了多少文物。我们得把这个破坏区分一下情况。当时扫"四旧"主要就是抄家，所以当时私人的图书、文物可能被破坏得比较严重。当时有的人怕受到牵连，自己把东西就烧了。有的还捐献了，比如捐给故宫。有的是假装捐献了，也有的不是假装的，真的，说我这不要了，干脆捐给国家吧。"文化大革命"结束后落实政策又还给他们了，那捐献是被迫的，国家不要。还有的人把东西都藏起来了，而且藏得很好。红卫兵不知道，到那儿一看，也不怎么翻，稀里哗啦砸一下解气就完了，他们哪会成天找去啊。现在有些东西出来了，说明那时候藏得还挺好。

"文化大革命"刚一开始的时候的确是砸得比较多。1967 年 1 月份，东光铁菩萨，是最大的一个铁铸的菩萨，就是拉倒了以后给砸了。把菩萨都砸了，是有些过分。地方上的一些文物工作者，确实在艰难的情况下，在保护文物当中做了很多重要的贡献，也采取了很多措施。有的地方为了保护碑刻，拿黄土把碑抹起来，或者在上面贴个毛主席像。像承德那个彭磊岩，站在外八庙外边，就是不许红卫兵冲，说这是国务院公布的重点文物保护单位，谁都不能动，除非国务院下命令，你们才能进。你们对我批斗游街都可以，但就不能进。最终说服了红卫兵，保住了外八庙。

后来就更好了，有了中央文件（《中共中央关于在无产阶级文化大革命中保护文物图书的几点意见》）以后就更好了。各地方有军管会，我们这么几个组一传达，文物被大量破坏的情况基本上被制止了。另一个原因就是红卫兵开始是扫"四旧"，后来是搞夺权了。"一月风暴"，夺权以后就不干这个（扫"四旧"）了。

总之，这个时期对文物的破坏主要就是扫"四旧"那一段。"五·一六通知"以后"文化大革命"算开始，到"八·一八"毛主席接见红卫兵算是进入高潮，到了"一月风暴"以后，斗争的目标就转移了。对故宫、颐和园、博物馆、纪念馆这些国家文博机构也有一些冲击，基本上都没什么破坏。没听说过把馆藏文物都拿出来砸了的。现在对这个问题都得清醒一点，客观一点。"文化大革命"以后，国家文物局对全国不可移动文物的情况进行过一次调查，各省调查的结果显示国务院第一批公布的全国重点文物保护单位当中，除了个别的局部遭到破坏以外，其他的基本完整。西藏萨迦寺，那是军代表胡整。一百八十处基本上保护了下来。

（二）红卫兵扫"四旧"战果展览

前面说"文化大革命"一开始是扫"四旧"，就是红卫兵上街，抄家，这就是扫"四旧"。为了表现他们的功劳，展示他们的成绩，红卫兵还搞了一个抄家展览，就是扫"四旧"战果展览，也叫红卫兵展览。这在当时是作为一个重要的事情来抓的，是"中央文革"提出来的，要把他们抄家的东西集中展览。

所以红卫兵不光是把文物现场毁了，有些还拿回来了，上北京展览馆展览去了。这个红卫兵展览是要展览他们的战果。另一方面，这个展览实际上也就保护了文物。红卫兵不是把文物全都砸了、扔了，那就没法展览了，拿到北京展览馆那一部分文物都是好东西。那时候我还参观了。当年参观红卫兵展览的人在世的也不多了，我这都已经九十多（岁）了。

四　讨论与交流

李晓东：1966 年到 1968 年这一段里，当时谭厚兰到曲阜去，怎么记着周总理还有个指示，让杨得志去保护"三孔"，也不许谭厚兰他们砸"三孔"。好像还有这么一个事情。

谢辰生：周总理指示保护"三孔"，又因谭厚兰要砸"三孔"，才召开那个群众会。这是一致的。所以那个文件到底是周总理让写的还是谁让写的都不知道，也不必知道，反正是写了（起草了），发了，中共中央文件。

李晓东：现在能看到的文件就是《新中国文物法规选编》里收的两个，一个是《关于保护国家财产、节约闹革命的通知》，一个是《中共中央关于在无产阶级文化大革命中保护文物图书的几点意见》，你那个呼吁书就没见到了。

谢辰生：没有，编那个《选编》的时候没看见，我也没找着。

李晓东：你要是找着了那可太珍贵了。

谢辰生：反正找还是能找着的，到时候说吧，呼吁书可能找得着。

李晓东：故宫是当年周总理派部队保护的？

谢辰生：红卫兵一上街，他派军队就进去了。那里一点都没动啊。要不然怎么搞那个乒乓外交呢。那会儿有种说法，中国这些东西都破坏了，故宫破坏完了，所以让外国人来看看故宫完没完！就这么个情况。

李晓东：周总理及时派部队保护了故宫是那个阶段的大事，另外周总理还指示杨得志保护"三孔"，保护天文台。后来讲这个阶段的时候，这些事都是作为重要的事情来讲的。

谢辰生：还有杭州灵隐寺、成都宝光寺，红卫兵也是要砸，结果都被周总理制止了。所以有过这么几次制止以后，红卫兵就传开了，再加上他们又去夺权了，就稀里糊涂打住了。

彭蕾：当时周总理有没有派兵到颐和园、圆明园等地方？

谢辰生：没有，因为样板已经出来，红卫兵那时候听中央的，中央让他干什么他干什么，那真听啊，说什么事不能干就是不干。

李晓东：两个文件，一个会，这么一些保护的措施。

谢辰生：还有一个刚才我说派我们四个小组到全国各地贯彻落实中央文件。除了这个，还提出来要保护铜器不要砸，又传达"中央文革"的指示。

李晓东：你跟谁去的？

谢辰生：我跟纪宏章，是故宫的，还有刘巨成、包世盛，都分头出去了。我去了中南和华东。还有去四川的，上南方的。那会儿中央说什么就是什么。

彭蕾：那是不是可以说像北京、上海这样的大城市或是文物比较多的城市更重视文物保护？

李晓东：当时，北京、天津、上海这几大城市，包括广州，通过后来的了解，做得比较好，包括对文物的清退工作也做得比较好。

谢辰生：别处也没有这几个城市厉害，不是到处都在抄家，也不是每个县都有红卫兵抄家。

李晓东：谢老讲的北京是作为一个重点。像上海这些大城市，都有一些相应的组织来做这个工作。

谢辰生：就这么一个情况，在这一阶段就发生了这么些事。这些事有些人就不知道了。那时候那批人基本上都去世了。所以这件事还是得说清楚。这个时期既有对文物的破坏，也有对文物的抢救保护，就是破坏的当中也有抢救。

注　释

[1] 见《关于建国以来党的若干历史问题的决议》。

[2] 周恩来总理于 1966 年 8 月 18 日做出如下指示：

　　（1）以国务院的名义发布一道命令，要求文化部关闭故宫博物院（故宫就此关闭，直到五年后的 1971 年夏天重新对外开放）；

　　（2）指示中国人民解放军北京卫戍区中央警卫团封锁紫禁城周围地区，并进驻故宫（为毛主席和其他国家领导人担任警卫工作的精锐警卫团——8341 部队也驻扎故宫）；

　　（3）故宫属于国家，属于人民，必须得到保护！

　　参见：《台湾故宫的建立》，载于：http：//cache. baiducontent. com/c? m = 9f65cb4a8c8507ed4fece76310468a3b404380147d8c8c4668d4e419ce3b4c41 3037bfa67b6a5619899e3d215cef0241b0ab776f7f597debce9dcf1787fcc1747ad07 c673146db0643894af39e5b25c737902da8f55fb8e4e477ceee84dcc82524dd22036 df0fa9c2d7403ca1ee7643af4d7ea5f655407c99c27648f4e075a885237a1368af742 6d108086ca2a48d45cda766795b844b02913c504d46b0c5737b73cb41f2021&p = 9c759a45d6c05db149aec82d021497&newp = 97759a45d6c052f30be296214656c c231610db2151d3d0126c88&user = baidu&fm = sc&query = % CE% C4% B8% EF + % B9% CA% B9% AC% BA% CE% CA% B1% D6% D8% D0% C2% BF% AA% B7% C5&qid = &p1 = 15

[3] 1967 年 3 月 16 日，中共中央、国务院、中央军委、中央文革联合下发《关于保护国家财产、节约闹革命的通知》，并提出这一通知可在城市、农村和部队各单位普遍张贴。

[4] 1967 年 5 月 14 日《中共中央关于在无产阶级文化大革命中保护文物图书的几点意见》。

第五讲　文物工作的恢复与重建

一　一件好事，一件坏事

之前还有两件事我没说，我想今天要说，一件是好事，一件是坏事。一件好事是在"文化大革命"刚刚开始的第二年，国务院就特别批准了刘家峡炳灵寺[1]大堤保护工程，拨款一百二十万元，这在那会儿是很了不起了。那是周总理批的。因为在那种情况下花那些钱，实属不易。另一件是一个坏事情，北京市在拆西直门时发现元代的和义门[2]，给拆了。和义门在现在怎么说也要保护，可是在当时呢，没保护下来。郭沫若去实地考察了，看了以后都认为很了不起。可是就记录了一下就完了，过了些时候就拆了。所以这个事情是个坏事，但也得记，好坏都得记。这都跟文物保护有关系，这么重要的东西毁掉了，损失太大了，这个太不该拆啊。如果今天发现了，我想怎么也不会拆。

这说明环境影响对事情的看法。在"左"的思想前提下，的确是破坏性极大，要不是周总理出来，加上其他一些人阻止破坏文物，根本不得了。所以说在整个"左"的思想前提下，能够将文物保护下来，这点是很不容易的。所以有些事情是很复杂的，不能够一刀切，不能说这事要么坏得要命，要么好得要命。

二　成立图博口，恢复文物工作

1969年干部下放，文化部所有人都下放到湖北咸宁"五七"干校，那是一个不剩,都下放到那儿去了,文物局陷入瘫痪。在我们下去以后,1970年初王冶秋也下去了。大概半个多月,突然接到国务院的通知,周总理要让王冶秋回去,干什么呢?打算成立图博口[3]。图是图书馆的图,博是博物馆的博,叫图博口。图书馆、博物馆、文物,实际上囊括了文物局的全部业务。成立图博口,这可以说是文化界业务恢复的第一份,是文物工作中一个最大的转折。

王冶秋下放回来以后做了两件事,这些跟整个国际形势有关系。当时的两项任务,一项任务是筹备展览[4],成立了出土文物展览办公室,一项是考虑故宫开放的问题。故宫开放是在后,这个筹备出土文物展览在前。法国参议院代表团到北京来访问,周总理接见的,代表团领导就跟周总理说,外面说"文化大革命"把文物都破坏光了,可是我看了看故宫还好好的,都没破坏!那时候金缕玉衣[5]已经出来了,甘肃那个铜奔马[6],都是这个时候出土的。金缕玉衣出土,是周总理批准,让人去发掘的。这些文物都在这时候出土,所以图博口才成立,要不然成立不了。外宾说既然这些文物都出来了,说明文物没有被破坏,那何不办一个展览,到国外去展览,消除一些不良影响!周总理下决心筹备一个出土文物展览,到英法去展览[7]。从这儿开始才把王冶秋调回来的。那时候出土的文物很多,金缕玉衣、铜奔马、马王堆汉墓出土文物、银雀山竹简[8],还有后来的秦始皇时代的秦简。这些文物都是轰动世界的。金缕玉衣、铜奔马是在王冶秋调回来之前出土的,马王堆汉墓文物在他回来以后出土。有了这些文物出土,周总理就认为得恢复文物工作,才把王冶秋调回来,再加上有这个展览的问题。这样就把他调回来成立展览办公室。当时领导小组是吴庆彤、王冶秋、夏鼐等参加,这个工作就开始了。我认为这是一个重大转折,成立图博口,筹备出土文物展览,准备故宫重新开放。都在这个时候,是1970年以后王冶秋开始做的事情。

1971年,国务院发了一个通知[9],对恢复全国文物机构和文物工作有重要意义。国务院发通知给全国各地,说要筹备出土文物展览,要求各地提供文物。同时从地方调一些人来,组成具体办公室,就是出土文物展览办公室。傅月华那些人都来了。在这个通知最后一条，王冶秋加了一句，就是说，所有的文物业务干部，只要不是已经肯定是敌我矛盾的都调回。这是一件了不起的大事。不是敌我矛盾定死了的都调回来，国务院通知里写这条很重要，这一下就解决问题了，记得是第四条。要不然的话没法办这个展览。全国文物工作应该从这时开始逐渐恢复。

从王冶秋回来之后整个文物工作就开始复苏。他把人都调回来后开会，在西安会议上他就提出来了，新中国成立以来我们文物工作不是黑线是红线。这个在全国震动很大，而且对文物工作者也是一个极大鼓舞。我认为这是很重要的一个问题，转折就是从这开始。为什么转折？法国议会代表团提出来中国最好办个展览，这样周总理就把王冶秋调回来了。同时又有前边金缕玉衣、铜奔马的出土，很重要，接着就是马王堆汉墓发掘。所有这些事情都是周总理直接抓的。实际上，就是从整个"文化大革命"期间到他去世以前，文物工作是由周总理直接抓的，这条必须说清楚。马王堆汉墓发现以后，所有的事情也是由周总理亲自抓的。成立出土文物展览领导小组，就是周总理点的名，吴庆彤当组长，王冶秋为副组长，夏鼐、王仲殊为组员。马王堆汉墓发掘时也成立了领导小组。组长随时要向他汇报。所以那时候马王堆汉墓发掘领导小组负责人王冶秋、夏鼐等对发掘中出土了什么文物，马上要给周总理汇报，他就批示。周总理发现现在出土这么多文物，要没有科学技术保护是不行的。他说一定要组织化学等方面的人保护女尸和出土文物。这也是他提出来的，批得细极了[10]。

我认为这些事情都应该很好宣传。现在我看咱们编的那个《纪事》[11]太简略了，应该把周总理这些个批示拿出来。《纪事》里没有这么详细，我跟他们（指《纪事》的编委）有不同意见，我是要繁，他们是要简。这个问题就大不一样了。要是繁的话，那时候我还可以提出更多的东西出来，那现在看这本书就什么都明白了。可现在《纪事》中有些事情就是一句话带过，根本没办法深入了解当时的情况。所以当时（1990 年）我在美国探亲，利用这个时间对《纪事》进行初审，我给它加了很多东西，我一篇一篇地仔细推敲。像包括发现秦俑坑，那完全是我给加的。要不加的话，人们绝对不知道那么些情况，那特别长。我在美国写信回来告诉他们这个无论如何不能动。可他们说这是大事记，就是简练嘛。这都不行，简练对后人没有用哪。所以我给它加了。可是周总理对保护文物的批示我加不出来了，我在美国，讲不出来了。发现秦俑坑的事是因为我带着材料看的。所以我觉得周总理批示将来还需要补充。

我认为这几件大事情都是很重要的。当时把全国的最顶尖的专家学者都集中在北大红楼了，就是整理出土文物。主要的一个是吐鲁番文书，一个是银雀山竹简，一个是马王堆帛书。所以那时候专家是唐兰、商承祚、张政烺、唐长孺、朱德熙、罗福颐、顾铁符、裘锡圭、孙贯文、马雍、李学勤等，李学勤是后辈了。就是老一辈那几位，都集中到北大红楼了，整理这些出土文物，在这个基础上提出成立古文献研究室，请唐长孺当主任，这是一个大事情。在这期间，不断地有文物出土，也是地不爱宝，出土的文物太多了。你看，马王堆汉墓、银雀山竹简、秦简、吐鲁番文书，大量的文物集中在这儿，把人都集中在这儿，唐长孺也在这儿，金冲及那时候在出版社也参加了。在全国社会科学研究的恢复中我们大概是第一份。所以当时大家都认为文物局是最好的了。很多人都想上文物局来，结果都来了。所以我认为这事情是个很重要的事情。从这儿发展起来的，全国文物工作就基本上恢复了。

三　成立国家文物事业管理局

图博口成立以后，然后又变成国家文物局，是在 1973 年，那时候叫国家文物事业管理局（以下简称文物局）。在这个里面有一个后来文物局怎么会独立的问题。这段很重要，是我亲自经历了的。

在图博口成立以后，王冶秋干了几件重要的事情。一个是调地方的人来出土文物展览办公室，筹备展览。第二是图博口建立了，要成立文物局的时候，他把"五七"干校里国家文物系统的人全调回北京，这在整个国家机关没有第二份。国家机关都散了，文化部全散了，其他部委也都散了。后来再成立的时候大都换了一批人。唯独国家文物系统的人原封不动从干校回来了。不但是原来的业务骨干都回来了，而且把许多当时别的部门不要的一些尖子，文化部、出版局的这些人都调回北京了。当时的文物局集中了一大批人，比如金冲及、朱天、沈竹、彭卿云都是那时候调来的。当时还调了宋木文来。文物局之后接着恢复出版局，结果徐光霄急了，他一看文物局把人都抢走了，赶快把宋木文调到出版口去了。所以那时候文物局、文物出版社里的人多了，当时的文化部机关里比较有本事的人，都集中到这了。甚至于其他部委的，如教育部有些人也是没地方去，把张天宝也调来了，配备了一个党委书记，是原教育部的领导刘仰峤。还有，公安部有一些人也都来了。把这些人调来也是王冶秋做的一件了不起的事。打倒"四人帮"以后，其他部委都恢复了，有些人回去了，有的当了副部长，张天宝是教育部副部长。这些人都是从我们这儿出去的，都是文物出版社那儿的人出去的。所以我认为这些事情应该好好地记一记。这应该说是了不起的事。

　　成立图博口以后有这么几件事情，一个是成立古文献研究室，一个是集中了一大批干部。这两件事我认为都是好事，都是了不起的事。但是斗争还是很尖锐。我现在再说这个文物局是怎么独立出来的。这是我亲自经历的了。我是1972年回来的。开始时所有人都集中在武英殿办公，后来各部委又往回调人，所以我在那儿待了一阵就调回文物局了。1974年"批林批孔"，上海的《文汇报》四月份有篇文章，叫"批判复辟逆流"，不点名地批判了王冶秋。文章说有些人说红线什么的，这完全是复辟逆流、黑线回潮。当时国务院还有一个文化组。1973年图博口变成文物局，就归国务院办事组管，不归文化组管。可是就在1974年，突然间，文化组的王曼恬说很快要把文物局划归文化组管，不再归国务院办事组管了。同时提出要在北大找个学生，就是他们造反派吧，来当副局长，因为这儿的局长都是老头儿。那会儿局长是王冶秋，还有个彭则放是副局长，还有党委书记刘仰峤，都是老头儿。这时候王冶秋跟刘仰峤说，要是真派人来我们怎么办？干脆，你不是说没年轻人吗？

我们抓紧提一个副局长，就直接投票，这真是民主。文物局机关大伙投票，推选这么一个副局长。当时两个人排名在先，一个是沈竹，一个是张天宝。张天宝比沈竹少一票还是少两票我记不清楚了，总之少一点吧。他们的票数差距很小，取票数高的，就确定沈竹当副局长。然后报国务院，国务院就批了。就为应对有人要派年轻的，沈竹才当的副局长。这就顶住了派年轻人来当副局长的事，但文化组还想接管。在这个情况下王冶秋急得要命，说这事怎么办？

后来我给领导写了信，说文化组现在要整我们，如果要是让他们接管了以后王冶秋非挨整不可，我们也都得挨整。还有那未批转的三部局文件，也就是后来发的"132 号文件"[12]，起草完还没批，搁下了，周总理病了。后来领导就批了，批了三条。一条是谢辰生同志关于文物出口的意见基本正确，建议你们赶快协商解决。这是第一条。第二条就是说文物局事情很多，而且都是急事，层次不宜多，不要划归文化组，应直属国务院。第三条是王冶秋同志是好同志，新中国成立前做了很多有益的工作，新中国成立后也做了很多好工作，有重要贡献，是个好同志，应予保护。就这样文物局直属国务院了。国家文物局的来源就是这么个来源。本来文化组要管文物局，所以这一下文物局就变成了国家文物事业管理局。

1975 年 1 月，周总理在第四届全国人民代表大会第一次会议上作了政府工作报告，后来又在他最后一次主持国务院会议上宣布国家文物事业管理局直属国务院。粉碎"四人帮"以后，成立文化部，国家文物局跟文化部是两回事儿。直到 1982 年"五合一"（即文化部、国家文物局、出版局、外文局、外文委合为文化部）[13]。

四　讨论与交流

彭蕾：刚才提到的文化组是什么单位？

谢辰生：文化组是国务院的文化组，文化组后来变成了文化部。

李晓东："文化大革命"中文化部被砸烂了，后来就成立了文化组。

　　谢辰生：先成立了文化组，可是图博口没归文化组管，那时候是国务院直接管，周总理直接抓。文化组组长是吴德。

　　李晓东：对，一开始是他。

　　谢辰生：对，我认为这个机构问题也是个大事。

　　李晓东：还有个事情谢老你能不能回忆一下，就是故宫开放的情况。

　　谢辰生：故宫开放这也是一件大事，我刚才提到了。故宫开放因为什么呢？乒乓球外交出现以后，科恩他们要来北京参观，中国约请美国乒乓球队来，那么给他们看什么呢？开放故宫让他们看吧。所以故宫就重新开放了。这几件事就是，一个是文物出国展览，一个事是开放故宫，由王冶秋来主持。那么开放故宫，那时候故宫简介得重新写。后来请郭沫若来主持，找一些专家来写这个故宫简介。要开放啊，要有一个新的简介，就是郭沫若主持写的这简介。他们说就叫"殿试"，把这些人找来"殿试"。

　　李晓东：1971 年故宫重新开放是国家外交的需要。

　　谢辰生：对啦，另外一个就是"文化大革命"期间组织出土文物出国展览，这个影响很大。

　　李晓东：乒乓外交以后，紧跟着是基辛格来，他就看了故宫。

　　谢辰生：基辛格是在美国乒乓球队访华之后来的，跟着尼克松就来了。所以说文物外交就是这么回事。

　　李晓东：当年文物外交一个就是故宫重新开放，是在当时的那种国际国内的形势之下。先是美国的乒乓球队来看，紧接着基辛格来，后来就是尼克松来。为了开放由郭老主持写故宫简介，这是一件大事。再一个就是出土文物出国展览，也是文物外交。借出国文展调了一批文物干部来，紧接着又发文件让文物专业干部都回来。那个文件可能是 1971 年的事情。

　　谢辰生：没错，就是 1971 年这时候的事。

　　李晓东：1970 年成立图博口，到 1973 年成立国家文物事业管理局，沈竹就是在那种形势下当的副局长。

谢辰生：那真是直选的，全体投票，民主得很了。那是为了应对文化组接管。王曼恬是那个文化组副组长，她管事。她还没说要接管，先调查研究。这段时间内，就成立了国家文物事业管理局，直属国务院了。

彭蕾：是王曼恬说要接管文物局吗？

谢辰生：不是，后来我们清楚了，实际上是徐景贤给于会泳写信，当时于会泳是文化组组长，王曼恬是副组长。徐景贤让整王冶秋。后来抄了家才看到这个绝密文件，就是上海的徐景贤。《文汇报》发难，同时他给于会泳一个绝密件要他关注文物局。如果他去接管文物局，那王冶秋不就挨整了吗，文物局就全过去了。在这时候，一是选沈竹当了副局长，你不要来年轻人，你先别来，我这儿有了。第二个就是我给领导写了信。

概括地说，上海徐景贤他们写这个信告王冶秋，实际上是因为王冶秋说新中国成立后文物工作是红线，所以他们就要把王冶秋整下去，就把图博口的权夺了，归文化组去。结果王曼恬就派人来，先调查研究，局里同志知道这个情况以后，我就写信，就批了。一是没归到文化组那边去，第二是干脆成为国务院直属文物局了。

注　释

[1] 佛教石窟，以石雕见长。位于甘肃永靖县西南 35 公里的小积石山中，始建于西秦建弘元年（公元 420 年），从十六国时代起，历经北魏、北周、隋、唐、宋、元、明各代，至今已有一千六百多年的历史。1967 年 3 月，国务院发出《关于炳灵寺石窟防护的通知》，要求修筑防水堤坝，保护石窟安全。

[2] 1969 年，北京市在拆西直门箭楼时发现了被明代城墙掩盖的元大都和义门。

[3] 图博口于 1970 年 5 月 10 日成立。

[4] 1971 年 6 月，国务院图博口在故宫筹办 11 省市"无产阶级文化大革命期间出土文物展览"，7 月 1 日开幕。经周恩来批准，7 月 5 日，故宫博物院

重新对公众开放。

［5］ 1968 年 6 月，经周恩来批准，中国科学院考古研究所和河北省文化局文物工作队，配合基建工程，发掘满城县陵山中山靖王刘胜及其妻窦绾墓，第一次比较完整地出土两件金缕玉衣及大批珍贵文物。

［6］ 又名"马踏飞燕"、"马超龙雀"，1969 年甘肃省武威雷台墓中出土，同时出土的还有东汉铜车马、武士仪仗俑等大批珍贵文物。铜奔马现藏于甘肃省博物馆。

［7］ 为增进国际社会，特别是西方国家对中国的了解，在周总理直接领导下的"中国出土文物展览"赴欧洲、大洋洲、非洲和亚洲的 16 个国家展出，观众达 657 万余人次，反响强烈。使外国公众从大量实际事例中了解了中国。出土文物展览为实现中国外交的突破做出了历史性的重大贡献，被赞誉为"文物外交"。

［8］ 1972 年 4 月，山东临沂银雀山出土了《孙子兵法》、《孙膑兵法》等先秦古籍汉简，其中完整简、残简共 4942 枚，还有数千残片。

［9］ 1971 年 8 月 17 日，国务院发出《关于选送出土文物到国外展览的通知》，通知指出，对原有专业人员应予使用，并要注意培养青年专业人员。

［10］ 1972 年 3 月，湖南省博物馆等单位发掘长沙马王堆一号墓，发现保存完好的棺椁、女尸和大批珍贵文物。6 月 17 日，周恩来对出土女尸和文物的保护批示："出土女尸身和衣着、帛文，非变质不可，请立即采取办法转移到冰室消毒防腐，加以化工处理。"12 月，根据周恩来批示在长沙召开了女尸解剖问题座谈会，会议拟定的女尸解剖方案，经周恩来批准后实施。

［11］ 即《中华人民共和国文物博物馆事业纪事（1949—1999）》（上、下），文物出版社，2002 年。

［12］ 即 1974 年 12 月 16 日，国务院批转外贸部、商业部、文物局《关于加强文物商业管理和贯彻执行文物保护政策的意见的通知》。

［13］ 1982 年第五届全国人大常委会第二十三次会议决定将文化部、对外文化联络委员会、国家出版事业管理局、国家文物事业管理局、外文出版发行事业局合并，设立文化部。

第六讲　文物商业归口经营与细水长流

一　"132号文件"制定背景与颁发

"132号文件"[1]出台是"文化大革命"中很特殊的事情。怎么会出台这个文件呢？"文化大革命"期间，红卫兵上街扫"四旧"，就砸这个砸那个，最后就砸到了文物商店。正好赶上周总理接待红卫兵，了解到这种情况，说那不能砸。周总理说这是文物，就是其中有些个不属于文物的，或是文物等级低的，我们还可以卖给外国人挣外汇。周总理这么一说，他们就不砸了，所以就把文物商店保下来了。实际上，周总理当时那么说就是为了保护文物。但是跟红卫兵说文物的价值他们听不懂，说这还能卖钱呢，卖给外国人，红卫兵就接受了。

这句话让谁抓住了呢？让外贸部抓住了，那时候因为砸"三旧"，就是指文化部、中宣部、北京市委，三个单位根本就没有了。在这种情况下，那文物商店本来是归文化部门管的，外贸部就把文物商店全接收过去，变成它的单位了，打那儿起就开始卖文物。所谓工艺品公司，就是专门卖文物的。文物越卖越不像话，结果是书画成捆卖，一捆多少钱，也不管作者是谁；玉器论斤卖，这问题太严重了。可那时候没有人管。1970年成立图博口，王冶秋从干校也调回来了，可以干些事了。但卖文物的情况越来越糟糕，最后发展到什么程度，把四川一个县博物馆的馆藏文物全卖了，外贸部还认为是一个经验，认为可以创汇，特意给周总理写了报告。周总理一看说这还得了，这不对头了，这不行。于是就责成吴德负责研究文物还是应该划归文化部门这个事。吴德召集了两个成员，白相国（时任对外贸易部部长）、王冶秋组成三人小组，吴德当组长。这大概是在1971年或是1972年初的事，那时候我还没有回来，是吕朗承办这个事。1972年我回来以后，参与了这个事情。因为出发点不同，白相国是从外贸部门说，王冶秋是从文物部门说，讨论起来往往各执一词，争论比较激烈。文件先是吕朗执笔的，经过一年多的研究，大概是1973年底我参加，完成了这个文件，三人小组通过了，1974年1月上报给周总理。周总理病了，文件报上去就没音信了。1月份就报上去了，好几个月都没人搭茬儿。

就在这个时候，1974年的4月，《文汇报》写了文章批判王冶秋，说黑线回潮。5月，文化组副组长王曼恬派人到文物局，要接管文物局，归文化组管。为此我给领导写信反映，信里面同时就提到了后来国务院"132号文件"批转的三部局文件的内容，说现在文物出口问题很糟糕，弄得一塌糊涂，随便出口，成捆地卖，成堆地卖，差极了。所以领导批示的头一条就是谢辰生同志来信反映的文物出口这些情况非常严重，意见是基本正确的，请设法解决。

4月份《文汇报》发动攻击，5月动手调查，我6月上书。6月领导批示，把这问题给解决了。1975年1月，周总理在第四届全国人民代表大会第一次会议上作了政府工作报告，后来又在他参加最后一次国务院会议上宣布国家文物事业管理局（以下简称文物局）直属国务院。而这个文件呢，1974年12月就发了，就是"132号文件"。这里面最主要的变化就是，文物经营不是让外贸部接收了吗，现在全回到文物部门了，而且提出来就是要"归口经营、统一收购、统一价格、加强管理"，"少出高汇、细水长流"。因为那时候外贸部门卖文物很便宜，所以就把"少出高汇"的方针给提出来了。1974年12月批准了，文件发出了。这就是"132号文件"的出台。

二 关于"补充意见"的制定

1976年粉碎"四人帮"。接着好几年，外贸部觉得我们文物部门把文物经营权拿走还是别扭，结果写了个请示报告给李先念，想把文物经营权收回去。李先念看了这个文件以后，1978 年 7 月 1 日就批给乌兰夫，让他来抓这事。1978 年 7 月 10 日，乌兰夫在民族宫召开会议，谷牧、黄镇都去了。

在这个会议以前，外贸部这个请示 7 月 1 日也批给了文物局，我一看说得都不对头啊。我就针对外贸部这个请示写了个报告，把外贸部门成捆成斤卖文物的情况都写了，说明外贸部请示说的不对，驳它那些东西。但是我先不给他们看，拿在手上，到开会时候由王冶秋同志念，念的时候同时上报国务院。这一念可了不得了，谷牧急了。谷牧是懂文物的，说这哪行啊，不能让外贸部搞这事情。那时候文化部长是黄镇，他说这又不是卖袜子卖鞋，这绝对不行，不能让外贸部干。不但没往回收，还给他驳了。驳了之后又形成了一个文件，那就是进一步的补充意见[2]。而且再一次强调，外贸部不能出口的都得及时交给文物部门。这是 1978 年的时候，我们写了报告，1978 年发的文件。问题就这么解决了。

三　讨论与交流

李晓东：从 1974 年到 1979 年出台了三个文件，解决这方面的问题。

谢辰生：就是"132 号文件"、"补充意见"和"特许"标准。"132 号文件"来龙去脉都有了，一直到最后连锅端了。到 1979 年就出来关于"特许"的一个标准[3]。出了没多长时间，沈竹就被派到香港了，就是办这事。所以到 1985 年文物出口经营彻底结束了，"文留"[4]就是这个情况下产生的。因为两三个文件都提出来，文物不能出去，立刻交给文物部门。所以后来外贸部门把文物都交了，外贸文物出口到此结束了。

"132 号文件"就提出各省市区要建立文物商店。所谓归口管理，就是说"归口经营、统一收购、统一价格、加强管理"，这四句话很重要。到了后来第二个文件"补充意见"里还提,为什么?因为有的地方还没成立,进一步要求必须成立文物商店。而且提出来最有意思的是,文物商店、友谊商店、外轮供应公司卖给外国人收的外汇,通通归外贸部,我们只收人民币。外汇统一归外贸部,文物统一归文物局管。

李晓东:两个文件中都提到文物商店、友谊商店、外轮供应公司按规定销售文物一事,都没有明确提"外柜""内柜",在"补充意见"中,提出了统筹"国外和国内市场"问题。

谢辰生:第一次也提了,要做好国内文物销售问题,外柜也是国内的问题,不是说中国人不能买外柜的。外国人可以买,中国人也可以买。那好东西(文物)是内柜的。

李晓东:这有一个发展阶段,一开始外柜的只能是外国人买,后来到20世纪80年代时中国人也可以买。

谢辰生:只要是卖给外国人的,外汇额就归外贸部不归文物局。所谓外汇管理,这里面有一条,是外汇归外贸部。内柜是什么呢?内柜是1795年以上(以前)的文物,外柜是1795年以下(以后)的文物。所谓内外柜是这么个关系。外头门面上,你愿意买也可以买,问题就是说1795年以下的文物在门市上卖,1795年以上的文物不能卖。中国人想买怎么办?那你上内柜,也就是1795年以上的,不能出口的文物。文物总店的规章也提出来,要满足国内的文物爱好者。所以这一条,我们明明写的,形成的文件清清楚楚。那时候就开始考虑别光卖外国人,也得卖给中国人。1795年以上的文物,不能说不让外国人买吧,为避免问题,所以干脆我们不摆出来,在里面内柜中国人可以买到。中国人要买外柜的也可以啊,就是1795年以下的文物。

彭蕾:就是刚才提到的那个内柜外柜的问题,在文件中没有写出来吧?

谢辰生:文件中没提内柜外柜。只是说了文物商店,包括友谊商店卖给外国人的,外汇额都得归外贸部,有这条。没有分内柜外柜。

彭蕾:具体操作是这样的?

谢辰生:对,操作是这么做的。文物商店开门就是。

李晓东："132 号文件"下来以后，前半段，就是在 1976 年之前，粉碎"四人帮"之前，各省发展文物商店起步了，但是真正发展大概是在 1978 年前后。

谢辰生："132 号文件"提出来各省市区都要建立文物商店。1978 年"补充意见"中强调没有建立文物商店的赶快建立，再催了一次。

李晓东：因为文物商店总店也就是 1979 年成立的。

谢辰生：对，有了文物商店总店就把文物出口的事全管了。

李晓东：文物商店总店一是开展工作，二是抓全国的，包括干部培训。

谢辰生：20 世纪 80 年代以后，文物商店系统就逐渐瓦解了。

彭蕾：现在文物商店改革，有的都已经并入博物馆了。

李晓东：最后信息中心[5]的文物不是都交了吗？

彭蕾：对，主要是一批"文留"文物，都交给国家博物馆了[6]。

注　释

[1] 即 1974 年 12 月 16 日，国务院批转外贸部、商业部、文物局《关于加强文物商业管理和贯彻执行文物保护政策的意见的通知》，简称为"132 号文件"。

[2] 1978 年 11 月 23 日，外贸部、商业部、国家文物局转发国务院批准的《关于进一步贯彻执行国务院文件的几点补充意见》。

[3] 1979 年 7 月 31 日，国务院批转国家文物事业管理局《文物特许出口管理试行办法》。

[4] 指留在外贸、海关不能出口的文物。

[5] 即中国文物信息咨询中心，现为国家文物局直属事业单位，其前身是中国文物商店总店。

[6] 2010 年 2 月 10 日，国家文物局将其所属中国文物信息咨询中心代管的约 40 万件文物调拨中国国家博物馆。这批文物包括"文留"文物（主要由海关查没和文化市场截留的珍贵文物构成）和一般文物，包括佛像 2 万余件、玉器 8 万件、瓷器 20 余万件，另有书画、杂项等约 10 万件，其中部分为国家一、二级文物。

第七讲　1982 年文物保护法的诞生

一　《文物保护法》草案起草情况

《文物保护法》起草是从 1979 年开始的。1977 年在大庆开现场会议[1]，那时候拨乱反正，恢复文物工作。当时王冶秋主持这个会，他认为要建立规章制度，光搞个条例恐怕不合适了，必须搞个法律。大庆会议后，王冶秋就跟我讲，你最好现在就开始起草一部《文物保护法》。这样一来，1979 年我就开始起草。1978 年，华应申来文物局当副局长，是从广西调回来的。他来了以后第一次我陪他去上海，给徐森玉平反。局里让华应申抓这个事。我们几个起草《文物保护法》。我记得那时候也找过你（李晓东）来局里给搜集整理法规材料。后来我们弄了几稿，1979 年任质斌来了，到 1980 年华应申当顾问了。

起草《文物保护法》的时候没出什么大问题，为什么呢？任质斌信任我们，让我们搞，在局里没受到任何干扰。在这过程中，很多事情我都讲过。最主要的是什么呢，中共十一届五中全会胡耀邦当上了总书记。十一届五中全会期间，有一次胡耀邦[2]半夜里开会，他听到有人反映王冶秋的事，听完后就跟任质斌（当时任质斌是候补中委）说，王老给康生弄了那么些东西（文物），写五百字检查就算完事了！结果任质斌晚上回来了，在红楼给我打电话让我上他那儿去，跟我说，今天耀邦同志说了，因为很多人都反映这个事情，耀邦同志说让冶秋同志写几百字检查就行啦，你看这怎么办？他也不好意思直接找王冶秋。我问什么事？他说就是北京市拿出许多文物都送给康生了。我一听就火了，我问这是谁说的？他说是耀邦同志说的。我问耀邦同志是听谁说的，我说这不对，根本没这么档子事！我急了。他问我这到底怎么回事？我就告诉他：你想一想，冶秋那时候在牛棚，他到哪儿拿文物去？那是抄家的东西，怎么会让他拿去呢，这不是开玩笑嘛！他也根本见不到康生，他已经到牛棚里头了。任质斌一愣，说对啊，这对不上啊。我说：冶秋那时候根本不在，怎么能拿儿百件文物给康生？任质斌听完后说，哟，这你不说我可不知道。我问那怎么办？他说你赶快给我写个材料，我明天开会就向他们反映。那天说完了都凌晨三点多，快四点了。我回来就写，写完了第二天早上就送给任质斌了，他就带走了。

后来我想，光给他写还不够。我想干脆给胡耀邦写封信吧。有些话说得很重，这简直顶他了。所以胡耀邦还是有点意思，他在这儿划一大道，批"很对"。我提出意见，他倒说"很对"。真不容易，这个总书记是个好书记。结果这封信就批给了任质斌和孙轶青，批语是"此信请你们认真对待，一切问题应该严格实事求是。对文物局历史，对王老，对一切同志都应如此，请将这段话也告谢同志。"[3]信批回来了，任质斌到底是老革命，确实好。他看完后马上在红楼召开全系统领导人会议传达这封信。他说这是总书记批的，这等于给王冶秋翻了案了。同时他说恐怕光在这儿传达还不行，要把这封信发全国。因为冶秋同志这个冤案得在全国平反，你光在咱这儿说了不行。这是很正确的。结果有人不同意，这事就搁下了。后来我和老罗（罗哲文）又写信，最后是邓小平批的。

《文物保护法》这时候已经开始起草，很重要，有这么个事情。1980年中央书记处讨论文物工作，任质斌说我们得开个全国的文物工作会议，传达贯彻中央书记处会议精神。书记处在这次会议中提出来几句话：文物保护管理的问题相当多，文物工作者应当是以责任在身当仁不让的精神去工作，要见难而上不要见难而退。这都是好话，说的都挺好。赵紫阳（时任国务院总理）对这些话都不反对，但有一条，提出要"以文物养文物"，文物是值钱的东西。这句话不就要命了嘛，也在这纪要里面。那前头的话和这句话矛盾呀。会后，任质斌给我们看书记处会议纪要，我们很多人都说赵紫阳这意见绝对不行。任质斌问怎么不行？我说，那咱们开会，让大伙听听。黄景略、沈竹那些老人都说这绝对不行，这要传达还得了啊！他后来想想说"对，这不行。我去找胡耀邦"。结果就拿会议纪要找了胡耀邦，把这句话给去掉了。就是发下来的文件退回去，去掉了一部分内容，又重新发，这就很了不起了。所以当时传达会议精神时就把那句话去掉了。后来发的书记处会议纪要就很好了。

《文物保护法》草案稿完成以后内容就基本是这个样子了。我觉得呢，这事情应当还是让人给从语言文字上把把关。我跟叶圣陶很熟，就把这草案稿送给叶圣陶，请他给帮忙把把关。我没说把什么关，叶圣陶看了以后全不明白，他觉得这东西这么写法不清楚，他不清楚别人也不清楚啊。就给我回了封信，说对不起，你这拿不出手，根本就不成熟。我一看叶圣陶的回信就写信问他怎么拿不出手，怎么回事啊？他又回信说你这说的不明白，一会儿这一会儿那的，为什么这个不行，那就行？你这都说不清楚。其实都说清楚了，他不懂得这行，他以为我让他对内容提意见了。后来我就找叶圣陶，说明不是让你提内容的意见，内容你不明白，我是请你在文字上把关，看在文法上合适不。他说：这个没问题，那我再看看吧，文字我可以给你把关，内容我不管，我管不了，我不懂这玩意儿。这对他来说简单了，第二次拿去他看完后有几个地方给稍微改了改。《文物保护法》草案稿一个我给叶圣陶，一个给吕叔湘。吕叔湘大概明白我指的是文字问题，所以他后来没提什么意见，他是改了点，没什么大改动，只是标点符号之类的改了改。这些往来书信我准备发表，这都是历史啊。

二　全国人大常委会通过文物保护法草案

《文物保护法》草案1980年就上报了，到1982年才出来[4]。上报之后没几天任质斌也就离休了，他在文物局就是两年多。在这期间，他对我们的工作是有个认识的过程的。从刚到这儿说是不是可以卖几个兵马俑，后来他说现在我才明白了，原以为我到这儿来可以清清闲闲度过晚年，现在看来我成天坐在火山口上，文物工作太重要了。任质斌说文物要以保护为主，地下文物帝王陵不能随便乱挖。他说周总理说了，后代比我们聪明，就让土地爷替我们好好保护吧，我们不要自己胡来。每年都要进行一次安全大检查。这指导思想跟我们完全一致，而且力度很大。他认为资料很重要，所以叫罗哲文去搞资料室。任质斌到文物局工作，听取各方面意见以后，得出这种正确的结论，采取了几件措施，是很难得的。就我来说，是任质斌把我提到这个秘书长的位置，就是因为他看我给胡耀邦写这种信。他笑着跟我说：你这同志是好同志，不简单，还敢跟总书记这么说话。我说那没法子，不说怎么着？他说那对。所以任质斌这人很好，还是老同志的一种做派。他不是专业人员，但他一听就明白了。他说谁有道理就听谁的。这点是非常好的。

　　1982年《文物保护法》通过。今天谈《文物保护法》，那我就先把《文物保护法》有关情况说完了。原来的《文物保护管理暂行条例》（以下简称"暂行条例"）是十八条，没有分章，《文物保护法》是三十三条，八章，扩大了。有些内容"暂行条例"里面也没有，像私人收藏文物，馆藏文物，都没有。到《文物保护法》发展了，变成了八章。第一章是"总则"，第二章是"文物保护单位"，第三章是"考古发掘"，第四章是"馆藏文物"，第五章是"私人收藏文物"，第六章是"文物出境"，第七章是"奖励与惩罚"，第八章是"附则"，共八章。这里边有什么变化呢？就是有些东西加强了，原来没有的，如文物所有权、馆藏文物、私人收藏文物，还有就是保护文物的具体原则跟过去不同。"暂行条例"里提到文物"进行修缮、保养的时候，必须严格遵守恢复原状或者保存现状的原则"，《文物保护法》中改成了"不改变文物原状"的原则。其他基本还是原来的意见。

三　关于《文物保护法》的一些规定

　　先说《文物保护法》中保护文物的范围。我们的《文物保护法》

现在是比较概括综合的，所以他管的时间长，不是随时都需要修改。第二条受国家保护的文物范围，一共五项，其中的第（五）项是最重要的。前面几项都有了，这句话等于把所有文物都包括在内了。为什么呢？"反映历史上各时代、各民族社会制度、社会生产、社会生活的代表性实物"。凡是成为历史的都有了。用不着说什么一百年的。现在所谓的工业遗产、20 世纪遗产也都在这里面了。所以我们这条跟国外的不一样，国外主要是列举式的，今天觉得这是文物就加一段，一会儿又加一段，我们这完全可以应变。你说哪个不是吧，它已经成为历史了，不可能再生了，这是文物的一个最大的标准，那就是文物。你按这个标准，现在提出来的哪一类文物都符合这个标准，符合这个标准就行了。所以没说到哪年以前，哪年以后，我们没这么规定。这条是比外国先进的地方。有的国家法律规定一百年以前的是文物，一百年以前从哪算起呀，对不对？来回折腾。后来没法子只能说从发现的时候算一百年。我起草的时候没采纳一百年的标准，要是这样的话，那革命文物就进不去了，我们不是用年代限制，从文物本身是不是成为历史来限制，也不是从文物类别上说。这一条应该说是比国外高明的一点。

关于"恢复原状或者保存现状"，是把"保存现状"搁在后边。这是怎么回事呢？这里受两个影响，就是国际上的两派。当时国际上保护文物的思想主要分为两派：一派就是法国派，代表人物是杜克，他主张恢复原状，所以他负责修缮巴黎圣母院的时候，把每一个地方都根据文献考察得非常清楚，最后根据考察结果恢复原状。后来英国有一派，代表人物是拉斯金，这一派就讲法国派的主张不对头，认为文物都已经改变了，又整个都翻回原状，这就等于重新创造了。拉斯金就主张绝对不能恢复原状，只能保存现状，说恢复原状那种做法是对文物的一种极大破坏。最后《威尼斯宪章》[5] 颁布，《威尼斯宪章》的文物保护采纳的是卡米洛·博伊托（被称为意大利派）提出的原则。博伊托认为法国派和英国派都是片面的，于是把两者主张综合起来。他指出一方面文物没有必要完全恢复，这是有问题的，另一方面完全不动就只能保存现状，一点都不能恢复，这也是有问题，如果要延长文物生命还是要动的。博伊托认为，文物保留至今，其本身成为历史，有大量的历史信息，其每一阶段的维修也是历史，也有大量历史信息，应当保存，不是非得去掉，恢复成原来的样子，这样就把这个历史信息去掉了，这不对。这是他的高明处，因此这个也必须保留，要保存现状。但是保存现状也不是一点都不许动，该动的还是要动，比如有些附加信息很不合理的，很不对头的，这也是要去掉的；有些修改得很好的，要保留。这是《威尼斯宪章》最根本的原则，也就是不改变文物原状原则，这里的"原状"指的是当时的现状，现实存在的现状，这个现状表现了整个历史过程。这个是当时最先进的理念了。我们搞"暂行条例"的时候，《威尼斯宪章》还没出来呢。到起草《文物保护法》的时候《威尼斯宪章》也出来了，《文物保护法》就把"恢复原状或者保存现状"这一原则改成了"不改变文物原状"的原则。

在内容方面这是个改革，其他内容就是增加的问题。比如原来没有馆藏文物，没有私人收藏文物，《文物保护法》单独列出来。这是两章，但是条数很少，才两三条。在这里边有一场争论。原来起草的时候，"文物市场"想写一章的。后来讨论的时候一提这个问题，夏鼐说不行，这也是很重要的，到现在还得继续坚持着。为了说明这个问题，他亲自找了胡乔木和邓力群同志，在全国人大讨论期间，他又找了杨尚昆谈这个问题。他们都支持夏鼐的意见。夏鼐是国际上有名的专家嘛。他说：这是《文物保护法》不是《文物法》，如果是《文物法》，那凡是涉及文物的东西都能放进去，可是《文物保护法》，应当反映出这个法是以保护为准绳，跟保护没关的问题不能进文物保护法。比如说"馆藏文物"一章，就两条，是规定应该怎么保护馆藏文物，要加强管理，如禁止出卖文物藏品，调拨、交换要经批准等，主要是围绕保护来说的。馆藏文物的具体编目等跟《文物保护法》没关系，让博物馆条例搞去，别在《文物保护法》里写。《文物保护法》就是写文物保护不许怎么样，怎么保护、防止损害，怎么保证安全，这些写进去。"私人收藏文物"一章也是，就三条，一条是私人收藏的文物由国家指定的文物收购单位收购。第二条是自己不许随便交易，不许倒买倒卖，这严格的很。但是文物商店究竟怎么做买卖，不能在《文物保护法》里规定，只要不违背《文物保护法》里规定的这条就行，商业是另外一回事，不是属于《文物保护法》的范畴，因为商业不反映保护，流通怎么能是保护啊。所以夏鼐说绝不能把"文物市场"单独搁进去，只能提出限制：不许出国，不许私人买卖，不许自由交易，把这些说清楚就行了。因此加的这一章就是从限制的角度，从保护出发。所以这一点到今天我们还得坚持。后来修改的时候不是也有人提出，要让"文物市场"进《文物保护法》，答案很简单，不能写。夏鼐的意见对，是叫《文物保护法》，还是叫《文物法》啊？如果是《文物保护法》每一条都要反映国家的保护意识，不是反映怎么流通的问题，那跟保护没关系。这次《文物保护法》修订还得面临这个问题，还得争论，肯定还得有人提意见。就这几点是特殊的。所以《文物保护法》增加的这些内容还是从文物保护的角度出发规定的。这点就反映了这是一部《文物保护法》，不是《文物法》。这条界限必须说清楚。

四　文物工作正式纳入法制轨道

在中共中央十一届三中全会以后，加强法制建设，《文物保护法》成为文化文物方面的第一部法律，当时从局里到部里，直到上面的中央领导，对这部法律的出台都是非常重视的。

我认为第一这是文化界的第一部法，第二是文物保护的基本观点、基本原则和主要内容应该说是确立了，这是很重要的。这个始终没有变化，万变不离其宗，总结了新中国成立以来包括"文化大革命"的正反两方面经验，同时也借鉴了国际上的新的观点。

文物工作从此正式纳入法制管理的轨道了。自己的经验、国际的经验都有了，应该说当时是一部好法，现在还是不能动它基本的东西，动就要出问题，只能加强不能削弱，只能从严不能从宽，要再修订那是补充的问题，而且补充也不能都在法上补充。我有个看法，有些东西写不了那么全，那就做细则，或者办法，针对某一个条款，另制定一个比较专题的东西作补充。在法里写不了那么细，没法写。比方说，保护维修文物，"不改变文物原状"的原则这条，可以做各种解释，一个村落的保护单位怎么保护，工业遗产怎么保护等，得制定一些细则补充那一个原则，那个原则落实到保护单位及不同类别的文物，恐怕要很好地研究了，不能在法里边写，法弄那么烦琐根本不可能，也说不清楚啊。所以法就是概括的。我的意见不能像外国搞得跟一本书一样，不能搞成像意大利的《文化景观遗产法典》那样。文物保护维修大部分情况这个原则是适用的，不适用的是个别的，那就个别地解决问题。

五 讨论与交流

李晓东：当时去全国人大常委会作说明的是……

谢辰生：朱穆之。

李晓东：朱穆之有个说明。在《文物保护法》规定内容上，夏鼐先生，当时也是全国人大常委会的委员，从保护的指导思想上，起到一个把关的作用。

谢辰生：他还不只是在人大常委会说的，起初正在草拟的时候，他是找的胡乔木、邓力群。在常委会讨论时，他又找了杨尚昆。

李晓东：在起草过程中，他从专业的角度，从他身份的角度，提出这么些意见。在《文物保护法》起草过程当中，还遇到什么问题？

谢辰生：那时候一说就过去了，问题不是太大。基本内容还是"暂行条例"那一套，还加了馆藏文物、私人收藏文物，历史文化名城和文物所有权也是新增加的。

彭蕾：关于您提到的夏鼐说《文物保护法》只能是关于保护的，那当时认为流通方面跟保护是没有关系的吗？

谢辰生：有关系，那里边有几条，第一不能随便买卖，第二不许随便出国，这都是保护啊。

彭蕾：后来2002年《文物保护法》在第五章和第六章，一个是

"民间收藏文物"，一个是"文物出境进境"，其实是比 1982 年《文物保护法》多了很多东西。文物在私人之间也能交换、依法转让。

谢辰生：那也是限制性的。

彭蕾：再一个是不是跟当时大环境有关系，2002 年《文物保护法》加了一个有关文物市场的规定吧，就是拍卖。

谢辰生：这是形式，拍卖是一种形式，是合法的，但拍卖也得有规定，也是根据《文物保护法》规定那些个保护的原则，也不能乱来。

彭蕾：增加了文物出境，规定什么样的文物不能出境，这也是比较详细的了。

谢辰生：真正做起来那还有更详细的东西。

李晓东：其实在 2002 年法里面，一个是把 1982 年法里的"私人收藏文物"改成"民间收藏文物"，从范围来讲大些，实质上都是从法律上进行规范和保护；再一个收藏的渠道，那就是法律规定的拍卖、从文物商店购买、赠与、继承、转让等形式。但是通过买卖收藏的途径就两个，一个是拍卖，一个是文物商店，实际上是一种限制。

彭蕾：那还有没有其他的方式啊？

李晓东：从法律上来讲，流通笼统地说就是这些方式。

彭蕾：那是不是说，1982 年《文物保护法》实施期间私人之间买卖文物是违法的？

谢辰生：现在也是非法的。我们始终没有放这口儿，没有说允许个人之间可以随便买卖文物，国外也不是这样的。

李晓东：现在私人之间买卖文物也是非法的，私人将其合法所有文物相互赠与和进行交换是允许的。

谢辰生：私人之间买卖文物一放开就完了，税收都找不着啊。本来私自买卖文物就是非法的。

注　释

[1] 大庆会议时间为 1977 年 8 月，会后形成《全国文物、博物馆、图书馆学大庆工作座谈会纪要》。

［2］胡耀邦（1915～1989），1980 年 2 月在中共十一届五中全会上当选为中央政治局常委、中央书记处书记、中央委员会总书记。

［3］谢辰生：《致胡耀邦》，收录于《谢辰生先生往来书札》，国家图书馆出版社，2010 年 9 月第一版，第 12 页。

［4］1982 年 11 月 19 日，第五届全国人民代表大会常务委员会第二十五次会议通过《中华人民共和国文物保护法（草案）》，并公布实施。

［5］《国际古迹保护与修复宪章》，即《威尼斯宪章》，第二届历史古迹建筑师及技师国际会议于 1964 年 5 月 25 日至 31 日在威尼斯通过。

第八讲 《文物保护法》公布到"101号文件"通知

从《文物保护法》公布到"101号文件"[1]，主要讲以下几个问题。

一 起草两个文件和召开全国文物工作会议

《文物保护法》公布之后，当时文化部跟中宣部都非常重视这事。特别是中宣部的邓力群同志，他对这事情非常重视，直接抓这事。他说《文物保护法》公布之后应该起草两个文件，一个是进一步加强文物保护工作的决定，一个是进一步加强博物馆建设的决定。"文化大革命"结束后，这些都是要加强的。而且，邓力群提出来是分别用"中共中央国务院关于进一步加强文物保护工作的决定"和"中共中央国务院关于加强博物馆建设的决定"为标题，两个决定，这规格就高了。他说起草这么两个文件，同时召开一个会议，贯彻《文物保护法》。重点的内容就是怎么形成这两个文件，写两个文件大家讨论，之后报国务院、中共中央。这是好事啊。

在《文物保护法》公布以前大家基本没什么分歧，除了赵紫阳提出"以文物养文物"（详见第七讲），后来被否定了，内部没什么分歧。可是一说搞这两个文件，分歧来了。为什么？当时我们就讨论。首先，指导思想是什么？就出现了几个分歧。一个是文物工作的方针问题：是保护为主，还是利用为主，或是保护和利用并重的不同意见。这是很重要的一条。博物馆工作也有分歧：是大力发展县县办博物馆，还是重点搞省一级的博物馆，然后同时发展一些有特色的专门博物馆，这又是一个分歧。博物馆工作还有一个分歧：究竟是突出地方特色还是千篇一律。所以那时候王冶秋还写了一篇文章，发表在《文物通讯》上，还特别强调我们要搞地方特色。这意见不一致了，根本没法解决。文物局一共四十来人吧，一个局长，两个副局长，一个顾问，都是领导班子的人。这四个人一分为二了，一个是以主要负责人为代表，当时另一位负责人基本倾向他，我跟沈竹我们一个意见。其实就表现在这几个分歧上，长期不能解决。还有一个是"以文物养文物"，虽然已经不提了，但那种思想在起草过程当中表现得还比较强烈。

《文物保护法》是 1982 年 11 月公布的，这个些分歧争论了快一年。中宣部奇怪文物局起草两个文件、开个会，怎么文件就出不来呢？结果就派马自树（中宣部宣传局干部）来调查。马自树调查一看，是局领导的意见有分歧，谈不拢，就回去向中宣部汇报说，这个问题是意见不一致。中宣部说文物局内部意见不一致，把意见拿到中宣部来，跟我们中宣部一块儿开会，看这个分歧怎么解决。那时候是 1983 年，几月我记不清楚了。会开得很长，各抒己见，最后，中宣部确定了支持我们这方的意见，不赞成他们的意见，同时找文物局主要负责人谈话。邓力群跟他谈了四个小时，他也不同意。他的意见得不到支持，干脆不干了，而且意愿非常强烈，所以他就调走了。文物局就按中宣部的意见办事，开始筹备会议。

这两个文件我们就起草了，大家讨论了几次，最后通过了，准备开会，就是 1984 年开的会。开完会文件上报中央书记处。书记处开会讨论了，说两个决定不好，干脆合并成一个决定，就是《进一步加强文物工作的决定》，同时提出来，因各种意见不一致，要广泛征求意见。所以让中宣部牵头，与文化部共同召开由各有关方面，包括工商、宗教以及海关等各个机关的人参加的座谈会。当时邓力群亲自抓这个事。会后把意见整理归纳了十二条，又把文件修改一遍，之后上报国务院。这都到 1985 年了。国务院是 10 月开的会，我们还得修改文件，修改以后上报中央书记处。中央书记处 12 月 25 日又召开会议，不是专门为这个文件的事，是整个文化系统的会，同时文物局还有这么一个特殊情况，所以就两个合一了，这个文件就拿到中央书记处会上讨论。在这个会议上有个插曲，就是卖不卖文物，对于文物出口有分歧。当时外贸部还没说什么，就有人提出这个问题来。我们当然提出来这不可以，最好是减少文物出口或加强管理。谈话期间，胡耀邦说了一句，你文物局听一听外贸部的意见。当时外贸部来参加会的副部长是什么人呢，是原海关总署署长。他对文物出口最了解，他就大发议论说这绝对不行，全世界都没这么干的，怎么我们社会主义国家能这么干。什么大量出口，他反对，比我们说得还厉害。那时候胡乔木、邓力群很支持文物局。万里也说，就这么点玩意能挣多少钱呢，不要搞了。所以就从此把文物出口这块取消了。文件里也不谈这事了，没分歧了。

二　胡耀邦亲自主持修改加强文物工作文件

在中共中央书记处会上，大家对文件还有不同意见，要求征求大家的意见之后再修改，修改以后就发。胡耀邦说，好，我当组长牵头儿，你们中宣部出一个人，文物局出一个人，我出两个人，一个叫王愈明、一个叫李鉴。当时文物局派我参加这个修改小组。征求中宣部意见，中宣部就派马自树来了。底稿是我写的，主动权还在我这儿呢。首先修改不能全取消吧，那不可能啊。结果在中南海住了两个多月。

胡耀邦是很认真的，每一次讨论都是到他办公室去，他亲自主持。我们这四个人听他的，他也听我们的。然后根据他的意见再修改，来来回回好几次，那是相当认真。最有意思的是，他很重视旅游，所以还让韩克华参加。我跟韩克华正是因为这个事好了呢。胡耀邦问："听说'以文物养文物'的提法你们都不同意，是不是啊？"我说对了，我们都不同意。他说以后不提了。他还特别说过这么一句。我们反反复复地修改，胡耀邦提出的那俩人，其中王愈明是组长，他来改。来回好几次，最后终于定稿了，基本上是我们跟这两个人在一块交流时把他们俩说服了，这就好说了，我们小组意见一致。跟胡耀邦谈的时候，他一听有道理，他也赞成。他说这次文件要写得跟"九号文件"一样。"九号文件"是个宗教文件，全面总结了新中国成立以来的经验，是很重要的一个文件。所以这是一个大转变，讨论时大家都非常认真。最后的稿子他同意了，审定了。准备回去由中宣部、文化部党组联合给中共中央书记处写报告汇报这个文件，这个文件就用中共中央和国务院的名义发。

三　原拟作为中央"决定"的文件改为 以国务院"通知"颁发

这不很好吗？我们也回去了，也按规矩报上去了，就等着发吧。我们是 1986 年上报的，可是接着胡耀邦不任总书记了，这文件就搁那儿了。我们报上去再也没人理了，也没法催，你催谁去啊？所以挺好一个事结果被搁浅了。1987 年开中共十三大，我是十三大代表，是在国务院那个组，就是政府那个组，那时候王蒙（时任文化部部长）也跟我在一起。当时的国务院秘书长叫陈俊生，我就跟他说，我们上报了个文件，到现在也没有出来，还是得想办法弄出来，因为这个文件很重要啊。他出了个主意，他说你十三大以后再活动搞这事。出来这文件就是贯彻十三大，这个力量更大。先别着急，还得找副总理这些人。那时候管着我们的是谷牧。我说好，那就等十三大开完再说吧。

中共十三大开完之后我去找谷牧，我说这事儿（文件）得办。他说这事确实应该办，中央书记处开会的时候他也在。他说：这样吧，你给我写封信，就讲这事。不能因为胡耀邦不任总书记就不干了，那还行啊。你给我写封信，前头把万里也写上，你送给我，我给万里，然后让万里去处理。那时候万里是中央政治局委员。我说那好吧，我回来就写了这封信。我说已经过了这么久还不知道怎么样，特别是我的信最后一部分，说到最近王冶秋同志逝世了，你们都是他的老领导，他到死还惦记这事呢，只要一谈到文物工作他就哭，这也是他的遗愿吧。我特别加了这么一点，送给谷牧。谷牧批给万里，万里一看就同意了。那这个文件用什么名义？按原定的以国务院和中共中央的名义不行，还是用国务院的名义吧。又批给胡启立，因为他是中央书记处书记（1987 年 11 月 2 日中共十三大一中全会上当选中央政治局常委），最后都同意了。

秘书局三局局长，具体名字我都想不起来了，打电话给我，说你这事办成了。文件领导都批了，就可以发了。我说那好，那就发吧。他说有个问题，据我们副秘书长说，这个文件是个决定，决定必须经全体会议讨论通过，只领导批了不行，你们要是现在不叫决定，就叫通知的话，因为这些领导都批了，那就马上可以发。你琢磨琢磨，你们非要用决定的话，那就等着，我们上会。当时我考虑如果上会说不定又出什么问题，倒麻烦了。我说叫通知就通知吧，你干脆给发了就得了。所以后来变成国务院通知，即《国务院关于进一步加强文物工作的通知》，也叫"101 号文件"。

四 关于"101 号文件"的贯彻情况

这个文件应该说是新中国成立以来制定规格最高的文件了。文物工作的文件，中央书记处讨论好多次，而且总书记当文件修改小组组长，真不容易，而且总书记还很认真。书记处那两人也不错，跟我们合作得很好，意见完全一致，到这种程度那是很不简单了。所以文件就发了，大家当然都很高兴，文件中文物工作的方针是"加强保护，改善管理，搞好改革，充分发挥文物的作用，为人民服务，为社会主义服务"，说得很清楚，而且文件还特别强调提出保护是前提，没有保护就没有利用。

贯彻这个文件的时候，正好我们书画鉴定小组到天津去，我弟弟（谢国祥）是在天津当宣传部长，我跟他说这回我们来你得让瑞环同志请我们吃一顿啊，那时候李瑞环是天津市委书记，他说那没问题，给你们安排好一点儿。后来我们去了以后，李瑞环还讲了话，讲得也很到位。请我们吃饭那天，我们就跟李瑞环聊天，他说很喜欢文物，一定支持。我说我们正好有这么个文件（"101 号文件"）下来，我们有个专家委员会（即国家文物委员会）是不是可以在你们这儿开个会，你讲个话行不行？他说那没问题。我给你们跑跑腿，弄俩钱儿。他也是要给我们弄俩钱儿。我说那太好了。结果我们书画鉴定完了以后，我回来就跟王蒙（时任文化部部长）说了，王蒙说他同意那当然太好了。结果就在天津专门召开了一次会议，就是国家文物委员会的会议[2]。会议由廖井丹主任委员主持，李瑞环到会作了《动员全社会都来重视文物保护工作》的讲话，指出，文物保护是一个怎么对待祖先和民族文化，怎么对待历史，怎么对待后代的大事。那次他很高兴，讲得也很好。又提到给我们跑跑腿，看看怎么样弄点经费。这是 1988 年初，很好啊，我们回来情况也不错。

李瑞环说得挺好，但是当时他也不是中央的领导，他是中央政治局委员，他只能活动。后来他上来了，是中央政治局常委，而且管我们这块儿，一上任不久，他就召集了一次会议。参加的人有丁关根、李铁映，李铁映是国务委员，管这事啊。还有张德勤、沈竹、我，我们三个人都参加了。会上李瑞环说，原来我跟谢辰生说要给你们跑跑腿，这次我非跑腿不可了。你们写个东西，大概需要多少钱。回来以后，张德勤组织写了报告。李瑞环上来后，劲头很大，想去陕西看看，不是说陕西文物最多吗？1992 年 4 月李瑞环同志就去了，到那就碰上孙副省长反映说："'101 号文件'说得不行，他有意见，不能'保护为主'，要'保用并重'，但文物局的人还坚持，不同意我的意见。"瑞环同志说那我找文物局。他打电话叫张德勤和我去陕西。我们俩人是后赶去的。那时候张德勤刚上来，李瑞环认识张德勤这人，当年胡启立在天津当书记，李瑞环当市长的时候，张德勤是胡启立的秘书。到那儿以后，当天晚上李瑞环秘书把我叫去了，说瑞环同志要找你。我说好吧，结果我就去了。去了以后李瑞环就让我说一说"101 文件"出台前后这些年的历史情况。那我太愿意了。从头到尾什么矛盾都说了，包括保护为主还是什么为主，这争论很厉害，问题严重就在这儿呢，都跟他讲了。他想了半天，说还是你们说得对。这样，明天开省委常委会议，讨论我们这次考察，我要把这问题解决一下。他说这事没问题，还是你们意见对，我支持你们。我一听特高兴，谈了一个多钟头才走。

第二天他就发言，说现在有分歧，其实很简单。他随手拿了个杯子，他说这杯子是干什么的，是要喝水的，喝水就是要用的，杯子都摔碎了你还拿什么喝水啊？当然是保护第一，保护是前提，这是个常识问题。我听着挺高兴。李瑞环说这个东西一定要讲。另外，这块事情很多，这么多重要的东西（文物），你们没钱，我还是要给你们想办法，给你们去跑钱。他说那方针里保护必须是第一位的，不能变。另外，光有方针，没钱也不好办事，我什么时候弄到钱，什么时候还在西安开会。那个时候是开全国性的会。我们挺高兴，然后他把张德勤和我带到延安去考察，在延安待了一段，然后就跟着他回来了。我们就坐着李瑞环专机回来了。回来以后就等着钱吧。

五　1992 年全国文物工作会议及有关情况

李瑞环弄钱也不好弄，后来急了，找李鹏去了，他说你要不给弄钱你得负责任。李鹏也没辙，说那好，要钱可以，就是从我这个总理基金里解决也得给钱，保护文物这是老祖宗的事。李鹏也说得挺好。结果最后确定了每年多给八千万元，那就不得了啦。那会儿文物局经费一年才几百万元。李瑞环拿了钱高兴了，通知文物局在西安召开全国文物工作会议，时间就是 1992 年 5 月 6 日至 9 日。全国各省的副省长都来了，李铁映去了，规格最高了，一个常委加上个政治局委员。郝建秀也去了，她是书记处书记。所有有关的部长都去了，刘积斌（时任财政部副部长）也去了。在开会以前要给李瑞环起草个讲话稿，他组织一个班子，老彭（彭卿云）和我都参加了。方针这两句话是在起草时老彭根据瑞环同志的讲话，形成了这个文字的表达——"保护为主，抢救第一"。李瑞环讲的意思是这个，这两句话是老彭写的，当时大家都同意，结果写进文件交给他，他完全同意，在会上把这条讲了。李瑞环讲的时候很有意思，他的讲话稿，中央常委全部画圈，最后送到顾问委员会，由薄老（薄一波）阅看，看了以后几处都有批示。他讲的时候把这些批示都说了，传达了。其中就有一个文物市场问题。这一点讲得很清楚："这个口子不能开，否则会造成混乱。"后来李铁映在会上也讲，现在有的地方要搞文物拍卖，文物拍卖绝对不能在北京搞，可以在别的地方试验一下，在北京搞影响太大。这个会上一个是李瑞环传达了薄老的意见，一个是李铁映明确表态，方针政策那是很清楚的。所以这次我们回去应好好地传达，贯彻"保护为主，抢救第一"的方针。

这次全国文物工作会议是 5 月开的，开完会就出现了问题。香港的报纸上说北京市的（文物局）局长宣布今年秋天在北京要搞文物拍卖，有的报纸还说要拍六百件国宝。当时就舆论哗然了。国家文物局主要负责人当时也在香港，可是对要拍卖六百件国宝的事一直没有对外声明否认。后来在秋天北京如期举办了文物拍卖会，那次拍卖得很不成功。

那次拍卖会正好是中共十四大开会期间，又是《文物保护法》颁布十周年，各方面舆论对这次拍卖意见很大，影响很不好。在中央电视台做《文物保护法》颁布十周年节目的时候，张德勤去了，我也去了，都发言了，张德勤是大批了这件事，说得很厉害……结果陈希同听见了，气坏了，把北京市文物局局长叫去了，狠批了一通。这位局长说我也冤枉，有信件啊！可不久以后，陈希同出事了，这事就过去了。这些细节别人都不知道的，我们很清楚。

这个问题从开始就一直没搞好。今天出这么些问题，一定程度上就是那时候本来是极好的机会，没抓住。从领导上说，我们始终没有把这个事情当作主要事情抓。最后李铁映说，被我不幸而言中了。当时他提出来是要直管专营，也没有研究贯彻这个办法。该怎么办？所以这个"101 号文件"是好文件，制定规格如此之高，李瑞环提出许多东西也很好，都是没有得到很好地贯彻施行，这是根本性问题，所以才会出现很多问题。

六　讨论与交流

李晓东：与胡耀邦谈，应是 1985 年前后吧？因为那个《国务院关于进一步加强文物工作的通知》是1987年发的。

谢辰生：1985年腊月开的会，我在那儿两个多月，起草这个文件嘛。胡耀邦说你们不同意"以文物养文物"？我说我们不同意。他不错，真接受了我们的意见，那时候是随时写完了就给他看，然后一块儿讨论。他这点真不错，总书记还真不简单。那是彼此交流，把他给说服了。那时候正好韩克华也来了。"101号文件"许多问题最后都是胡耀邦定的。

李晓东：韩克华是当时的国家旅游局局长。

谢辰生：他就是说要搞旅游，成立旅游协调小组，我也是成员。谷牧是组长。所以那段时间特顺。

彭蕾：当时李铁映提出来直管专营，是不是说明他是不同意文物拍卖的？

谢辰生：他说的对文物拍卖被我不幸而言中，指的是他不让在北京搞，你们还是在北京搞了。他说的不让在北京搞在西安会上说得清清楚楚，反对在北京试验。所以"101号文件"是个好文件，没能得到真正地贯彻实施，里面的内容有多少，好多没有落实。文件发了，文物部门不去落实谁落实啊。那时候很清楚，特别是对旅游的问题，特意加了这么一句"像敦煌壁画这类易于损坏的稀世珍宝，不能作为一般性的旅游开放点，必须严格控制参观人数，并采取有效的保护措施"。那都明确得很。

彭蕾：感觉当时文物法律文件制定时候规格真高。现在有的层级就相对低了。

李晓东：谢老把这段历史的过程、主要的争论点、最后形成文件里边的重点，以及文件以后的贯彻情况，讲述得很清楚。在当时提出搞两个决定和开会的时候，曾经把文件初稿发给各省征求意见。那时候我还在河北，我记得河北省写了一个很长的意见，对里面的一些问题提出不同的看法。当时文件初稿里头和后来有的领导讲的时候，说的就是博物馆比文物机构要高。这样比较是不科学的。这是一个情况。再一个"保护为主，抢救第一"方针的形成，今天谢老先讲到这个地方。下次讲的时候请你进一步地讲十六字方针的形成。

谢辰生：那是下回了。

李晓东：你就从这儿讲起，一直到李铁映提的三句话（原则）。

谢辰生：三句话"有效保护，合理利用，加强管理"。最后形成十六字方针，这以后再说。

李晓东：他当时讲的时候也讲的是方针，后来在国务院发文件时候就改成原则了。到 2002 年的时候，《文物保护法》就把"有效保护"去掉，形成一个十六字方针。

谢辰生：基本就这么个情况。就是这么发展来的，很清楚，就是个方针问题。

注　释

[1] 即 1987 年 11 月 24 日《国务院关于进一步加强文物工作的通知》，简称为"101 号文件"。

[2] 1988 年 2 月 9 日至 11 日，国家文物委员会邀请 30 多位专家学者在天津召开座谈会，讨论贯彻国务院"101 号文件"。参加的专家学者有：王仲殊、王振铎、启功、冯先铭、苏秉琦、吴良镛、单士元、张政烺、贾兰坡、郑孝燮、张开济、罗哲文、张溥、宿白、周一良、常书鸿、侯仁之、谢稚柳、刘九庵、傅熹年、顾连龙、徐邦达、杨仁恺；天津方面的王玉哲、张映雪；文化部副部长王济夫、文物局局长吕济民、顾问谢辰生；国家文物委员会秘书长沈竹等。

第九讲 文物工作十六字方针的来龙去脉[1]

一 关于"两重两利"方针

文物工作十六字方针是"保护为主，抢救第一，合理利用，加强管理"，整个方针的形成我从头到尾说一下。从文物工作的方针来说，最早提出来的就是"两重两利"[2]。"两重两利"不是我们文物工作的全面方针，而是配合基本建设提出来的，老把这个作为全面的方针，是不对的。因为"两重两利"里面的精神可以适用，但它不是完整的文物保护方针。那时候就是具体的，当时的文物工作重点是配合基本建设，因为当时总体来说，从 1953 年开始，一个是解决机构、人才问题，一个是解决政策问题，政策问题就是政务院的文件[3]，就是要保护。人才问题的解决就是举办了四期短期考古人员训练班。而且当时整个文物工作的方针，就是"以配合基本建设进行考古发掘为中心的全面文物保护工作"，是这么一个提法。因为当时基建既碰地下的，也碰地上的，所以把它提成方针。最早是谁提出来的呢? 20 世纪 50 年代，在没有明确提出方针的时候，是如何配合基本建设保护文物? 最早形成是源于1954 年基本建设文物展览（即全国基本建设工程中出土文物展览），展览的时候大家都来了，看完了大家都题词写字，陆定一（时任中共中央宣传部部长）题了一个，就是"既对基本建设有利，又对文物保护有利"。他最早提出"两利"。后来北京开始搞建设，周总理提出来必须注意传承和保护，又提出来要对不同文物区别对待。当时所谓"两利"

也是在实践当中总结出来的。最初时候洛阳的发掘，也是配合基本建设，可是有的搞基本建设的人不愿意跟文物部门配合，就擅自盖了房子，他不知道这地底下有墓啊，结果盖了没多久就塌了。所以建设部门发现这不行，像这种地区这么搞是不行的，就求助于文物部门了，还是文物工作组给勘探出来有没有地下文物，然后怎么配合怎么发掘。建设部门这才感觉到非讲"两利"不可了，因为不先勘探，建筑物就塌了。这都是很具体的经验上升为方针的。陆定一说这不是两利吗？不勘探就塌了，勘探了，既解决了文物保护问题，又解决了建筑安全问题。所以"两利"是从这么一个具体的事例里面，提高到方针层面。

　　"重点保护，重点发掘"也是这样子，你不能到处逮着什么抓什么，所以要重点保护。当时重点保护在文刊上争论了好久，陈滋德也写了文章。什么叫重点？开始时重点比较明确，就是哪有基建，而且是非常重要的地区，什么洛阳、西安、咸阳、龙门、安阳、云冈等地这都是古迹多的地方，既是建设重点的地区，又是保护文物重点区，所以才搞重点保护。开始的时候都是因为这么个个别的问题提出来，最后成为方针。它是配合基本建设进行文物保护的方针，不是文物工作的全面的方针。到现在"两重两利"方针就变成了我们文物工作方针，干什么都必提这事儿了。其实是一个误解，它不是文物工作全面方针。

二　关于"古为今用"等方针

　　当时也曾经提出"古为今用"作为我们的一个方针，因为毛主席不是提出来要"百家争鸣，百花齐放"吗？结果文化工作也要推陈出新，我们提出"古为今用"。那时候没有说文物工作方针是要中央批准的，没这个，我们提出来的方针是要"古为今用"。"二百"方针提出来以后，我们说我们不是"百花齐放"，我们就是"古为今用"。对古代文物"古为今用"，发挥作用；但对革命文物就不适用。因此，这个提法没有形成一个正式的文件。在文物出口方面提出过"少出高汇、细水长流"方针[4]，当然它不是整个文物工作方针。后来就基本上没有提过方针。

三　"101 号文件"提出的文物工作方针

在"101 号文件"起草的时候大家讨论我们的方针是什么？当时胡耀邦说，我们这个文件一定要写好，就像宗教方面的"九号文件"全面总结新中国成立以来宗教工作的经验教训一样，这个文件是全面总结新中国成立以来的文物工作，要提出我们自己的方针。在这个文件的讨论过程中，最后形成的方针就是："加强保护，改善管理，搞好改革，充分发挥文物的作用，继承和发扬民族优秀的文化传统，为社会主义服务，为人民服务，为建设具有中国特色的社会主义做出贡献。"这是完整的一个方针。这个方针的确是好的，要说方针的话，确实是全面概括了。但它没有突出保护、利用，当时没提这个。但保护是前提，这是肯定的。这是"101 号文件"的方针。

这个方针提出来以后又出现问题，因为它没有特别提保护为主。但是这个方针提出以后，里面有段话非常重要。就是说保护是前提、是基础，没有保护就谈不上利用[5]。有了这段话就等于突出了保护为主了。说句老实话，那个文件确实是迄今为止最全面的，没那么写过，那费了大力气了。胡耀邦总书记亲自挂帅在那儿写这个文件。可是这个文件一发下来就受到抵触，为什么受到抵触呢？就是因为是胡耀邦主持的。当时以文化部党组跟中宣部的名义，给中央书记处写的文件，题目就是《关于进一步加强文物工作的决定》。是"决定"啊，两个单位提出的，本来是一个极好的机会，如果胡耀邦还在任，就太好了。他这一不在任了，这问题麻烦就在这儿。搁在那谁都不管了，书记处不管，国务院也不管。所以我才在中共十三大的时候跟那个国务院秘书长陈俊生说。他说：你得找副总理级的才行。他还说：我劝你啊，现在不要提，为什么呢？如果十三大以前发了，接着就是十三大，之后要贯彻十三大精神，你这文件是十三大以前的，就不是十三大的精神了。你要搁在十三大以后发，接着在宣传十三大的时候，那就变成十三大精神。他说的这些非常好。中共十三大期间我就没有提，十三大之后我去找谷牧，谷牧说：这很重要，你可以写封信给我，别光给我写，把万里拉上，你写给万里我们两个人，送给我，由我批给万里。万里那时候是常务副总理，他主持很多会议。所以后来我就写信，这信在书札[6]里都有的。写信以后，就批准了，文件就颁发了，就是国务院"101 号文件"。这个方针写得很明确，是中央真正提出来的全面方针，这是第一次。其他时候都没提过全面的文物工作方针。这是文物工作方针第一次落实在中央文件上。那个"两重两利"方针是长期用了，但是那不能算是全面的文物工作方针，这个是全面的，这点要有所区别。这是中共中央提出来的，最后国务院发的，是国务院关于文物工作全面、完整的方针。

四　关于"保护为主，抢救第一" 方针与十六字方针

我们在天津开会，贯彻"101 号文件"的时候，李瑞环还说这个方针很好，光有方针不行，也得要钱。我给你们想想办法，跑跑腿，给弄点钱。那时候虽然他是政治局委员，可是他管不了这事。可是他还说愿意给跑跑腿，帮帮忙。后来，他当中央常委主管我们文物部门，没几天就打电话召开会议，参加会议的有丁关根，那时候是中宣部长，还有李铁映、刘忠德，然后文物局找的是张德勤、沈竹和我三个人。李瑞环就提出来在天津时我就答应你们要给你们办事，现在我还得给你们办事，你得写个东西，打算需要多少钱，给我个报告。张德勤回来后，写了一个报告送过去了。后来在西安时，李瑞环让秘书找我过去，谈了一个多钟头，我把情况一说，他说那还用说，当然是保护第一，保护是主要的。结果第二天我们在省委扩大会议上他说现在有些人对保护和利用的关系问题还有意见，但是方针是正确的。很有意思的是，当时他拿了个杯子，说我拿这个杯子是要干什么？是要喝水呀，喝水就是用，可是你把杯子砸了还喝什么水？这是常识问题！说得很厉害。当然是保护第一，首先是保护。没有保护怎么会发挥作用，你怎么用？你都毁了还用

什么？他说这是个常识问题。他说这个方针绝对没有问题，不能提并重。然后他说我给你们想办法呼吁，要钱，等钱到手了我们到西安来开全国文物工作会议。这次问题就解决了，这方针不是问题。他还是强调"101 号文件"那个方针。

后来到了 1992 年吧，李瑞环把钱争取到了。当时他找了李鹏。李鹏说：我无论如何也要帮你们，这是对祖先负责、对子孙负责、对历史负责的事，我哪怕用我的总理基金也给你们弄钱。最后确定一年多给八千万元。那时候八千万元不得了。结果 1992 年在西安召开了一次全国文物工作会议。那次会议规格高啊，李瑞环是常委，李铁映是政治局委员，一个常委、一个政治局委员，加上郝建秀，中央书记处书记；这管钱的，还有财政副部长刘积斌。一些省主管的副省长也全来了。这是新中国成立以来规模最大、规格最高的一次会议，也是最重要的一次会议。

在会上就强调把"保护为主，抢救第一"这个八个字作为文物工作的方针。在开会前，他把"保护为主，抢救第一"这个方针写进讲话稿以后，将稿子送给所有中央常委看，也是就说这个方针的问题等于是全部常委同意的，同时还送到薄一波（时任中央顾问委员会副主任）看，看得很仔细。薄老在他的那个讲话稿旁边还有几条批语，"这个提的好"等等。就是在文物市场这个问题上，薄老提得很清楚，这个口子不能开，否则会造成混乱。同时在这次会议上李铁映提出来现在有人说要搞文物拍卖，他说拍卖这个问题要谨慎，不能在北京搞，影响太大，要搞试点在外地搞。这会议清清楚楚的，李铁映这么讲的，薄老那么讲的，李瑞环是赞同薄老的意见，把薄老的意见说了，讲这是薄老的批示。这方向都很清楚，从中央的观点来说没错啊。这实际上等于中央领导全体都同意了，常委都同意了，而且见了中央文件了。当时中央搞了一个关于整个意识形态的文件，其中文物工作部分把这个方针就搁在里头了。所以这个"保护为主，抢救第一"的方针绝对是中央的方针。

接着 1995 年又在西安开会，李铁映在讲话中又提出来"有效保护，合理利用，加强管理"的方针，本来想跟前头那个八字方针合并，形成这么五句话。结果李鹏说你刚出了方针现在马上就又改，不合适。结果前面提出的"保护为主，抢救第一"是方针，"有效保护，合理利用，加强管理"改成原则了。在一段时间内就同时用这两个，就是说一个是"保护为主，抢救第一"的方针，一个是"有效保护，合理利用，加强管理"的原则。这是1997年定的，方针加原则[7]。一直贯彻到2002年，修订《文物保护法》。修订《文物保护法》的时候，说一个原则一个方针怎么弄法？所以李岚清把这两个给综合到一块儿了，就是"保护为主，抢救第一，合理利用，加强管理"。那"有效保护"就用不着了，前边都已经说了"保护为主"了。这就变成十六字方针了。于是，就把原则跟之前的方针加起来成了一个新的方针，然后写进修订的《文物保护法》。全部经过就是这样，很清楚。李岚清干了两件好事：一件好事是这个十六字方针，他提的；一件好事，他接受了我的意见，国有文物保护单位不能作为资产经营，他是坚决同意的。所以在2002年全国文物工作会议上，他说国有文保单位作为资产经营问题不对，是错误的，而且到陕西亲自把旅游部门管文物这个问题给解决了，这是他的功劳。李岚清在位时最后做的这两件事，是非常重要的。这就是十六字文物工作方针形成的全部过程。

五 十六字方针四句话之间的关系

"保护为主，抢救第一，合理利用，加强管理"的方针是文物保护工作总的指导方针，《文物保护法》的所有规定都体现了这个方针的要求。因此，是否符合这个方针的要求，是衡量在执法过程中是否正确地执行法律各项规定的标准。这个十六字方针是一个有机联系不可分割的整体。单霁翔同志在学习新《文物保护法》的几次座谈会上都特别强调必须全面准确地贯彻执行这个方针，而不能各取所需，这是非常重要的。

"保护为主，抢救第一，合理利用，加强管理"的方针，正确地体现了保护与利用的辩证关系。保护为主是对利用而言的。保护与利用不是对立的，而是统一的，二者应当是相互促进、相辅相成的。在一定意义上，又是互为目的、互为承启的。但是必须明确，保护是第一位的，保护是利用的前提和基础，而且保护还要贯穿于利用的全过程，"利用"必须受"保护"的制约。我们经常强调文物要"古为今用"，然而古之不存，安为今用？这是很明显的道理。只有这样理解和处理保护和利用的关系，才能形成二者的良性循环，才能在保护的前提下，保证文物的永续利用。至于"抢救第一"，则是指在保护问题上，要区分轻重缓急，体现了李瑞环同志提出的要"先救命、后治病"的要求。

"合理利用"的"合理"有两层意思：一是利用得是否合理。首先是要掌握一个"度"，即保护与破坏之间的"临界点"，超越了这个"度"，影响到文物的安全就是不合理，反之，即是合理的。二是，利用的目的是把文物仅仅当作"摇钱树"，还是充分发挥文物的宣传教育、科学研究的作用，为加强社会主义精神文明建设服务？前者是不合理的，后者是"合理"的。而且前者的利用即使是能保证文物安全，依然是不合理的，后者的利用如不能保证文物安全，同样也是不合理的。因此，只有完全符合以上两个条件，才能算是真正的"合理利用"。这样说并不是完全不要经济利益，事实上，越是重视社会效益，经济效益就越好，反之，如果只是单纯地追求局部的暂时的经济效益，不仅会损害社会效益，归根结底，还会损害长远的经济效益。

"加强管理"应当是既管"保"又管"用"，因此，正确处理文物的保护和利用的关系，正确处理文物利用的社会效益和经济效益的关系，是"加强管理"的重要内容。"加强管理"的主要任务，就是严格执法，采取各种有效措施，排除一切危及文物安全的因素，克服种种危害事业发展的倾向，在文物保护与利用的过程中，坚持把保护放在首位，以社会效益为最高准则，在保护的前提下，充分发挥文物在各个方面的积极作用。只有这样才是全面准确地贯彻执行了文物保护工作的方针，也只有这样才能保证文物保护工作沿着正确方向，健康持续地向前发展。

六　讨论与交流

李晓东：1992 年西安会议以后，中央那个文件咱们后来在文物法规里面，或文件里边都没有收。

谢辰生：这不是一个专门针对文物的中央文件，它是另外一个文件，大概是有关意识形态的，在政治工作部分提到文物工作的时候，提到八字方针。总之，这是中央的方针那是百分之百的。

李晓东：那是对的，这是一个。还有一个就是过去讲"101 号文件"本身也好，或者"101 号文件"以前也好，对文物的作用，都提的是发挥文物的作用，不是利用。但它实际内容和合理利用的主要内容是相通的。

谢辰生：相通但不完全一样，因为"发挥文物作用"本身含义要比"利用"宽，更准确。内容是相通的，但是字面上说起来很容易被人利用，所以在西安开会时我就不赞成啊。那时候在小组开会，结果黑龙江省的副省长吓一跳，问旁边人这是谁？铁映（李铁映）刚说了他就不赞成？

李晓东：所以我们对待这些问题得历史地来看，它有一个发展演变的过程。咱们过去都是提发挥文物的作用，简称"文物作用"。所以《中国大百科全书·文物博物馆》里面有一个重要的综合性条目，就叫"文物作用"，实际上它讲的就是在方方面面发挥文物作用。

谢辰生：这两个问题不好混为一谈，为什么呢？"利用"是我为主体，我（人）是利用它（文物），"发挥文物作用"是它（文物）为主体，这两个根本情况不一样了。后来没办法，只能这样了，如果不用"利用"这个词，"发挥文物作用"那句话放方针里不像样儿，对不对？实际上还是这个意思。

彭蕾："利用"这个词听上去感觉经济利益的味道更重些。

谢辰生：对了，感觉不太合适，实际上是发挥文物作用。

李晓东：就从它的本质上永远是发挥文物的作用，而不是像后来变成一种用来赚钱的工具和手段。

谢辰生：那是完全错误的。

李晓东：所以就走偏了。

谢辰生：偏了，现在都在强调利用。根本不是那么回事。利用也说的是充分发挥文物作用，只不过只能用这俩字，意思还是原来的意思。这没问题。不是说像他们原来想的那样，完全不对头。

李晓东：是，所以过去一直提的都是发挥文物的作用，发展到后来，用了"利用"这个词，真正的是从文化的角度发挥它的作用的时候，还应该是那些基本的方面，如果走偏了，那就只能是从开发呀、经济呀等这些方面，这就和原来的本意不一样了。

彭蕾：那正式提出来"发挥文物作用"到"利用"，是不是在那个西安会议上提出来的？

谢辰生：第一次西安会议上没有，1995年西安会议上提出"利用"了。

李晓东：是1995年西安会议领导讲话稿里正式提到，"有效保护，合理利用，加强管理"。会上讲的时候也讲的是方针，到国务院要发文件的时候，就是1997年的《国务院关于加强和改善文物工作的通知》（1997年3月30日）里就把它改成原则了。

谢辰生：1995年西安会议上"利用"正式提出来了，是"合理利用"，那是李铁映提的意见，本来想作为方针，但是后来李鹏没同意，结果改为原则了。李岚清把它综合起来，变成十六字方针了，把"有效保护"去掉了。

李晓东：李岚清也是根据大家的意见，因为在讨论《文物保护法》修订稿的时候就说在《文物保护法》中应该写个方针，现有的方针和原则怎么写到《文物保护法》里面去呢？在这种情况下，李岚清就说把"有效保护"去掉，变成十六个字。再一个就是解决了陕西把文物行政部门管理的几个重要文物保护单位都归旅游部门管了的问题。

彭蕾：当时只有陕西有这种情况吗？

李晓东：不只陕西，当时陕西省省长搞的，在全国影响很大，国家文物局当时就不同意，张文彬、谢老我们都不同意，所以当时就和中国社会科学院举办了国际讨论会，在会上就否定这种做法。之后李岚清又到西安去解决，否定了这种做法。李岚清在位时召开的最后一次全国文物工作会议，在会上他又强调这个方针，不能把国有文物保护单位作为企业资产经营，这在 2002 年《文物保护法》里面已经规定了。

　　谢辰生：所以 2002 年《文物保护法》才有了第 24 条[8]，就是这么出来的。方针的问题就是从 20 世纪 50 年代开始，针对当时的社会发展、经济建设和文物保护面临的形势，主要是考古发掘面临的那种形势，当时提出来"重点保护，重点发掘，既对基本建设有利，又对文物保护有利"，这四句话连到一起，在国务院文件上出现是 1961 年 3 月 4 日国务院发布的《关于进一步加强文物保护和管理工作的指示》。在这个指示里面，比较完整地表述了这个方针。这个方针不是全面的文物工作方针，是这个方面或是这个领域里面的方针。到 20 世纪 80 年代制定"101 号文件"的时候，又提出一个方针，这个方针才是文物工作的全面的方针。这个全面的方针后来因为人事的变动还有其他原因，文件下发以后贯彻不力，到李瑞环来了以后又提出"保护为主，抢救第一"方针，一直这么演变下来到十六字方针。

注　释

[1] 为了完整叙述文物工作方针的由来，本讲部分内容在其他章节也有相关叙述。

[2] 完整的表述为：重点保护，重点发掘，既对基本建设有利，又对文物保护有利。

[3] 1953 年 10 月 12 日公布《中央人民政府政务院关于在基本建设工程中保护历史及革命文物的指示》，解决了这个政策问题。

[4] 1974 年 12 月 16 日，国务院"132 号文件"中提出：必须密切注意国际市场的供求关系和价格变化的动向，采取"少出高汇、细水长流"的方针，有计划地组织出口。

[5] 指的是"101 号文件"第二部分"加强文物的保护管理工作"中开头两句话："加强文物保护，是文物工作基础，是发挥文物作用的前提。离开

了保护就不可能发挥文物的作用。"

[6]《谢辰生先生往来书札》，国家图书馆出版社，2010 年 9 月第一版。

[7] 1997 年 3 月 30 日，《国务院关于加强和改善文物工作的通知》中写道："继续坚持'保护为主，抢救第一'的方针，贯彻'有效保护，合理利用，加强管理'的原则……"

[8] 第二十四条：国有不可移动文物不得转让、抵押。建立博物馆、保管所或者辟为参观游览场所的国有文物保护单位，不得作为企业资产经营。

第十讲　大遗址保护的开创与发展

一　关于大遗址保护的开创与发展

　　当前的大遗址保护成绩显著，也面临着很多问题。从历史角度追述大遗址保护，我认为是非常好的。新中国成立以后，20世纪50年代开始就已经重视大遗址保护了。按时间顺序，从50年代开始到80年代，大遗址保护不但做了，而且始终是每个时期文物保护的重点，始终没有断过。涉及大遗址保护的重要法规政策主要有以下一些，而且都与各个时期社会经济发展密切相连。

　　首先，1953年是我国第一个五年计划开始实施的第一年，全国各地开展了大规模的基本建设工程。为此，中央人民政府政务院颁发了《关于在基本建设工程中保护历史和革命文物的指示》。在这一重要文件中，针对文物古迹的发现与破坏情况提出了一些具体要求，如文件第二条中明确提到："在较大规模的基本建设工程确定施工路线、施工地区之前……先期进行勘查钻探，再行决定施工。各部门如在重要古遗址地区，如西安、咸阳、洛阳、龙门、安阳、云冈等地区进行基本建设，必须会同中央文化部与中国科学院研究保护、保存或清理的办法。"又如，文件第四条规定："在基本建设工程进行中，发现大量地下文物或古墓葬、古文化遗址、古生物化石时，主管部门应即暂停局部工程，会同当地文化主管部门将发现遗迹尽可能保持原状，妥予保管，并迅速报告省（市）文化主管部门决定清理办法。其规模巨大、性质重要者，中央文化部应即行会同中国科学院组织发掘队前往清理，或派遣专家前往勘查，研究保护、保存的办法。"

著名的西安半坡遗址是在 1953 年发现的，从 1954 年开始，中国科学院考古研究所会同陕西文物部门共同发掘，到 1956 年结束。正巧的是 1956 年 3 月郑振铎到西安考察，陈毅副总理要去西藏也路过西安。他们参观了半坡遗址的发掘现场，还考察了其他一些重要古遗址的保护情况，引起了他们的高度重视。陈老总（陈毅）当即作了两个重要的决定：一是在半坡建立遗址博物馆，由国务院拨款 30 万元[1]；二是说在丰镐遗址上的几个烧砖的窑厂对遗址有破坏作用，要求限期迁出。这充分表明了中央领导对大遗址保护的重视。半坡遗址博物馆是中国第一个原址博物馆。

第二，紧接着，在全国开展的农业生产建设中，为配合农业合作化高潮，做好文物保护。1956 年，国务院颁发了《关于在农业生产建设中保护文物的通知》，文件中还特别提到了十多处大遗址，包括"河南省安阳殷墟、新郑郑韩故城、洛阳汉魏故城，陕西省西安丰镐遗址、汉城，山东省临淄县齐国故城、曲阜县鲁国故城，河北省邯郸赵王城、易县燕下都，湖北省江陵楚郢都、纪南城，云南省大理县南诏故城，内蒙古自治区宁城县辽大名城，新疆维吾尔自治区哈拉和卓高昌故城、雅尔湖故城以及历次革命战争中有重要纪念价值的地点。在上述地址进行农业生产基本建设规划的时候，必须征得文化部同意，以避免遗址的破坏。"

这个"通知"有几个重要的特点，是什么呢？开宗明义地提出，在"农业生产建设范围空前广阔，农村的文物保护工作已绝非少数文化工作干部所能胜任"的新形势下，"必须充分发挥广大群众所固有的爱护乡土革命遗址和历史文物的积极性"，依靠群众，走群众路线，使保护文物具有广泛的群众基础。同时还提出了文物保护中两项最基础的工作，一是公布文物保护单位，建立文物保护单位制度；二是要开展文物普查。

后来为了贯彻"通知"精神，提出了两方面的工作，一方面保护大遗址是重点，以燕下都为试点；另一方面文物普查以晋南为试点，由顾铁符带队。

　　燕下都遗址和侯马晋国遗址是两种不同的情况。燕下都有明确记载啊,是现成的大遗址,1958年兴修水利,挖水渠过程中又发现很多出土文物,怎么保护? 作为大遗址保护试点,开展了有计划有组织的勘察、试掘、保护等工作,基本弄清了遗存分布和性质。可以说是主动性的展开保护探索。而侯马是在晋南文物普查试点工作中发现的,后来配合基本建设工程开展发掘和保护工作,相对而言是被动的保护。

　　1958年王冶秋就提出了"大遗址的保护,我们以燕下都为试验田"。1964年3月,文化部在河北易县专门召开了"大型古遗址保护工作座谈会",来自河北、河南、山东等省区的文化文物部门和中国科学院考古研究所、文化部文博研究所等单位的20多位代表参加会议。他们参观燕下都勘察、保护现场,交流经验,讨论如何进一步做好大遗址的"四有"工作,组织群众保护队伍,制定保护计划与规划,以处理好文物保护与建设之间的关系,做好大遗址的保护工作。

　　在晋南文物普查试点工作中,顾铁符等在侯马许多地方发现瓦片等遗存,有的地方甚至有大面积的瓦片遗存,认为非常重要,才提出晋国晚期都城遗址(即新田)可能在侯马。当时还有一些不同意见,如中国科学院考古研究所专家林寿晋就认为可能在曲沃。

　　恰巧在1960年国家要在侯马开展一项重要的工业基地建设项目,要建工厂,发现文物了,一看很重要,这是了不起的地方,于是就开始配合基建调查勘探。那个建设项目十分重要,当时这么重要的项目都能做出让步,现在你还说什么? 配合基建,那时候还真是重视,尽量避免破坏遗址和文物,侯马的那些出土文物都是这么被发现的。配合基建发掘同时弄清了遗址情况,这与燕下都不一样。当时山西文物考古力量不够啊,文物局就调动了其他一些省的文物考古工作者,开展了著名的侯马大会战[2]。大会战好几年,我在那里一住就是半年。经过进一步调查、勘探、发掘,发现这里有的地方城套城,呈大城套小城格局,非常复杂,其重要性愈加显现。后来又发掘出土了侯马盟书等重要文物,最终弄清了遗址性质,确认了这里是晋国晚期的都城新田遗址。顾铁符因此就被称为"顾侯马"。此外,谢元璐、黄景略等人都在侯马做了大量的工作。

在大会战期间,随着对侯马城址重要性的了解,在有重要遗址的地方,文物局禁止建设工程项目,不让动就不动了。虽然最后工程项目建设了,但是都不在遗址核心区。当时那么重要的建设项目都做了让步,了不起啊。同时,在这段时期,除了燕下都、侯马晋国遗址保护工作以外,其他许多地方也按要求开展了大遗址保护工作,如鲁故城、齐临淄等。

二 大遗址保护的发展

20世纪70年代以来,国家依然重视大遗址保护,在楚纪南城组织了保护、试掘大会战。在燕下都也组织大学生配合农业学大寨,进行考古发掘工作。文物局在全国农业学大寨会议以后,组织了河北、河南、山东、山西、陕西、湖北、甘肃等七省文物部门负责人座谈,讨论在农业学大寨中如何做好重要古遗址的保护工作,提出了一些措施。1977年国务院批转了《国家文物事业管理局关于在农业学大寨中加强文物保护管理的报告》(以下简称"加强文物保护管理的报告")。文件里头强调的内容都与保护大遗址有关,重点提出来:"要贯彻执行'重点保护,重点发掘,既对基本建设有利,又对文物保护有利'的方针,组织文物部门和生产建设部门密切协作,在一些重要古遗址、古墓葬地区进行兴修水利,平整土地,因地制宜,区别对待,把文物保护、发掘规划纳入到当地农田基本建设的全面规划当中去。""在必须重点保护的革命遗址、古遗址和古墓葬群区,不宜进行大规模平整深翻土地、兴修水利等农田基本建设的生产大队和生产队,因此使农业生产受到影响,要在粮食征购指标、化肥供应以及发展社队企业等各方面给予适当照顾,以保证该地区集体经济的巩固和发展。"文件强调"要发动群众、依靠群众,广泛开展群众性的文物保护工作"。特别提出:"在历史文物中,要特别注意调查、保护反映地质水文、地下水脉、河道变迁、地貌变化和天文气象等情况的遗址、墓葬、碑刻等文物,并进行整理研究,直接为生产建设和科学研究服务。"应该说,这些要求和规定是很全面的,考虑是非常周到的。文物部门认真贯彻"加强文物保护管理的报告"的精神,进行规划,开展了大遗址保护和考古发掘工作。

改革开放以后,拨乱反正,承上启下,大遗址保护在文物事业整体进步发展的新形势下,开启了新的局面。1980 年国务院颁发了《关于加强历史文物保护工作的通知》,第一条就提出"埋藏在地下的历史文物统属国家财产,任何单位和个人不得擅自挖掘古墓、古遗址。工农业生产部门在修建房屋和进行农田水利等基本建设时,如果发现古墓、古代遗址和其他重要历史文物,必须严加保护,立即上报,听候处理。"

这一时期大遗址保护的重要工作之一,是鲁故城座谈会。1983 年,根据曲阜鲁故城在这方面工作取得的成绩,文物局在这里召开了以考古发掘为重点的大遗址保护工作座谈会,许多专家学者参加了讨论,交流各地经验,同时讨论了《古文化遗址和古墓葬保护管理条例(草案)》。

三 大遗址保护的几个重要问题

(一)关于大遗址保护规划问题

到了 20 世纪 90 年代开始花钱买地,制定保护规划了。西安花了很多钱,买地,政府掏钱。最初买地是在西安,国家真给钱,这是过去没有的,这时候只能拿钱买了,很不容易了。50 年代可是说话算话,说搬走就搬走。

到了近十来年,短时期编制这么多规划,估计还是有问题,虽然是好事儿,但还是应该好好总结。大明宫问题怎么解决?长安城怎么搞?还不知道。但是大规模拆迁我觉得是没有必要。这就是问题,搞房地产是有问题的。全拆迁没必要。汉长安城,你都拆了怎么办?几千年都在种地,何必都弄走?大遗址的这个问题,应好好研究,不是那么简单的事情。

做保护规划需要好好地考虑。侯马遗址的发现其实很简单,配合基建，基建过程中发现了东西，我们赶快赶到。当时不知道是什么遗址，后来发现是新田遗址，不得了。这才有侯马遗址成为文物保护单位的可能，是发现以后保下来的。在发现过程中，保不了的是要配合基建发掘的，是互补的，否则双方都不干了。把遗址弄清了，多大面积，核心区之外的配合基建进行发掘。配合也有好处，侯马遗址完全是在配合基建过程中的重要发现。山西力量不够，因此调动全国力量。当时燕下都勘探最好的探工，都调动过去。这时主要是调查勘探弄清地下遗址基本范围，划出保护范围，做好"四有"，当时的规划主要也是这方面的内容。

规划问题并非现在才提，早就提出来了。当时的规划主要围绕调查勘探、划保护范围等"四有"工作。农业学大寨时，同样要做好试掘和"四有"，把发掘的规划纳入到整体规划中去。1956 年，国务院文件（即《关于在农业生产建设中保护文物的通知》）明确要求各级政府要把文物保护工作纳入农村建设全面规划，列举了十多处重要大遗址，提出在上述遗址进行农业生产基本建设规划必须征得文化部同意，以避免遗址的破坏。所以说，规划在不同时期，有不同的内容和要求，因此从历史的角度来看，大遗址规划也并非从这几年才开始。

当时分两种情况两种类型，一种是已知道的很重要的，地理位置相对明确的，如洛阳、西安的几处大遗址，倡导不宜大规模平整或深翻土地，尽量避开城乡基本建设；另一种是历史上虽然有记载但地理位置上不那么明确的，需要通过文物普查了解，或在基本建设和生产建设中发现重要遗存，开展大规模调查、勘探，甚至发掘，力争弄清地下遗存分布，明确保护范围。侯马遗址就是这一类型中的一个典型。

在 1964 年易县大遗址保护座谈会[3]上，苏秉琦先生就讲话，批评楚纪南城只重视城圈，不重视内部的遗址分布。后来很多学校将大遗址作为考古实习基地，吉林大学考古实习去了燕下都，苏秉琦先生也去了。做规划首先要知道地下都有什么玩意儿。要摸清底细。大遗址保护始终没断过，什么时候都有可能碰上，保护工程是延续性的。

怎样又保护大遗址，又让百姓生活有所改善，也是个问题。西安的四大遗址，有人称为"四大绳索"，没法动，老百姓没法活。让百姓在大遗址范围内生活，要给一点补偿，要不人家很苦。所以要采取特殊政策，结合实际情况，不同地方可以有不同的做法。比如，当时河北省文物部门想办法为燕下都当地百姓争取化肥[4]，从补偿的角度采取措施，与社会经济发展的阶段相结合，做到这点不简单。还有的省份为大遗址范围内的百姓争取补助工分的指标、粮食征购指标。这在当时解决了大问题。

（二）大遗址规划与考古工作相结合问题

还有个问题，现在矛盾很大，搞大遗址规划的人大都利用考古工作的成果和资料，搞出规划都成了自己的成果。对大遗址本体根本就不了解，不懂这个，完全利用人家资料，结果变成了自己的成果。规划是你做的，考古人员提供的资料算怎么回事呢，这是个很大的问题。有些人并不知道地下是什么东西就搞规划，怎么行呢？离开了考古不能做规划，离开了考古人员怎么做规划？规划有问题，花了那么多钱，不得了，有没有浪费？

地下遗存的重要性在哪儿，采取什么措施和要求，一般都不清楚。前一阵中国社科院考古所有位考古专家在一个座谈会上就提到，规划中张冠李戴的事情多了。目前矛盾很大，涉及发现权、著作权的问题，权益问题都不考虑，侯马的一位文物工作人员在《中国文物报》上发表的文章也提到这些问题。

（三）地震、水文、沙漠考古问题

在国家文物事业管理局《关于在农业学大寨运动中加强文物保护管理的报告》（1977年）中提到了地质水文、地下水脉、河道变迁、地貌变化和天文气象等文物保护问题，也就是地震、水文、沙漠等考古的问题。唐山地震考古都参加了。水文考古是在20世纪70年代兴建葛洲坝水利工程时用到的。当时建葛洲坝水利枢纽，选址时想利用江心洲。能不能利用江心洲与它的成陆年代密切相关。而按地质年代推算的时间是以亿年、万年计，解决不了江心洲成陆年代问题。经考古发掘，通过地层和发现的战国墓葬与 6000 年前的古树等遗存确定了江心洲成陆距今有几千年，可以作为坝址。解决了大问题，为国家省了一大笔钱，水利部门特别感谢文物部门。后来就提出了水文考古的问题。我们那个时候创新很多，地震、水文、沙漠考古都是那时候提出的，都是一些先进的理念。

还有白鹤梁题刻[5]的保护也涉及水文考古。当时，三峡水利枢纽工程一旦建成，白鹤梁题刻将永沉长江水底，当时多亏葛（修润）院士，提出用"无压容器"方式对题刻密集区进行原址水下保护的方案，最终建成了世界上第一座水下博物馆，从而顺利解决了这个问题。这种文物保护的方法在全世界都是少有的，都是创新。

沙漠考古中，要研究沙漠变迁、找出治理沙漠的一些方式。除了前面提到的，还有边疆考古。1975 年 9 月，国家文物局在河北承德召开了北方考古工作座谈会，研究边疆地区文物保护和考古工作。会议由沈竹同志主持。参加会议的有北方一些省、自治区文物部门代表和科研机构、高等院校的专家学者等。著名学者侯仁之和谭其骧教授在大会上作了重要发言，具有重要价值。

当时提出的这些，按照现在的说法，都是"创新"。一些提法是很早的，后来随着工作的深入和社会条件的改善，不断深化和提高。如关于文物利用，前些年有人说我们保守，我们坚决反对这些说法。刚讲的这三方面，是不是为国家的社会建设、经济建设服务呢？

原来叫"发挥文物作用"，1987 年国务院《关于进一步加强文物工作的通知》（即"101 号文件"）规定的文物工作方针表述中，包括"充分发挥文物的作用"，后来才提文物利用。

有的大遗址远离城市，在农村，或在山区，环境很好，没必要弄那些高档设施。现在一些地方不是从保护出发，而是从旅游出发，结果就完全不同。就可能会对大遗址及其环境造成破坏。我这次争取把旅游的文件弄出来（指《国务院关于进一步做好旅游等开发建设活动中文物保护工作的意见》），真是不容易，就怕不认真贯彻。

四　讨论与交流

赵夏：我也一直担心，倘若对大遗址本体认识不深，或理解有偏差，怎么能做好规划？规划编制如果只是纯粹技术服务的话，核心技术是什么？划圈的依据是什么？是否需要这么多钱？实施的有效性究竟如何？是否可以做到与其他相关规划的衔接？投入那么多钱，如果只是停留在纸面上，发挥不了实质作用，意义究竟在哪里？关于大遗址保护中考古工作的重要地位，今年年初国家文物局发布了《关于加强大遗址考古工作的指导意见》以及《大遗址考古工作要求》，已经很重视这个问题了。我打印了几张近年来几处大遗址保护展示、遗址博物馆工程建设的照片，您看看这样做是否合适？包括洛阳、西安、牛河梁、潜江龙湾的。

谢辰生：几千年都在耕地，现在也不要扰动，这就是最好的保护措施。到底是看建筑，还是看遗址？如果贸然在大遗址上搞建设，肯定会造成破坏。牛河梁新建的保护展示设施维护费用和电费都很高，据说一天一千多元。现在有钱了，动不动就大面积搬迁，不让耕地，恐怕不能都这么做。只能在个别的地方、特殊情况下采取特殊措施。几千年都耕地了，没破坏遗址。人太多了不行，盖大楼不行，种地有什么不可以，小平房有什么不可以？还可以起到保护的作用呢！燕下都不就是在遗址上耕地吗？

李晓东：燕下都二十多个村庄，都迁走，农民不让耕地怎么生活？所以要研究地处广大农村的大遗址保护，不能以大规模购地、迁走为唯一模式。在当前情况下，要与新农村建设结合，研究做好大遗址保护。大遗址保护展示是不是应该区别对待，怎么区别对待？没有区别就没有政策，没有针对性不行。我当年（1973年）起草了"关于燕下都遗址保护的意见"[6]，有八条是经国家文物事业管理局批准并由河北省文化局下发的，都是针对具体情况的，那时候平整土地，耕种灌溉，还有要养猪垫圈，饲养牲口。

赵夏：如此看来，诸多提法和理念早都提出了，只是时代不同，做法不同，侧重不同，所以说"大遗址保护"始终都是文物保护中的重中之重，只是不同时期面对的情况有所不同。

谢辰生：始终都是重点，现在面临的威胁大。尽量要作为非建设用地，作为农业用地是可以的；城市区可以做公园，但不要做太多建设。所谓公园，就是休息的地方，不要挖掘、兴建，弄几把椅子就很好。大明宫开始还不错，后期如果不做那么多建设，其实问题不大。

赵夏：就是，一些简单做法可能是更好的策略。

谢辰生：大明宫，连续上千年都有人生活，没啥大问题！燕下都，那么多村庄，恰恰扮演了遗址保护者的角色。

赵夏：即使一些地方，因为保护租用了土地，在核心范围以外还可以通过一些方式继续耕种，或者与现代生活、都市休闲空间结合起来。例如熊家冢，在郊区，农户少，在有效解决生产生活的前提下小规模搬迁也还可以，不过千万不要把大块土地闲置或者只做绿化用地。

谢辰生：汉长安城那么大地方，怎么办？可以搞绿化，绿化好了，给大家提供良好的环境。

赵夏：欧洲一些城市中心区就有大面积绿化地，甚至森林，是城市宜居环境的重要组成部分。大遗址所在地，先通过一些方式把地保下来，展示利用可以"慢动作，高质量"。

谢辰生：遗址可以利用，只要立足保护，不胡来就行。通过回顾历史，真正的历史就出来了。只要开展大规模基本建设工程、农业生产活动，大遗址就非碰上不可，大遗址保护就是文物部门必须面对的重大问题。由此说明，大遗址保护从 20 世纪 50 年代以来，一直没有断过，始终是每个时期文物保护工作的重点。

注　释

[1] 1956 年 3 月 28 日，陈毅副总理视察陕西半坡发掘工地，建议建立半坡博物馆。4 月 25 日，经国务院批准拨款筹建。

[2] 1957 年初发现晋国都城遗址。1960 年 5 月 15 日，国务院发出《关于加强侯马地区故城遗址的勘探发掘工作的通知》。10 月，文化部约请中国科学

院考古研究所，并组织中国历史博物馆、文博研究所，以及河南、江西、山东等省的考古工作人员支援山西侯马的发掘工作。1963 年 2 月，文化部再次约请中国科学院考古研究所，组织中国历史博物馆和上海、天津、广东、福建、江西、山东、河南、甘肃等省考古工作人员支援山西侯马的考古发掘工作。

［3］1964 年 3 月 18 日～3 月 25 日文化部在易县专门召开了"大型古遗址保护工作座谈会"，成为我国文物主管部门第一次明确提出和组织的关于大型古遗址保护的专题会议。来自河北、河南、山东、山西、湖北、陕西、内蒙古、黑龙江等省（区）的文化文物部门和中国科学院考古研究所等单位的 20 多位代表参会，通过参观现场、交流经验、提高认识、明确任务，讨论如何进一步做好大遗址"四有"工作，组织群众保护组织，制定大遗址保护规划，处理好文物保护与建设之间的矛盾，进一步做好古遗址保护工作。

［4］大遗址范围内，为了保护古遗址古墓葬，不宜深翻土地和兴修水渠。为不影响当地群众的生活，政府想办法多供应些化肥，以提高产量，确保农民利益。

［5］白鹤梁题刻堪称"世界第一古代水文站"、"水下碑林"，位于重庆涪陵区长江江心石梁上。该石梁因早年白鹤群集梁上故名白鹤梁。白鹤梁是一砂岩天然石梁，长约 1600 米，宽约 10～15 米，东西向延伸，与长江平行，仅在冬末长江枯水季节露出水面。迄今发现有题刻约 165 段，共计三万余字，记载了 1200 多年来长江 72 个枯水年份的水文情况，系统地反映了长江上游枯水年代水位演化情况，在科学、历史、艺术各方面均极具价值。

［6］李晓东：《记燕下都一项重要保护措施的制定》，原载《文物天地》1988 年第 2 期。

第十一讲　历史文化名城保护进程

一　北京名城保护

名城保护，主要讲 21 世纪北京、天津名城保护和国家出台名城保护条例。这个问题复杂，自新中国成立以来，一直有争论，保护、改造、拆除都在做。新华社记者王军写的《城记》[1]有比较详细的记述。我从 21 世纪初开始说吧。2003 年 3 月 4 日，刘淇（时任中央政治局委员，北京市委书记）在北京有个讲话，他的讲话就是要加强名城保护，而且提出来要整体地保护皇城，并且希望（皇城）能够"申遗"，变成世界遗产。我从广播中听见这个，报纸上也登了。一看这个我特别高兴，所以我就给他写了封信，信上说赞成你这个讲话，我非常高兴，但是目前情况还是很严重。因为那时候他已经搞这个四合院挂牌，格局完整，质量较好的四合院要挂牌（保护）[2]。那时候刘淇提得很好，说绝对不能随便乱来。这事情我觉得很好，我给他写封信，他也很高兴，他就把我写的这封信批给了其他市领导看[3]。这是 3 月 4 日。后来我又接着给他写了封信[4]，主要说明："目前古城区内拆除四合院的活动正在加紧进行，特别是拆除的对象不但不是危房，恰恰是都是由市文物局调查确定需要保护的五百多个四合院中完好的四合院，这也是古城中仅存的精华部分，而且动作极快。如果这些都保不住，您提出整体保护的原则承诺就完全落空了。"并提出几点呼吁，主要是立即停止拆除完好四合院活动，公布需保护的四合院名单，颁布新的危改文件。就在这封信上，我说我现在已经八十多岁了，这些搞四合院拆迁的人后头都有背景，很可能报复，我说我是下了决心，做了以身殉城的准备。就是在这封信上给他写的。刘淇把这封信批给了其他市领导，都很重视。

在4月9日，市委常委会召开会议，对危旧房改造与四合院保护问题做出重大决定，暂时停止旧城区内未开工的危改项目；责成市文物局对去年（2002年）调查的五百三十九处四合院进行核查，同时增补遗漏的四合院名单。这多好啊，所以我更高兴了。之后不久危改项目都停工了，我认为这很好。后来我才知道，原来停工是因为当时正好是闹SARS，SARS来了，大家都不敢拆了，全停了。谁想到SARS一结束又来劲了，"二金"就动手了，一个是金融街，一个是金宝街。东边西边都动手了，我说这是直逼皇城啊，我就发现他这么说，底下照干，我急得要命，我又给他写了封信[5]，我说现在不像话，你说了以后底下根本不听。我就讲我们党的规矩是下级服从上级，区里头有不同意见，可以按正常组织程序提出意见，不能顶着干。我就说这些话，说得比较硬。这样子他又批了，说得赶快好好弄。结果怎么样？还是不行。所以我就觉得这问题很严重，这次我就急了。我就不是给刘淇写信了，就给中央写信了。因为在这个以前，刘淇在4月9日召开的市委常委会会议上还表示以后要正式给四合院挂牌。7月份第一批二百个四合院挂牌，古城区第一个四合院保护院落挂牌时，我还参加了，他和王岐山都到了[6]。挂完牌刘淇就在那讲了一段话，就讲的怎么样保护，说得非常之好[7]。就在他讲话以后三天，就三天（即7月18日），南城好几个地方，就发生了强拆事件，半夜里头有人砸四合院，还把老百姓给打坏了。据说，7月22日夜里，竟然有一个单位负责人带着人砸了最高检察院的四合院宿舍，简直不像话！我一看这个情况，这怎么办？

我认为北京市解决不了问题了，所以在8月24日，我就给胡锦涛、温家宝写信了。我说现在这问题很严重，必须保护北京城，希望中央支持北京市委、市政府关于保护古城的正确决策，促其早日实现。两位领导人都批了，一个8日批的、一个9日批的。先是温家宝批的，批给刘淇，那很长，这我现在也背不下来，你们可以查[8]。就是说谢辰生的意见值得重视，保护古都风貌跟历史文化遗产是首都建设一件大事，必须依法办事。说得很清楚，是很长的一段。胡锦涛批的是，赞成，就是赞成温家宝的意见，"要注意保护历史文化遗产和古都风貌，关键在于狠抓落实，各有关部门都要大力支持"。这两个批示下来了，北京市就连夜开会，贯彻这个批示。所以这是一个大转折。这件事是一个关键点，因为什么呢？因为这个批示是对整个历史文化名城十年来最重要的一次批示。接下来就是该怎么落实了。当时正在制订《北京城市总体规划（2004～2020）》（以下简称《总体规划》），正好这批示也在这时候下来了。所以把所有的批示精神都融入在这个《总体规划》里去了。这个《总体规划》提出来，北京古城要整体保护。甚至于包括过去有什么红线，那都要重新调整。基础设施要小型化，有些个老百姓的平房，应该慢慢地把他们变为保护主体，自我保护。说了很多，许多政策问题在这个《总体规划》里头得到落实。这个《总体规划》是非常好的，关键就在于落实。从此，北京市那种大拆大建的情况基本就没有了。

那么为什么要说这个事情很严重呢？在这以前，北京市曾决定在三五年之内，将北京城整个改造完毕，那时候所谓"改造完毕"就指的是"推平头，盖大楼"。前面出现那么多情况（指危改强拆等情况）跟这个有关。所以这次胡锦涛、温家宝两位主要领导人都批得很清楚了，一下就把原来的决定给否了。这才把整个改造的指导思想变成保护。《总体规划》出来以后，对全国都有影响，因为这里头提出要保护历史文化名城。2005年《总体规划》就下来了，很快《北京历史文化名城保护条例》也出来了[9]。所以从政策法规层面上，从领导层面上，应该说基本上明确了。底下胡整那是另一码事了，那没法子。总的来说，大规模地"推平头，盖大楼"已经不成了。北京就树立了这么个好的样板。所以我刚才说的北京城的保护就是这么一个情况。刘淇首先提出保护皇城，我赞成，然后我希望他赶快挂牌。2003年4月9日市委常委会议，意见都一致了，市委决议保护名城。4月接着SARS就爆发了，所以当时误解了，我认为就是没事了，这肯定是保护好了。我那会儿没想到是SARS把这个给制止住了。结果SARS一过去，又来劲了，而且强拆、打人。SARS一结束，挂牌，刘淇讲话非常好，后三天就发生"打砸抢"。这个问题严重啊，所以我才给中央领导人写信，中央领导人批了，这下就全明确了，中央领导人的批示是一个转折。

二　天津名城保护与国务院颁发名城保护条例

北京名城保护后来还有一些反复，我又给中央写信[10]，这次温家宝没有给胡锦涛送，就批给曾培炎、王刚、华建敏，要求北京市政府、建设部认真研究，并建议直接听一听我的意见。所以他们又找我，那我就把这些话都说了。我那信里面写的内容很多，我在这儿就不重复了，那都说得非常清楚，包括当时应该怎么搞都有了[11]。这下子这事就算行了。后来接着就是南京的事了，跟这个就没关系了。南京、天津接连发生了破坏名城保护问题。

一个是天津有问题，一个是南京有问题，再一个是常州有问题。我又给温家宝写信。结果温家宝要出差，临走之前把信批给单霁翔和建设部处理。后来，我又给温家宝写信，我说到现在还没见动静，你批给他们，他们没动静。结果是温家宝批给国办，要国办把我的意见直接送给南京市、天津市，建设部和文物局并督促检查。他们很快就去了，单霁翔去了南京，天津也去了，结果把这个事解决了。天津的五大道就是这么保下来的。原来要引进外资改造，要那样五大道就完了。后来五大道被公布为第七批全国重点文物保护单位。就是南京最糟糕，本来已经好容易压下去了，结果温家宝一卸任，他们又干上了。

名城保护问题还是很大，就是因为这个南京和天津的问题，我就提出来，从1982年国务院公布第一批国家历史文化名城以来，国家从来没有出台任何一个管理名城的办法，二十多年都没有，我说这太成问题了，温家宝又批示了，要求抓紧早日出台。我一再督促之下才于2008年公布了这个条例（即《历史文化名城名镇名村保护条例》[12]，以下简称《名城保护条例》）。这也是我办的事，就是把这个全国性的条例给催促出来了。当时我对条例提的意见和建议主要有：1. 建议"总则"第一条修改为：为了加强历史文化名城、名镇、名村的保护与管理，继承中华民族优秀的历史文化遗产，根据《中华人民共和国文物保护法》、《城市规划法》制定本《名城保护条例》。2.《名城保护条例》内容需要加强，如"名城保护要整体保护"是一条重要原则，在本《名城保护条例》中就没有规定。3. 建议把现在第三章的保护与规划分开，增加一章专写保护原则和具体要求作为第三章，规划作为第四章。4. 现在需要加强保护的名城只有两种情况：一是保存完整，二是保存了一些街区。在《名城保护条例》规定保护原则和要求时，就要区别对待，提出不同的要求。5. 保护文化街区不仅要保护好街区的历史建筑，保持街区的肌理和尺度，而且还要保护如老字号和民俗文化等非物质文化遗产，才能更突出街区的特色。这些都可考虑写入《名城保护条例》。6. 对只残存一些原有街区的名城，只要有少数完整街区，可以继续作为名城保护[13]。我后来写了一篇《难忘的十年》，把这事都写了，登在《中国文物报》上。

三　讨论与交流

彭蕾：关于名城保护问题，大拆大建，这个苗头是什么时候起来的？

谢辰生：20 世纪 90 年代末就开始了，各地都搞这事，旧城改造嘛。北京市零几年就开始，所以它做了个决定五年内全部解决问题，在这时候就出现这个问题，我就写信上去了，领导批示后，就把这个大拆大建给否了。

彭蕾：就在贾庆林时期决定要改造，那是在刘淇 3 月讲话之前？

谢辰生：那是贾庆林在的时候定的，据说是在党代会上作的决定，在几年内完成。

彭蕾：所以后来就出台了《总体规划》和《北京历史文化名城保护条例》？

谢辰生：对了，北京的名城保护条例在先，全国的在后。就是因为南京和天津出问题了，所以我在给温家宝的信时，提出了这个问题，因为保护名城一直没有法律规定。同时，我还说出现这个问题，前十年建设部跟文物局都有责任，后十年建设部应负主要责任，这几年是国务院法制办有责任。所以温家宝就提出来要早日出台，这事儿才促成。2008年《名城保护条例》出台。

李晓东：从你现在来看名城保护存在的问题或者应该注意的是什么？

谢辰生：现在的问题是名城保护跟村落保护一样，棚户区改造，城镇化又来了。但是有一条，有了这个《名城保护条例》，再胡来，就是违法了。现在南京又拆，韩城也拆，这都是违法。北京市现在倒不敢大动了，小打小闹的拆两间房咱没法儿管，总体上大拆不可能了。

李晓东：就是说2008年这个《名城保护条例》出台以后，应该切实贯彻落实。

谢辰生：前两年住建部和文物局搞了一次全国名城普查[14]，不合格的准备亮黄牌，这下有根据了，原来没根据。

李晓东：有一个检查评估。

谢辰生：检查结果，曾提出有八九个要亮黄牌的。

李晓东：在全国的《名城保护条例》出台之前，有些地方，如浙江、江苏、北京等省（市）都出台了《名城保护条例》[15]，但是国家的条例迟迟未出台。所以谢老写信提出了意见，温家宝批示要早日出台，这才加快了速度，2008年就出台了。

谢辰生：关于这个国家的条例，我有一个正式的意见在我书札里面。到2008年出台这个条例为止，这个事情就告一段落了，南京的问题也解决了，天津的问题也解决了，北京的问题也解决了，对全国也起了作用。

注　释

[1] 王军：《城记》，生活·读书·新知三联书店，2003年10月第一版，2004年5月第3次印刷。

[2] 北京市、区有关部门制定的保护院落评审标准为：现状条件较好，格局基本完整，建筑风格尚存，形成一定规模，具有保留价值。

[3] 刘淇在3月14日谢老信上的批示："学农同志并转敬民同志……请告规划委从严控制，凡旧城内的拆旧必须市级领导批准。"

[4] 此信写于2003年3月31日。

[5] 此信写于2003年6月21日。

[6] 2003年7月16日，北京市四合院保护工程启动。文物部门对从旧城132个危改片中选出的首批200处四合院实行挂牌保护，市委书记刘淇、代市长王岐山出席挂牌仪式，并为东四十二条39号北京市第一个保护院落揭牌。

[7] 刘淇强调，切实保护好文物，保护好四合院，保护好古都风貌，是市委、市政府的历史责任。他肯定了这几年北京市在保护古都风貌，改善群众居住条件方面，做出了许多成功探索，取得了很大的成绩。他说，北京的文物保护工作是有国际影响的，要加深对保护工作重要意义的认识；对四合院要成片保护，旧城内不允许成片"推平头、盖楼房"，对此，态度要坚决，措施要果断；公共财政要加大投入，市区两级财政都要研究探索新的保护与发展的政策。到2008年奥运会时，"新北京"，不仅是指建成了CBD、金融街开发区等，更意味着有效保护了历史名城，再现出古都风貌。——引自《北京四合院保卫战——实行挂牌保护能否遏止拆除》

[8] 9月8日，温家宝总理在谢老此封信上批示："刘淇、岐山同志：谢老作为一名老专家、老党员，所提意见值得重视，应认真研究。保护古都风貌和历史文化遗产，是首都建设一件大事。各级领导必须提高认识，在工作中注意倾听社会各界的意见，严格执行规划，依法办事，并自觉接受群众监督，不断改进工作。"

[9] 2005年3月25日，北京市第十二届人民代表大会常务委员会第十九次会议通过，并于2005年5月1日起施行。

[10] 此信写于2004年8月19日。

[11] 此信中谢老根据北京市当时古城保护的情况，向中央领导提出紧急建议，十分中肯，具体内容摘要如下："一、北京市'修编'（即对《北京城市总体规划（1991—2010）》的修编）和《名城保护条例》（即《北京历史文化名城保护条例》）出台之前，首规委不要在旧城区内再审批修建商业大厦、高级写字楼、五星宾馆、会议大厦以及成片拆除旧街区的项目（包括中央机关的项目）。二、过去已经审批尚未实施的，也要暂时停止实施，留待'修编'和《条例》出台后，按照'修编'和《条例》

的要求进行调整和安排。"

[12]《历史文化名城名镇名村保护条例》，2008 年 7 月 1 日施行，该条例共六章 48 条。

[13] 谢辰生：《关于〈历史文化名城名镇名村保护条例〉的修改建议》，2006 年 11 月 30 日，载于李经国编撰：《谢辰生先生往来书札》，国家图书馆出版社，2010 年 9 月第一版，2012 年 9 月第 2 次印刷。

[14] 2010 年 12 月 20 日，住建部和国家文物局联合下发《关于开展国家历史文化名城、中国历史文化名镇名村保护工作检查的通知》〔建规（2010）220 号〕，2011 年全面启动了检查工作，检查发现一些历史文化街区已经消失。

[15] 在国家出台《名城保护条例》之前，一些省（市）根据《文物保护法》等规定，已颁布名城保护条例，如昆明（1995）、福州（1995）、广州（1998）、平遥（1998）、浙江（1999）、江苏（2001）、西安（2002）、长沙（2002）、阆中（2004）、银川（2005）、北京（2005）等。

第十二讲　博物馆建设与通史陈列

今天是最后一讲，讲一讲博物馆。

一　博物馆建设

大体上这么说吧。在新中国成立初期，旧中国遗留下来的博物馆是二十一座，这里面有好多是自然性质的博物馆，好多还是外国人搞的，像天津、哈尔滨的博物馆，都是搞资源的，实际上带有一定的侵略性。就是外国人通过搞这个博物馆，把咱们国家的自然环境和资源就都了解了。这咱就不提了。所以新中国成立初期还不知道怎么办博物馆，就派出以王冶秋为首的代表团到苏联去学习。代表团学习回来以后，就决定学习苏联。因为那时候许多省里也没有省馆，就决定每一个省成立一个省馆，这个省馆叫什么馆？就叫地志博物馆，就是全面反映这个省的自然跟历史情况。地志博物馆分三个部分：第一个部分叫自然之部，就是表现这个省处于什么环境，拥有什么资源；第二个叫历史之部，就是展现中国历史在这个省里是怎么样的；第三个叫社会主义建设之部，就是全面反映这个省社会主义建设的情况。人们到这个博物馆参观，从古至今全看见了。我觉得这是非常好的一个模式。当时建立这样的博物馆没有经验，就搞试点，确定山东省博物馆作为试点。试点工作初步有了一个雏形，就召开了第一次全国性的博物馆工作会议。全国博物馆工作会议是 1956 年召开的[1]，最后提出来的口号就是"为科学研究服务，为广大人民群众服务"。1956 年 6 月 4 日的《人民日报》社论就这么提的：《发展博物馆事业，为科学研究和广大人民群众服务》。那么，这时候又为什么突出了科研呢？就是因为当时提出"向科学进军"[2]。因此就提出来科学研究是博物馆工作的一个基础工作，一切工作要建立在科学研究基础上。这很重要，到现在也还是很重要。当时方针就是这个。提出来以后就是推广省馆模式。开完大会（第一次全国博物馆工作会议），部分代表马上到济南开了个小会[3]，就是山东博物馆现场会，来推广这个模式。当时提出来一个"三性二务"，什么是"三性"呢？就是中国博物馆是"科学研究机关、文化教育机关、物质文化和精神文化遗存以及自然标本的收藏所"。收藏保护文物，这是根本，然后是科学研究机关，然后是文化教育机关。那会儿叫博物馆的三个基本性质，即"三性"。"二务"是"为科学研究服务，为广大人民群众服务"。这就是当时博物馆的两个基本任务。

　　到 1958 年 8 月，召开北戴河会议（中共中央书记处北戴河会议），会议决定建国十周年的时候要有项目，这里面一个项目就是建两大馆，中国历史博物馆和中国革命博物馆两个馆的基本陈列要出来。确定了历史博物馆是中国通史陈列，革命博物馆是中国革命史陈列。建两个馆的事由周恩来总理直接负责。那时候，邓拓、尹达，还有当时中国所有的最著名的历史学家都参与了这个事情。这是从历史博物馆来说。从革命博物馆来说，除了毛主席没来以外，其他的中央领导人都参与了这个事情。这两个博物馆的建设是 1958 年 10 月 28 日开工，1959 年 8 月 31 日竣工。1960 年开会推广两个博物馆的陈列经验。王冶秋、齐燕铭作的报告。所以我就说这两个馆的陈列有"三集中"，第一个集中，集中了周总理、邓小平等中央领导的心血，他们到馆里去看陈列、说明牌，看了以后，涉及他们自己的部分有什么意见就提，他们有这个资格啊。所以这些陈列等于完全真实地记录了这些人的切身经历，这是了不起的一个事情。第二个集中，集中了当时全国最著名的革命史、历史学家的心血。第三个集中，集中了当时全国最好的文物[4]。办出这两个陈列是史无前例的。

二　关于中国历史博物馆通史陈列

下面主要说中国历史博物馆通史陈列。全世界的博物馆没有搞历史陈列的，因为其他国家没这个条件。革命史就不说了，就历史发展来讲，有历史很长的，但是不连续，而我们是五千年连续的历史。另外我们有两个优势，一个优势是有二十五史，文献资料一点没缺，除了二十五史之外，还有大量的野史等文献资料，这是一个。第二个，从原始社会到清代，哪一代没有文物？所以又是文献记载，又是文物，别的国家没有这个优势，我们有这个优势。我们就用这个优势来展现中国悠久、辉煌的历史，展现革命史，两馆就是这么办的。

办通史陈列，一是客观条件具备，二是中央高度重视。例如，1959年1月，钱俊瑞（两馆筹建小组组长）主持中国革命博物馆、中国历史博物馆筹建小组会，讨论中国历史博物馆的中国通史陈列原则。讨论结果由邓拓（两馆筹建小组副组长）归纳为六条，报送中共中央宣传部审批。这六条原则分别是：1. 通史陈列从原始社会开始到1840年鸦片战争以前止。既按照社会发展分期，又按照朝代排列。2. 以阶级斗争为主线，并结合生产斗争表现我国历史各个时期的生产力、生产关系的发展变化状况和劳动人民的斗争历史。其中突出地表现历代农民起义和标志各个历史时期生产力发展水平的重要发明创造。对我国历代文化、艺术、科学和人民生活状况也适当地加以表现。3. 凡是对我国历史发展各个方面起过重大推动作用的代表人物都适当地加以表现。对代表被压迫阶级和民族的革命领袖人物和大思想家、大政治家、大军事家、大科学家、大文学家、大艺术家等有所表现。对统治阶级的重要代表人物，只要对历史发展起过重大作用的，也适当表现。4. 关于我国历史上的民族关系，根据历史真实情况，正确地表现以汉族为中心的、多民族的、统一的国家发展历史，着重表现民族间的友谊团结和各民族对祖国的贡献。5. 关于我国历史上的中外关系，力求正确地表现中国在世界历史上的地位和作用，同时也注意表现中外经济、文化的交流和影响。关于历史疆域地图问题凡涉及国际关系的，本着既符合历史真实、又注意国际关系的精神慎重处理。6. 关于我国奴隶社会和封建社会的分期问题，以郭沫若的观点为依据[5]。

再比如，两馆筹建小组还把中国通史陈列计划草案发送全国各博物馆、高等院校和历史考古所等研究单位征求意见。同时送请郭沫若、范文澜、翦伯赞、陈垣等著名学者审阅。

在中国历史博物馆中国通史陈列试展陈列期间，从 1959 年 4 月下旬到 8 月下旬，经许多领导、学者如周扬、钱俊瑞、范文澜、邓拓、张子意、尹达等多次审查，并指出：陈列要"宁精勿杂"，"量体裁衣"，"要有民族风格"。博物馆主要是以科学性为基础，但也要有艺术性，陈列品要形象化，有代表性的文物要突出表现，要有充分说明问题的精品文物。对于未解决的学术问题，可以摆出材料，不作定论。历史唯物主义不能动摇，但也不要用公式套。要千方百计地表现民族问题，要实事求是。要尽一切努力体现中国奴隶制时代丰富多彩的灿烂文化，纠正一提奴隶社会就只有希腊、罗马的错误看法。陈列表现手法要准确、鲜明、生动，文字说明简明扼要[6]。

在试展陈列期间，周恩来总理审查了中国通史陈列，先后审查陈列的还有陈毅、彭真、聂荣臻、郭沫若、胡绳、吴晗、翦伯赞、吕振羽、徐特立、谢觉哉、万里、汪锋、张际春、杨献珍、陈克寒、熊复、王冶秋、王维舟、帅孟奇、黄镇、王宗一、牛兆勋等领导和专家学者[7]。两馆还多次邀请专家学者就各段陈列进行座谈，听取意见。

从以上可以看出，我们搞这个陈列的时候是自己创造的，既没有照搬苏联，苏联没这个，也没有照搬西方，而是自己创造性地搞出来这两个陈列。我认为当时是创新，在世界博物馆史上都应该享有一定的地位。现在有人把这个通史陈列看的什么都不是，这怎么行？陈列里面有表现阶级斗争的部分，有时候说明牵强附会，但总体上是很好的。陈列出来效果非常好。有些问题，但是可以改的。我有几句话，"以物证史"，因为历史上有许多东西我们不知道，有文物可以拿出来证明历史；"以史释物"，就是用文献来解释文物；"史物结合"，这是我的话。用博物馆的语言，展现了中华民族的光辉历史，展现了近现代的革命史，在全世界我认为是一个突出的例子，没有任何一个国家这样做，这是我的看法。我认为是很好的。而且后来外国人来看，也觉得很好，说博物馆这么搞法也挺好。别的国家没有这个条件，所以我说这是独树一帜的，应该是继续好好地修改完善，那就成了一个创造性的东西，可惜现在完全扔了。

那时候各省市博物馆，推广这个陈列，也是这样子。所以当时我们整个博物馆，说是有"三性"，但是特别强调以科学研究为基础，那就是说你的成果是科学研究的成果。第二个文化教育，真正教育了我们广大人民群众，突出这个教育，现实的教育。现在博物馆教育功能怎么样？就是弄几个文物，弄几个艺术品，这完全是西方式的。我认为当时的路子是对的。而且博物馆就是要起宣传教育作用。现在弄得挺阔气的，里头又没好文物，又没好陈列，顶多拿出点文物，给人们看看，有系统的东西吗？没有。那时候是成体系的。1960 年以后到1966 年，大家都按这个办，那应该说博物馆还是起了作用的。"文化大革命"所有博物馆全都关门了。等到再开馆的时候，已经大不一样了。

在"文化大革命"中，曾经有过一段，也是挺有意思的。要恢复博物馆，决定先恢复中国历史博物馆和革命博物馆，当时就"左"了。历史所的有些人就说，历史要搞农民起义打头，突出农民起义史，去掉王朝，这些"左"的东西都出来了。王冶秋没办法，就向周总理汇报。周总理一听，他说，这么搞不就等于说中国的历史是农民起义失败史吗？因为农民起义全失败了。他说这哪行啊！那还得按原来的，按朝代，王朝也不能取消。结果就重新再恢复成原来的样子。后来一改革开放呢，俞伟超上来了，他对通史陈列基本没动，就突出了考古[8]，这个也对，也没问题。现在就什么都没有了，革命博物馆也没了。现在这个情况，所以我觉得应该恢复原来的通史陈列，应该修改的修改，应该补充的补充，但是这个原则我认为是正确的。这就是我的看法。

三　中国通史陈列修改及有关问题

1970 年 5 月，国务院图博口领导小组成立，王冶秋任副组长。同年夏天，中国历史博物馆按图博口领导小组指示，着手研究修改通史陈列。当时有三件事：故宫开放、筹备出土文物出国展览，另外中国历史博物馆要开始恢复。9 月 17 日，周总理接见图博口领导小组成员。当王冶秋汇报到中国通史陈列"主要是农民起义史"时，周总理说："搞通史，完全没有朝代不行吧，帝王将相一点儿没有也不行啊。"王冶秋说的就是一些历史学家的意见，让周总理给否定啦。原来是按朝代陈列，就是"文革"结束以前，周总理在的时候的要求，后来也这么做了。俞伟超当馆长时候基本还是那样，只是加强了考古。但它基本上还是通史陈列。现在是把俞伟超那个通史陈列也取消了，就变成古代文物展览，就是些文物，没有史了。实际成为一些专题展。此外，用复兴之路能代替革命史陈列吗？不能，那不一样。革命史陈列更全面、系统、内容更丰富。复兴之路也可以说是专题啊。

那个年代的博物馆是根据中国的历史和中国当时的情况来展现历史的。怎么就非得像外国似的，把几件东西放到一个展览室里就搞展览，那其实是艺术品的展览方式。国外搞不了历史陈列，我们能搞历史陈列，为什么不搞呢？我们要扬长避短。所以我的意见最好是恢复中国通史、革命史，然后展室多了再搞其他展览都可以。但这个基本陈列处于天安门广场，那让人一看，先看中国历史、革命史。可以让人看到中国从古到今历史发展的脉络。这多好啊。

当然，那时通史陈列里面有过分表现阶级斗争的问题。但是阶级斗争也得有啊。马克思主义不讲阶级斗争，那还是马克思主义吗？但不能这么强调，那么搞。这都可以商量。但基本的东西没有错。就是说我们展现历史发展的规律，历史发展的脉络，这个没有错。至于怎么表现，表现到什么程度，哪些该表现，哪些不该表现，可以研究，可以取舍。

那时候提出来"两条红线"，就是阶级斗争跟农民起义，这是红线，突出这个，这也没什么错，但是突出过分了，就不对了。革命史突出毛泽东思想，没有毛泽东思想中国革命胜利不了。所以这些东西都没什么大错。

四　中央高度重视革命史陈列

首先，中央对中国革命博物馆革命史陈列非常重视。1959 年 9 月 19 日深夜，中共中央书记处彭真、陆定一、杨尚昆、刘澜涛、胡乔木等，审查了革命史陈列，周恩来总理于 20 日审查中国革命博物馆陈列。9 月 22 日，中共中央书记处专门开会讨论了几个新建博物馆的展品陈列原则和开放问题，做出了明确指示和要求。会议指出："革命、军事两个博物馆，要求能够正确表现我党我军的革命历史，并有利于加强全党全军的团结。因此，这两个馆的全部展品的陈列，都应当强调政治挂帅，以毛主席的正确思想和正确路线为纲，用这样一条红线来把我党我军各个时期和各个方面的活动事迹贯穿起来，并且把一些关键性的环节放在突出的显著地位，分清层次，避免零散琐碎。"[9] 会议决定革命博物馆的陈列尚需补充调整，只举行内部预展……中国历史博物馆的中国通史陈列自国庆节起公开预展。根据中央指示，自 1959 年 5 月 28 日至 9 月 8 日止，先后三次进行试展，请中共中央委员、候补中央委员和各部门负责人审查，听取他们的意见。

第二，革命史文物与古代文物不一样。革命的文物本身就是史料，那问题说明得更透彻。哪个阶段怎么回事，文字说明该怎么写，都是那些当时参加革命工作的人来看了，根据他们提出的意见，经研究后改的，都是极珍贵的。如果没有了，就再也找不着了。这可怕极了。那都是亲身经历的人当面给讲的啊。

五　讨论与交流

彭蕾：后来"文革"期间这些博物馆就关了。俞伟超到历史博物馆后对通史陈列加强了考古出土文物，是怎么表现的？是不是增加了考古的成果，但是没有改变历博通史展览的基本陈列？

谢辰生：没有改变。

彭蕾：那到什么时候开始有变化了呢？

谢辰生：就是俞伟超去世以后，重新建馆。

彭蕾：那是不是变成国家博物馆以后？

谢辰生：原来的通史陈列、革命史陈列都没了。现在历史部分就是文物，另一边呢就是复兴之路，复兴之路不等于革命史啊。

李晓东：总结通史陈列、革命史陈列的经验和规律，还是应该在原来的基础上进一步改进、发展、完善。不管怎么样，还是应该有通史陈列和近现代史陈列。所谓通史应该是从古代到近现代。具体来说，还应该有古代史、近现代史的通史陈列。谢老说这一段是落实到这儿。

谢辰生：人们到天安门广场，进了国家博物馆一看通史陈列，就知道这个国家的历史，这不是非常好嘛。

李晓东：国家的历史，还有我们现在讲的要认识中国的过去。中国的过去是什么呢？就是通过这个通史陈列，可以向国内外宣传中国的历史，宣传我国的基本国情。特别是外国人来，通过什么了解中国呢？可以通过这个展览比较完整地了解中国发展的历史。

谢辰生：省里地志博物馆也是好的，到那儿去参观这么个博物馆就全面了解一个省的历史了，自然之部、历史之部、"社建"（社会主义建设）之部嘛。

彭蕾：那现在的各省博物馆也都随之变了吧？

谢辰生：没有了，现在所有的博物馆全变了。

李晓东：谢老说的这个自然之部，有的省能分出来的都分出来专门成立了自然博物馆，不能分出来的一般就不搞自然那一部分了。

彭蕾：这个历史之部讲的也是通史吧？

谢辰生：通史，是它本省的通史（古代史和近代史）。地志博物馆很好，一个省有这么一个博物馆，人们到这儿来一看就全明白了，多好，我就不知道为什么要改变。现在别说外国人，中国的年轻人很多也不了解中国的历史，不了解中国的基本国情，看看这个不是很好嘛。有两个小时就了解梗概了。

注　释

[1] 1956 年 5 月 21 日~6 月 2 日，文化部在北京召开第一次全国博物馆工作会议，出席会议的有各省、市、自治区文化局局长、博物馆负责人及有关专家 110 人。会议听取了文化部副部长郑振铎、夏衍和文化部文物管理局局长王冶秋的报告。这次会议的中心内容是为了解决配合向科学进军，如何加强博物馆的科学研究工作。

[2] 1956 年 1 月中共中央召开知识分子问题会议，中共中央书记处书记周恩来作了《关于知识分子问题的报告》，向全党和全国人民发出了"向科学进军"的伟大号召。

[3] "小会"指的是 1956 年 5 月 31 日~6 月 2 日，文化部在济南召开全国地志博物馆工作经验交流会，推广了山东省博物馆的经验，也由此推动了全国各地博物馆的建立。

[4] 在中国历史博物馆建馆期间，全国有 77 个单位支援了文物，33 个单位支援了人力。先后调用或借用文物 30517 件，资料 520 件，图书 55 种 498 册。

[5] 国家文物局编：《中华人民共和国文物博物馆事业纪事（1949—1999）》，文物出版社，2002 年 9 月第一版，第 147~148 页。

[6] 同上，"纪事"第 151 页。

[7] 同上，"纪事"第 151 页。

[8] 1988 年修改"中国通史陈列"有比较全面的要求，其中有"补充、更新一部分文物，改变文物展品长期不变的局面。"

[9] 国家文物局编：《中华人民共和国文物博物馆事业纪事（1949—1999）》，文物出版社，2002 年 9 月第一版，第 156 页。

附录一　文物保护法律法规文件

禁止珍贵文物图书出口暂行办法

中央人民政府政务院令[*]

一九五〇年五月二十四日

为颁发《禁止珍贵文物图书出口暂行办法》

查我国具有历史文化价值之文物图书，在过去反动统治时代，往往官商勾结，盗运出口，致使我国文化遗产蒙受莫大损失。今反动政权业已推翻，海陆运输均已畅通，为防止此项文物图书继续散佚起见，特制定《禁止珍贵文物图书出口暂行办法》随令颁发，希即转令所属遵照办理为要。

　　附：

禁止珍贵图书出口暂行办法

　　第一条　为保护我国文化遗产，防止有关革命的、历史的、文化的、艺术的珍贵文物及图书流出国外，特制定本办法。

　　第二条　下列各种类之文物图书一律禁止出口：

---

　　* 选自国家文物事业管理局编：《新中国文物法规选编》，文物出版社，1987 年 10 月第一版。

（一）革命文献及实物。

（二）古生物：古代动植物之遗迹、遗骸及化石等。

（三）史前遗物：史前人类之遗物、遗迹及化石等。

（四）建筑物：建筑物及建筑模型及其附属品。

（五）绘画：前代画家之各种作品，宫殿、寺庙、冢墓之古壁画，以及前代具有高度美术价值之绣绘、织绘、漆绘等。

（六）雕塑：具有高度艺术价值之浮雕、雕刻，宗教的、礼俗的雕像，以及前代金、石、玉、竹、木、骨、角、牙、陶瓷等美术雕刻。

（七）铭刻：甲骨刻辞、玺印、符契、书版之雕刻等，及古代金、石、玉、竹、木、砖、瓦等之有铭记者。

（八）图书：具有历史价值之简牍、图书、档案、名人书法、墨迹及珍贵之金石拓本等。

（九）货币：古贝、古钱币（如刀、布、钱、锭、交钞、票钞等）。

（十）舆服：具有历史价值之车，舆、船舰、马具、冠履、衣裳、带佩、饰物及织物等。

（十一）器具：古代生产工具、兵器、礼乐器、法器、明器、仪器、家具、日用品、文具、娱乐用品等。

第三条　凡属上述范围之文物图书，经由中央人民政府政务院核准运往国外展览、交换、赠予，并发给准许执照者，准许出口。

第四条　凡无革命、历史、文化价值之文物图书，或有革命、历史、文化价值之文物图书的复制品及影印本，均可准许出口。

第五条　凡准许出口之文物图书，其出口地点以天津海关、上海海关、广州海关三处为限。但属于第三条所指情形者，不在此限。

第六条　凡报运出口文物图书，均须于起运或邮寄前，逐件详细开列种类、名称、大小、重量、年代之清单及装箱单，向各准许出口地点之对外贸易管理局报告，由对外贸易管理局交当地文物出口鉴定委员会，按照报运人所报清单与报运出口之文物图书逐件核对、鉴定之。各地对外贸易管理局可凭当地文物出口鉴定委员会之鉴定证明，予以发出口许可证。海关或邮局凭证放行。

第七条　文物出口鉴定委员会分设于天津（包括北京）、上海、广州，由中央人民政府文化部在各该地区邀请专家若干人，对外贸易管理局、海关及邮局指派若干人为委员组成之。

第八条　凡已经各地文物出口鉴定委员会鉴定证明，并经各地发给出口许可证之文物图书，应由各地海关或邮局人员监视装箱，与报运人会同加封，以防暗中调换。

第九条　凡有违反本办法之规定，企图盗运上列禁运出口之文物而经海关或邮局查获者，除没收其物品外，得按情节之轻重予以惩处。

第十条　本办法自公布之日起实行。

国务院关于在农业生产建设中保护文物的通知

国务院关于在农业生产建设中保护文物的通知[*]

（国二文习字第6号）

一九五六年四月二日

各省、自治区、直辖市人民委员会：

在全国农业生产的高潮中，打井、开渠、挖塘、修坝、开荒、筑路、平整土地等各项农业生产建设正在迅速而广泛地进行。由于我们历史悠久，被保存在地上地下的革命遗迹、古代文化遗址、古墓葬、古建筑、碑碣、古生物化石遍布全国。其中有许多是非常珍贵的，是对我国历史和文化进行科学研究最宝贵的资料，也是向广大人民进行爱国主义教育最有力的实物例证。但是目前有些地区在上述建设工程中已经发生了破坏文物的严重情况。地方各级人民委员会必须在既不影响生产建设、又使文物得到保护的原则下，采取紧急措施，大力宣传，在农业生产建设中开展群众性的文物保护工作。为此，特作如下通知：

一、由于农业生产建设范围空前广阔，农村的文物保护工作已绝非少数文化工作干部所能胜任，因而必须发挥广大群众所固有的爱护乡土革命遗址和历史文物的积极性，加强领导和宣传，使保护文物成为广泛的群众性工作。只有这样做，才能适应今天的新情况，才能真正达到保护文物的目的。各级文化部门应该大力开展宣传工作，通过农村中各种基层文化组织和各种文化活动，特别是通过农村中的积极分子，应用广播、幻灯、黑板报等形式宣传文物保护政策和法令，普及文物知识，并且在发现文物地区，就地举办临时性的展览。可以根据各地不同情况，在群众自觉自愿的原则下，把其中积极分子组成群众性保护文物的小

---

* 选自国家文物事业管理局编：《新中国文物法规选编》，文物出版社，1987年10月第一版。

组，同文化部门密切联系，进行经常的保护工作；在农业生产中发现古文化遗址、古墓葬的时候，应该随时报告文化部门处理。

二、地方各级人民委员会在进行农村建设全面规划中，必须注意到文物保护工作，并且把这项工作纳入规划之中：

（一）一切已知的革命遗迹、古代文化遗址、古墓葬、古建筑、碑碣，如果同生产建设没有妨碍，就应该坚决保存。如果有碍生产建设，但是本身价值重大，应该尽可能纳入农村绿化或其他建设的规划加以保存和利用。

（二）全国有很多地区已经确定是革命遗迹和重要的古代文化遗址，例如：河南省安阳殷墟、新郑郑韩故城、洛阳汉魏故城，陕西省西安市丰镐遗址、汉城，山东省临淄县齐国故城、曲阜县鲁国故城，河北省邯郸赵王城、易县燕下都，湖北省江陵楚郢都、纪南城，云南省大理县南诏故城，内蒙古自治区宁城县辽大名城，新疆维吾尔自治区哈拉和卓高昌故城、雅尔湖故城以及历次革命战争中有重要纪念价值的地点。在上述地址进行农业生产基本建设规划的时候，必须征得文化部同意，以避免遗址的破坏。

（三）各省、自治区、直辖市文化局对于农业生产建设中确实有妨碍的一般性的古代文化遗址、古墓葬、古建筑、碑碣，应该准备一定人力，随时进行紧急性的清理、发掘工作或拆除、迁移工作。对于具有重大价值的文物，应该报请文化部处理。

三、必须在全国范围内对历史和革命文物遗迹进行普查调查工作。各省、自治区、直辖市文化局应该首先就已知的重要古文化遗址、古墓葬地区和重要革命遗迹、纪念建筑物、古建筑、碑碣等，在本通知到达后两个月内提出保护单位名单，报省（市）人民委员会批准先行公布，并且通知县、乡，做出标志，加以保护。然后将名单上报文化部汇总审核，并且在普查过程中逐步补充，分批分期地由文化部报告国务院批准，置于国家保护之列。被确定的文物保护单位，由文化部进行登记，颁发执照，交由当地人民委员会负责保管。各地农业生产合作社对本社范围内的文物保护单位负有保护责任。

四、凡进行大规模水利工程、工业基本建设工程和军事工程都应该按照前政务院"关于在基本建设工程中保护历史及革命文物的指示"贯彻执行。

五、广西、贵州、云南地区，分布有丰富的第四纪中期的古生物化石，在石灰岩山洞的堆积层中，已发现有人类化石。广东、湖南、四川、江西、福建、浙江等省，也都有类似的山洞。这些化石对于研究人类的起源和发展以及研究地质，都是极为重要的科学研究资料，应该坚决保护。特别是广西、贵州、云南三省，必须禁止挖掘石灰岩山洞中的"岩泥"，以免科学研究的资料遭到损失。山西、陕西两省和内蒙古自治区等地第三纪、第四纪的古生物化石，也是科学研究上的重要资料，应该适当地保护，如果在生产建设的挖掘中发现大量龙骨，应该报告县或自治县人民委员会研究处理。

六、地下蕴藏的文物，都是国家的文化遗产，为全民所共有。在农业生产建设中，如果有所发现，应该立即报告当地文化部门并且把出土文物移交文化部门保管。各级国家机关工作人员、各地农业生产组织和农民由于及时报告情况或其他努力因而使重要的文化遗迹或文物得以保护、保存者，应该由文化部门予以表扬或奖励；对于文化遗迹和文物采取粗暴态度，以致造成不可弥补的损失者，应该由当地文化部门提请监察部门予以适当的处分，情节重大者，依法移送人民法院判处。

文物保护管理暂行条例

国务院关于发布文物保护管理暂行条例的通知

各省、自治区、直辖市人民委员会，各部、各委员会，国务院各办公室、各直属机构，中国科学院：

"文物保护管理暂行条例"，已经一九六〇年十一月十七日国务院全体会议第 105 次会议通过，现在发给你们，希遵照执行。

一九六一年三月四日

附：

文物保护管理暂行条例*

第一条　在中华人民共和国国境内，一切具有历史、艺术、科学价值的文物，都由国家保护，不得破坏和擅自运往国外。各级人民委员会对于所辖境内的文物负有保护责任。一切现在地下遗存的文物，都属于国家所有。

第二条　国家保护的文物的范围如下：

（一）与重大历史事件、革命运动和重要人物有关的、具有纪念意义和史料价值的建筑物、遗址、纪念物等；

（二）具有历史、艺术、科学价值的古文化遗址、古墓葬、古建筑、石窟寺、石刻等；

（三）各时代有价值的艺术品、工艺美术品；

（四）革命文献资料以及具有历史、艺术和科学价值的古旧图书资料；

---

　　* 选自国家文物事业管理局编：《新中国文物法规选编》，文物出版社，1987 年 10 月第一版。

（五）反映各时代社会制度、社会生产、社会生活的代表性实物。

第三条　各省、自治区、直辖市和文物较多的专区、县、市应当设立保护管理文物的专门机构，负责本地区内文物保护管理、调查研究、宣传、搜集、发掘等具体工作。

第四条　各级文化行政部门必须进行经常的文物调查工作，并且应当陆续选择重要的革命遗址、纪念建筑物、古建筑、石窟寺、石刻、古文化遗址、古墓葬等，根据它们的价值大小，按照下列程序确定为县（市）级文物保护单位或者省（自治区、直辖市）级文物保护单位：

（一）县（市）级文物保护单位，由县、市文化行政部门报县、市人民委员会核定公布，并报省、自治区、直辖市人民委员会备案；

（二）省（自治区、直辖市）级文物保护单位，由省、自治区、直辖市文化行政部门报省、自治区、直辖市人民委员会核定公布，并报国务院备案。

文化部应当在省（自治区、直辖市）级文物保护单位中，选择具有重大历史、艺术、科学价值的文物保护单位，分批报国务院核定公布，作为全国重点文物保护单位。

第五条　对于已经公布的文物保护单位，应当分别由省、自治区、直辖市人民委员会和县、市人民委员会划出必要的保护范围，作出标志说明，并且建立科学的纪录档案。全国重点文物保护单位的保护范围的确定，应当报经文化部审核决定。

一切文物保护单位的保护和管理，都由所在地县、市人民委员会负责；日常具体的保护和管理工作，可以委托所在地的人民公社、机关、学校、团体进行。对于特别重要的文物保护单位，省、自治区、直辖市可以设置博物馆、研究所、保管所等专门机构。

第六条　各级人民委员会在制定生产建设规划和城市建设规划的时候，应当将所辖地区内的各级文物保护单位纳入规划，加以保护。

第七条　工业、农业、水利、交通、国防、城市建设等部门，在进行各项工程设计的时候，对于工程范围内的文物保护单位，应当事先会同省、自治区、直辖市或者县、市文化行政部门确定具体保护办法，列入设计任务书。如果因建设工程的特别需要而必须对文物保护单位进行发掘或者迁移，建设部门应当根据文物保护单位的级别，同各该级人民委员会协商，并且必须在取得一致意见以后才能动工。意见有分歧的时候，由人民委员会报请上级决定。

全国重点文物保护单位的发掘或者迁移，应当由省、自治区、直辖市人民委员会报国务院决定。

第八条　在进行大规模的工业、农业、水利、交通、国防、城市建设等工程的时候，建设部门应当事先会同省、自治区、直辖市文化行政部门在工程范围内进行文物的勘探工作，对于勘探中发现的文物，应当共同商订具体的保护或者处理办法。遇有特别重要的发现，省、自治区、直辖市文化行政部门应当报文化部处理。

在进行一般建设工程或者农业生产中，如果发现文物，应当立即报告当地文化行政部门，遇有重要发现的时候，当地文化行政部门应当及时报请上级文化行政部门处理。

第九条　凡因建设工程关系而进行的文物勘探、发掘、拆除、迁移等工作，应当纳入建设工程计划，所需的经费和劳动力，由建设部门分别列入预算和劳动计划。

第十条　各文物管理机构、科学研究机构和学校等，不是配合建设工程而进行考古发掘的时候，应当提出发掘计划，报经文化部会同中国科学院审核批准后，始得进行发掘。

第十一条　一切核定为文物保护单位的纪念建筑物、古建筑、石窟寺，石刻、雕塑等（包括建筑物的附属物），在进行修缮、保养的时候，必须严格遵守恢复原状或者保存现状的原则，在保护范围内不得进行其他的建设工程。

全国重点文物保护单位的修缮计划，应当经文化部审核同意，省（自治区、直辖市）级文物保护单位的修缮计划，应当经省、自治区、直辖市文化局（厅）审核同意，报文化部备案。县（市）级文物保护单位的修缮计划，应当经县、市文化行政部门审核同意，报省、自治区、直辖市文化局（厅）备案。

　　上述文物保护单位需要拆除的时候，必须报经原公布机关批准，并且要在拆除以前作好全部实测、摄影、文字纪录等工作。可以保存的典型建筑构件及附属文物等，应当交博物馆或者文物管理机构保存。

　　第十二条　核定为文物保护单位的纪念建筑物或者古建筑，除可以建立博物馆、保管所或者辟为参观游览场所外，如果必须作其他用途，应当由主管的文化行政部门报人民委员会批准。使用单位要严格遵守不改变原状的原则，并且负责保证建筑物及附属文物的安全。

　　第十三条　各地文化行政部门应当加强对文物商业的管理，并且经常注意调查和搜集散存在当地的文物。

　　废旧物资回收及使用部门应当与各地文化行政部门共同负责拣选掺杂在废旧物资中的文物，并且注意加以保护。

　　第十四条　一切具有历史、艺术、科学价值的重要文物，除国务院批准运往国外展览、交换的以外，一律禁止出口。报运出口的文物，必须由海关会同文化行政部门进行鉴定。运出地点以指定口岸为限。经鉴定不能出口的文物，国家在必要的时候可以征购。经查明确系企图盗运出口的文物，应予没收。

　　第十五条　对于保护重要文物有功或者捐献重要文物的单位或人员，可以给予表扬或者适当的物质奖励。对于破坏、损毁、盗窃文物和盗运文物出口的分子，应当按照情节轻重给予应得的处分。

　　第十六条　中华人民共和国文化部可以根据本条例制定各项具体的实施办法。

　　第十七条　各省、自治区、直辖市人民委员会可以根据本条例的精神，结合具体情况，制定本地区的文物保护管理办法。

　　第十八条　本条例自公布之日起施行。

　　本条例公布后，中央人民政府政务院和国务院过去发布的有关文物保护管理的法规，除其中保护稀有生物和古生物化石的规定仍继续有效外，一律废止。

中华人民共和国文物保护法（1982）

中华人民共和国
第五届全国人民代表大会常务委员会令
［第十一号］

《中华人民共和国文物保护法》，已由中华人民共和国第五届全国人民代表大会常务委员会第二十五次会议于 1982 年 11 月 19 日通过，现予公布施行。

委员长　叶剑英
一九八二年十一月十九日

附：

中华人民共和国文物保护法*

第一章　总则

第一条　为了加强国家对文物的保护，有利于开展科学研究工作，继承我国优秀的历史文化遗产，进行爱国主义和革命传统教育，建设社会主义精神文明，特制定本法。

第二条　在中华人民共和国境内，下列具有历史、艺术、科学价值的文物，受国家保护：

（一）具有历史、艺术、科学价值的古文化遗址、古墓葬、古建

---

* 选自国家文物事业管理局编：《新中国文物法规选编》，文物出版社，1987 年 10 月第一版。

筑、石窟寺和石刻；

（二）与重大历史事件、革命运动和著名人物有关的，具有重要纪念意义、教育意义和史料价值的建筑物、遗址、纪念物；

（三）历史上各时代珍贵的艺术品、工艺美术品；

（四）重要的革命文献资料以及具有历史、艺术、科学价值的手稿、古旧图书资料等；

（五）反映历史上各时代、各民族社会制度、社会生产、社会生活的代表性实物。

文物鉴定的标准和办法由国家文化行政管理部门制定，并报国务院批准。

具有科学价值的古脊椎动物化石和古人类化石同文物一样受国家的保护。

第三条 国家文化行政管理部门主管全国文物工作。

地方各级人民政府保护本行政区域内的文物。各省、自治区、直辖市和文物较多的自治州、县、自治县、市可以设立文物保护管理机构，管理本行政区域内的文物工作。

一切机关、组织和个人都有保护国家文物的义务。

第四条 中华人民共和国境内地下、内水和领海中遗存的一切文物，属于国家所有。

古文化遗址、古墓葬、石窟寺属于国家所有。国家指定保护的纪念建筑物、古建筑、石刻等，除国家另有规定的以外，属于国家所有。

国家机关、部队、全民所有制企业、事业组织收藏的文物，属于国家所有。

第五条 属于集体所有和私人所有的纪念建筑物、古建筑和传世文物，其所有权受国家法律的保护。文物的所有者必须遵守国家有关保护管理文物的规定。

第六条 文物保护管理经费分别列入中央和地方的财政预算。

第二章　文物保护单位

第七条　革命遗址、纪念建筑物、古文化遗址、古墓葬、古建筑、石窟寺、石刻等文物，应当根据它们的历史、艺术、科学价值，分别确定为不同级别的文物保护单位。

县、自治县、市级文物保护单位，由县、自治县、市人民政府核定公布，并报省、自治区、直辖市人民政府备案。

省、自治区、直辖市级文物保护单位，由省、自治区、直辖市人民政府核定公布，并报国务院备案。

国家文化行政管理部门在各级文物保护单位中，选择具有重大历史、艺术、科学价值的作为全国重点文物保护单位，或者直接指定全国重点文物保护单位，报国务院核定公布。

第八条　保存文物特别丰富、具有重大历史价值和革命意义的城市，由国家文化行政管理部门会同城乡建设环境保护部门报国务院核定公布为历史文化名城。

第九条　各级文物保护单位，分别由省、自治区、直辖市人民政府和县、自治县、市人民政府划定必要的保护范围，作出标志说明，建立记录档案，并区别情况分别设置专门机构或者专人负责管理。全国重点文物保护单位的保护范围和记录档案，由省、自治区、直辖市文化行政管理部门报国家文化行政管理部门备案。

第十条　各级人民政府制定城乡建设规划时，事先要由城乡规划部门会同文化行政管理部门商定对本行政区域内各级文物保护单位的保护措施，纳入规划。

第十一条　文物保护单位的保护范围内不得进行其他建设工程。如有特殊需要，必须经原公布的人民政府和上一级文化行政管理部门同意。在全国重点文物保护单位范围内进行其他建设工程，必须经省、自治区、直辖市人民政府和国家文化行政管理部门同意。

第十二条　根据保护文物的实际需要，经省、自治区、直辖市人民政府批准，可以在文物保护单位的周围划出一定的建设控制地带。在这个地带内修建新建筑和构筑物，不得破坏文物保护单位的环境风貌。其设计方案须征得文化行政管理部门同意后，报城乡规划部门批准。

第十三条　建设单位在进行选址和工程设计的时候，因建设工程涉及文物保护单位的，应当事先会同省、自治区、直辖市或者县、自治县、市文化行政管理部门确定保护措施，列入设计任务书。

因建设工程特别需要而必须对文物保护单位进行迁移或者拆除的，应根据文物保护单位的级别，经该级人民政府和上一级文化行政管理部门同意。全国重点文物保护单位的迁移或者拆除，由省、自治区、直辖市人民政府报国务院决定。迁移、拆除所需费用和劳动力由建设单位列入投资计划和劳动计划。

第十四条　核定为文物保护单位的革命遗址、纪念建筑物、古墓葬、古建筑、石窟寺、石刻等（包括建筑物的附属物），在进行修缮、保养、迁移的时候，必须遵守不改变文物原状的原则。

第十五条　核定为文物保护单位的属于国家所有的纪念建筑物或者古建筑，除可以建立博物馆、保管所或者辟为参观游览场所外，如果必须作其他用途，应当根据文物保护单位的级别，由当地文化行政管理部门报原公布的人民政府批准。全国重点文物保护单位如果必须作其他用途，应经省、自治区、直辖市人民政府同意，并报国务院批准。这些单位以及专设的博物馆等机构，都必须严格遵守不改变文物原状的原则，负责保护建筑物及附属文物的安全，不得损毁、改建、添建或者拆除。使用纪念建筑物、古建筑的单位，应当负责建筑物的保养和维修。

第三章　考古发掘

第十六条　一切考古发掘工作，都必须履行报批手续。地下埋藏的文物，任何单位或者个人都不得私自发掘。出土的文物除根据需要交给科学研究部门研究的以外，由当地文化行政管理部门指定的单位保管，任何单位或者个人不得侵占。为了保证文物安全、进行科学研究和充分发挥文物的作用，省、自治区、直辖市文化行政管理部门，必要时可以报经省、自治区、直辖市人民政府批准，调用本行政区域内的出土文物；国家文化行政管理部门经国务院批准，可以调用全国的重要出土文物。

第十七条　各省、自治区、直辖市文物机构、考古研究机构和高等学校等，为了科学研究进行考古发掘，必须提出发掘计划，报国家文化行政管理部门会同中国社会科学院审查，经国家文化行政管理部门批准后，始得进行发掘。

需要对全国重点文物保护单位进行的考古发掘，由国家文化行政管理部门会同中国社会科学院审核后，报国务院批准。

第十八条　在进行大型基本建设项目的时候，建设单位要事先会同省、自治区、直辖市文化行政管理部门在工程范围内有可能埋藏文物的地方进行文物的调查或者勘探工作。调查、勘探中发现文物，应当共同商定处理办法。遇有重要发现，由省、自治区、直辖市文化行政管理部门及时报国家文化行政管理部门处理。

在进行基本建设工程或者农业生产中，任何单位或者个人发现文物，应立即报告当地文化行政管理部门。遇有重要发现，当地文化行政管理部门必须及时报请上级文化行政管理部门处理。

第十九条　需要配合建设工程进行的考古发掘工作，应由省、自治区、直辖市文化行政管理部门在勘探工作的基础上提出发掘计划，报国家文化行政管理部门会同中国社会科学院审查，由国家文化行政管理部门批准。确因建设工期紧迫或有自然破坏的危险，对古文化遗址、古墓葬急需进行抢救的，可由省、自治区、直辖市文化行政管理部门组织力量进行发掘工作，并同时补办批准手续。

第二十条　凡因进行基本建设和生产建设需要文物勘探、考古发掘的，所需费用和劳动力由建设单位列入投资计划和劳动计划，或者报上级计划部门解决。

第二十一条　非经国家文化行政管理部门报国务院特别许可，任何外国人或者外国团体不得在中华人民共和国境内进行考古调查和发掘。

第四章　馆藏文物

第二十二条　全民所有的博物馆、图书馆和其他单位对收藏的文物，必须区分文物等级，设置藏品档案，建立严格的管理制度，并向文化行政管理部门登记。

地方各级文化行政管理部门，应分别建立本行政区域内的馆藏文物档案；国家文化行政管理部门应建立国家一级文物藏品档案。

第二十三条　全民所有的博物馆、图书馆和其他单位的文物藏品禁止出卖。这些单位进行文物藏品的调拨、交换，必须报文化行政管理部门备案；一级文物藏品的调拨、交换，须经国家文化行政管理部门批准。未经批准，任何单位或者个人不得调取文物。

第五章　私人收藏文物

第二十四条　私人收藏的文物可以由文化行政管理部门指定的单位收购，其他任何单位或者个人不得经营文物收购业务。

第二十五条　私人收藏的文物，严禁倒卖牟利，严禁私自卖给外国人。

第二十六条　银行、冶炼厂、造纸厂以及废旧物资回收部门，应与文化行政管理部门共同负责拣选出掺杂在金银器和废旧物资中的文物，除供银行研究所必需的历史货币可以由银行留用外，其余移交给文化行政管理部门处理。移交的文物须合理作价。

公安、海关、工商行政管理部门依法没收的重要文物，应当移交给文化行政管理部门。

第六章　文物出境

第二十七条　文物出口和个人携带文物出境，都必须事先向海关申报，经国家文化行政管理部门指定的省、自治区、直辖市文化行政管理部门进行鉴定，并发给许可出口凭证。文物出境必须从指定口岸运出。经鉴定不能出境的文物，国家可以征购。

第二十八条　具有重要历史、艺术、科学价值的文物，除经国务院批准运往国外展览的以外，一律禁止出境。

第七章　奖励与惩罚

第二十九条　有下列事迹的单位或者个人，由国家给予适当的精神鼓励或者物质奖励：

（一）认真执行文物政策法令，保护文物成绩显著的；

（二）为保护文物与违法犯罪行为作坚决斗争的；

（三）将个人收藏的重要文物捐献给国家的；

（四）发现文物及时上报或者上交，使文物得到保护的；

（五）在文物保护科学技术上有重要发明创造或者其他重要贡献的；

（六）在文物面临破坏危险的时候，抢救文物有功的；

（七）长期从事文物工作有显著成绩的。

第三十条　有下列行为的，给予行政处罚：

（一）在地下、内水、领海及其他场所中发现文物隐匿不报，不上交国家的，由公安部门给予警告或者罚款，并追缴其非法所得的文物；

（二）未经文化行政管理部门批准，私自经营文物购销活动的，由工商行政管理部门给予警告或者罚款，并可没收其非法所得或者非法经营的文物；

（三）将私人收藏的文物私自卖给外国人的，由工商行政管理部门罚款，并可没收其文物和非法所得。

第三十一条　有下列行为的，依法追究刑事责任：

（一）贪污或者盗窃国家文物的；

（二）盗运珍贵文物出口或者进行文物投机倒把活动情节严重的；

（三）故意破坏国家保护的珍贵文物或者名胜古迹的；

（四）国家工作人员玩忽职守，造成珍贵文物损毁或者流失，情节严重的。

私自挖掘古文化遗址、古墓葬的，以盗窃论处。

将私人收藏的珍贵文物私自卖给外国人的，以盗运珍贵文物出口论处。

文物工作人员对所管理的文物监守自盗的，依法从重处罚。

第八章　附则

第三十二条　国家文化行政管理部门根据本法制定实施细则，报国务院批准施行。

文物的复制、拓印、拍摄等管理办法由国家文化行政管理部门制定。

第三十三条　本法自公布之日起施行。1961 年国务院颁发的《文物保护管理暂行条例》即行废止。其他有关文物保护管理的规定，凡与本法相抵触的，以本法为准。

国务院关于进一步加强文物工作的通知

国务院关于进一步加强文物工作的通知[*]

一九八七年十一月二十四日

　　我国是一个历史悠久统一的多民族国家。我们的祖先在改造自然、改造社会的长期斗争中，创造了灿烂辉煌的古代文化，为整个人类文明历史做出过重要的贡献。保存在地上地下极为丰富的祖国文物是中华民族历史发展的见证。它真实地反映了我国历史各个发展阶段的政治、经济、军事、文化、科学和社会生活的状况，蕴藏着各族人民的创造、智慧和崇高的爱国主义精神，对世世代代的中华儿女都有着强大的凝聚力和激励作用。在建设具有中国特色的社会主义的新时期，在全国各族人民坚持四项基本原则，坚持改革、开放总方针的伟大实践中，进一步加强文物工作，对于继承和发扬中华民族的优秀文化和革命传统，促进社会主义物质文明和精神文明建设，团结国内外同胞推进祖国统一大业，以及不断扩大我国人民同世界各国人民的文化交流和友好往来，都具有重要的意义。

　　保护文物是党和政府的一贯政策。在革命战争年代，由于全党、全军的高度重视和努力，使全国的历史名城和绝大多数文物古迹得到了保护，许多革命先烈为此献出了宝贵的生命。中华人民共和国成立后，党和政府制定了一系列政策和法令，在马列主义、毛泽东思想指导下，由国家领导的文物事业广泛发展，结束了 100 多年来祖国文物被外国人肆意掠夺的历史。30 多年来，我国的文物事业，尽管在十年动乱期间受到严重破坏，但总的来说，仍然取得了旧中国无可比拟的重大成就。我们建立了全国文物工作的管理体系；保护、维修了大量的文物古迹；发

---

　　[*] 选自国家文物局编：《中国文化遗产事业法规文件汇编（1949—2009）》，文物出版社，2009 年 5 月第一版。

现、收集了大批流散在社会上的珍贵文物；开展了相当规模的考古发掘工作，取得了一系列举世瞩目的成果；建立了一批不同类型的具有中国特色的博物馆；建设了一支初具规模的专业干部队伍。所有这些，都为进一步发展文物事业奠定了基础。

但是，文物事业的发展，同祖国的历史和现代化建设事业的发展还很不相称，同复兴伟大的中国文明的使命还很不适应。当前的主要问题：一是在实际工作中，对文物的保护和发挥文物的作用、社会效益和经济效益、统一管理和分工协作等方面的关系还没有处理好，文物在社会主义精神文明和物质文明建设中的应有作用没有得到充分发挥。二是文物遭受破坏的情况还相当严重，特别是文物走私和投机倒把活动还十分猖獗，盗窃文物、私掘古墓等事件时有发生，屡禁不止，在基本建设施工中忽视文物保护，也使许多文物遭到破坏。产生上述问题的根本原因是，《中华人民共和国文物保护法》还没有很好地得到贯彻执行。三是文物工作的管理体制、干部队伍，还不能完全适应文物事业发展的需要，急待改革、调整和充实、提高。

当前文物工作的任务和方针是：加强保护，改善管理，搞好改革，充分发挥文物的作用，继承和发扬民族优秀的文化传统，为社会主义服务，为人民服务，为建设具有中国特色的社会主义做出贡献。

一 充分发挥文物的作用

充分发挥祖国文物在社会主义精神文明和物质文明建设中的作用，是文物工作的重要任务。要充分运用文物向广大人民群众特别是青少年，进行爱国主义、革命传统和历史唯物主义的教育。文物具有直观、形象、生动的特点，其教育作用和感染力是其他教育手段所难以代替的。进行这种教育，既要注意运用古代文物，更要运用反映中国人民进行巨大历史变革的近代文物、革命文物，同时也要有选择地保存一些阶级压迫和帝国主义侵略的罪证，从正反两方面给人以深刻的教育。在中小学的教科书中，要增加有关祖国文物的内容，教育青少年提高民族自尊心和自豪感，继承和发扬革命传统，做有理想、有道德、有文化、有纪律的一代新人。

要运用文物丰富人民的精神生活，提高文化素养。在祖国文物中，有大量绚丽多彩的文化珍品，具有鲜明的民族特色，不仅可以给人以美的享受，而且也是了解和认识我国民族文化艺术传统的重要资料。它所展示的各种传统艺术形式，可以为我们今天批判地继承历史文化遗产，创造社会主义的民族的新文化提供借鉴。文物部门应同有关部门合作，为建设这样的新文化做出贡献。

要加强对文物的科学研究工作，为各个学科的学术研究提供资料。文物是实物史料，对于历史研究起着证史、补史和纠正文献谬误的作用。文物的内容非常广泛，涉及社会科学、自然科学、文化艺术等各个领域。只有通过科学研究，不断深化对文物本身固有的历史、艺术、科学价值的认识，才能更好地发挥文物的作用。各级政府应当组织文物部门同各有关科研单位、大专院校共同协作，切实加强文物科研工作，争取出更多的成果。

要运用文物研究我国历史上科学技术发展的情况，为社会主义经济建设服务。千百年来我国劳动人民在利用自然、改造自然的斗争中，所创造的许多重大科技成果，曾经在当时的时代处于领先的地位。但是，有些成果后来却湮没失传，只是在出土文物上才被重新发现。对这份遗产进行科学的整理和研究，将会为今天我国发展科学技术提供有益的借鉴。60 年代以来，文物考古工作者运用考古学手段，考察古代水文、地震、沙漠变迁等，开拓了文物考古学应用的新领域，并在国际上产生了积极的影响，文物战线的工作人员要坚持这个方向，广开思路，勇于探索，继续开辟文物工作直接为社会主义经济建设服务的新途径。

遍布全国各地的丰富多彩的文物古迹，是吸引来访外宾和国内外广大旅游者参观的重要内容，是我国旅游事业发展的重要条件。旅游部门、风景名胜管理等部门与文物部门要加强联系，相互支持，密切协作。对于涉及有文物的旅游开放点，要相互协商，共同制定规划，合理解决旅游收入中文物部门的分成比例问题，使保护文物和发展旅游事业很好地结合起来，互相促进，共同发展。

要利用祖国文物，开展国际文化交流，增进我国和各国人民之间的相互了解和友谊。近年来，文物出国展览对外文化交流活动中起了很好的作用，在国际上影响很大。今后要继续根据《中华人民共和国文物保护法》的有关规定，本着积极慎重、细水长流、统一规划、归口管理的原则，把这项工作办得更好、更有成效。对于特别珍贵的孤品和重要易损文物，一律禁止出国展览。

二 加强文物的保护管理工作

加强文物保护，是文物工作的基础，是发挥文物作用的前提。离开了保护就不可能发挥文物的作用。《中华人民共和国文物保护法》，是加强文物保护和管理的法律武器，全国各族人民都必须坚决贯彻执行。任何部门、任何单位和个人都无权做出与这个法律相抵触的决定。擅自主张，玩忽职守，造成文物破坏、被盗或流失的要严肃处理，直至追究法律责任。国家文化（文物）行政管理部门有权制止一切违反《中华人民共和国文物保护法》的行为，对违反规定的，有权提出处理意见或提起诉讼，并应及时向人民政府反映情况。人民政府对反映的问题如不及时处理，致使文物遭到破坏的，要追究领导责任。

公安、司法、监察机关和海关、工商行政管理等部门，要按照各自的职责，严肃处理违反《中华人民共和国文物保护法》的案件。对那些盗窃文物，私掘古墓、进行文物走私和投机倒把活动的犯罪分子，必须根据国务院《关于打击盗掘和走私文物活动的通告》精神，依法追究刑事责任，给予严厉的惩处，决不能只以经济处分代替刑事处罚。

作为国家文物重点保护的古建筑群、古园林，都应当对广大人民群众开放，各有关地方应普遍进行一次检查。现在仍在使用文物古建筑的单位，凡是有碍文物安全或严重影响环境风貌的，经过当地人民政府研究确定后，应有计划地限期搬迁；经检查审核仍可继续使用的单位，要在文化（文物）行政部门和使用单位的上级部门的共同主持下，签订使用合同。使用单位要严格遵守规定，负责保证文物安全，损坏文物的要追究责任。凡是经国家批准，由机关、团体、部队、学校、宗教组织和企事业等单位使用的文物保护单位和所掌握的重要文物，都要按规定加强管理，合理使用，自觉接受文化（文物）行政管理部门的检查、监督和指导，并为有关人员履行职责提供方便。

在各级文物保护单位中，有些是历史上的宗教建筑物。对于这些宗教建筑物，凡是经国务院批准作为宗教活动场所的，有关宗教组织和宗教职业人员，也应严格执行《中华人民共和国文物保护法》的规定，确保文物安全，并接受文物部门的检查指导。在汉族地区属于全国重点文物保护单位的佛教、道教建筑物，除按国发〔1983〕60号文件规定作为宗教活动场所开放者外，未经国务院正式批准，不得开展宗教活动。不作为宗教活动场所的寺观，都应当作为开展科学研究，丰富人民文化生活，进行宣传教育的阵地，不得进行任何形式的宗教活动，更不允许宣传封建迷信。

要正确处理文物保护和发展旅游事业的关系。一切旅游活动，都要服从国家保护文物的规定，在保证文物安全的前提下进行。在名胜古迹的中心地带和文物保护单位附近兴建高楼大厦，是对环境风貌的破坏，不仅不利于文物保护，而且也不利于发展旅游事业。要在积极为发展旅游创造条件的同时，切实防止因开展旅游可能给文物保护带来的有害影响。像敦煌壁画这类易于损坏的稀世珍宝，不能作为一般性的旅游开放点，必须严格控制参观人数，并采取有效的保护措施。禁止把文物作为拍摄电影、电视的道具。对于文物古迹的修缮和保养，要坚持不改变原状的原则，修复要有科学根据，决不可凭主观想象办事。由于各种原因早已全部毁坏的古建筑和古园林，除特殊需要的外，一般不再重新修建。

加强流散文物的管理，制止文物的非法出口，是加强文物保护管理的一项重要任务。目前，国内文物市场比较混乱，必须进行整顿。要坚决执行由文物部门统一管理、统一收购、统一经营的规定。对一切未经批准的文物购销点，由工商行政管理部门坚决取缔。文物商店要端正业务方向，改进经营管理，积极收购和保护文物，组织好文物的合理流通。文物销售要杜绝不正之风，文物工作人员更不得利用职权为自己和别人收购或收集文物，违者要从严处理。同时，要继续加强文物检选工作。文化（文物）行政管理部门应主动同银行、冶炼厂、造纸厂以及废旧物资回收等部门和单位联系，相互协作，共同做好掺杂在金银铜器和废旧物资中的文物检选工作，并做到经常化、制度化。

贯彻执行《中华人民共和国文物保护法》，必须依靠广大人民群众。各级政府文化部门，要运用多种形式，宣传党和国家的文物保护政策，普及文物知识，把执行党和国家保护文物的政策变为广大群众的自觉行动。在文物比较集中或有重要文物的地方，要把保护文物作为乡规民约的一项内容，列为评比文明村镇、文明单位的条件之一，并落实到行政管理或经营责任制中去。要把保护文物作为社会主义精神文明建设和普法教育的重要内容，在全社会提倡"保护文物、人人有责"的新风尚。要因地制宜地在城市和农村发展群众性的文物保护员，建立各种形式的社会文物保护组织。对于因保护文物而影响农民生产、生活的实际问题，由当地人民政府帮助解决。

防止和控制自然力对文物的损害，是当前文物工作中必须认真研究、解决的一个重要课题。有关部门可先建立几个内容各有侧重的文物保护科学技术中心，做出长远规划，逐步在全国范围内形成有一定数量、具有一定科学水平的专业队伍。既要充分利用现代科学技术的成果，引进必要的先进技术设备，又要对我国固有的、行之有效的传统技术进行研究、总结。对有失传危险的传统技术，要立即采取有效措施，进行抢救。要加强文物部门与科研部门的横向联系，注意科学技术信息的沟通和交流，把科学技术的新成果应用于文物保护。要区别轻重缓急，确定重点项目。组织各学科联合攻关。各有关科学研究单位和高等院校，应当给以大力支持，密切协作，为保护祖国文物做出自己的贡献。

三　加强博物馆建设

博物馆是保管文物和发挥文物作用的重要场所。博物馆的基本职责，是收藏和科学保管文物、标本，对文物、标本进行科学研究，向人民群众进行宣传教育，为建设两个文明服务。随着国家经济建设的发展，随着人民群众对文化科学知识需求的增长，我国博物馆事业应当有一个较大的发展和提高，逐步在全国范围内建立起一个丰富多彩，具有中国特色的社会主义博物馆体系。在这个体系中，既要有历史的，又要有现代的；既要有全国性的，又要有地方性的；既要有社会科学方面的，又要有自然科学方面的；既要有综合性的，又要有专门性的；还要反映我国多民族的特点，加强民族博物馆的建设，为实现这个目标，要从实际出发，研究制定博物馆建设的规划，有计划、有步骤、有重点地予以实施。

抓好国家和省级博物馆的整顿、充实和提高的工作，是加强博物馆建设的重要任务。现有博物馆都必须在建立健全文物保管制度，加强防护设施，保证文物安全的同时，全面清理藏品，区分文物等级，搞好藏品清档、建档工作。要加强科学研究，不断提高陈列、展览的科学性、思想性、艺术性，增强宣传教育效果。

博物馆要面向社会，面向群众，经常向社会各界提供文物资料和科研成果，积极开展同各有关部门和单位的学术交流活动，为科学研究服务。各类学校要尽量利用博物馆作为课堂，组织教学活动。要努力使博物馆成为广大群众丰富精神生活的场所、专家学者科学研究的阵地、学生校外学习的课堂。

四 把文物的保护管理纳入城乡建设总体规划

文物的保护管理要纳入全国和各地区的城乡建设总体规划，要根据实际情况，分别确定为历史文化名城、各级文物保护单位和重点文物保护区，逐步形成一个反映中华民族光辉灿烂古代文化和光荣革命传统的文物史迹网。全国和各地区城乡建设规划的制定，都应当以此作为一项重要内容进行研究，在布局上做出合理安排。

确定历史文化名城，对我国文物保护和城市发展具有重要意义。要根据各个历史文化名城的历史、艺术、科学价值的传统特点和在国民经济中的地位与作用，来确定它的城市性质、发展方向和规划原则。历史文化名城建设规划总的指导思想应该是：既要符合现代化生产、生活的要求，又能保持其优秀历史文化传统的风貌。要保留这些名城固有的合理的总体布局，注意整个城市空间的协调，并把一些有典型意义的地段、街区成片地保存下来，确定为重点文物保护区，划出一定范围的建设控制地带和禁建地带。通过规划，把它有机地组织到城市的环境中去，以显示历史文化名城的历史连续性。必须严格禁止在历史文化名城新建有严重污染或破坏城市风貌的工业项目。已有的这类企业，要限期搬迁或转产。对混杂在市区影响环境协调的企业，要认真调查，分别情况，妥善处理。

搞好文物普查，确定文物保护单位和文物保护区，是文物保护管理的一项重要的基础工作，需要认真做好。目前已公布的各级文物保护单位为数很少，同我们有几千年悠久历史的文明古国很不相称，必须逐步增加。新发现的重要文物，在未确定为文物保护单位之前，可由文化（文物）行政管理部门先指定为保护对象，加以保护，不得破坏。

要妥善解决文物保护和各项生产建设的矛盾。今后基本建设、技术改造的各个项目，应当尽可能避开文物保护单位、文物保护区或者地下文物丰富的地段。如因特殊需要而必须在这些地方选点，事先必须征得文物部门和城乡建设规划部门的同意，没有取得正式批准文件，不得征地，建设银行不得拨款。凡已确定的大型基本建设项目，要由有关省、自治区、直辖市的文物部门组织力量设置职能部门，负责工程范围内的文物调查、勘探和考古发掘工作。今后一个相当长的时间内，文物部门的考古工作主要是配合基本建设。考古发掘工作必须严格履行报批手续。对不妨碍基建的重要古墓葬、古遗址，在当前出土文物保护技术还没有完全过关的情况下，一般不进行发掘。坚决防止和克服盲目地乱挖乱掘地下文物的现象，违者要依据政纪国法予以惩处。

出土文物归国家所有，为充分发挥文物的作用和确保文物安全，国家和省、自治区、直辖市文化（文物）行政管理部门有权按《中华人民共和国文物保护法》的有关规定统一调拨，指定保管单位。

五　加强对文物工作的领导

政府加强对文物工作的领导，是做好文物工作的根本保证。各级人民政府要把这项工作列入自己的议事日程，政府文化（文物）行政部门要认真地做好这方面的具体工作。为了切实加强对文物工作的领导，成立由国务院领导同志、有关部门负责同志和专家组成的国家文物指导委员会，协调、解决文物工作中的重大问题。国家文物事业管理局同时也是国家文物指导委员会的日常办事机构。各级人民政府也应视实际需要，建立或健全、充实文物事业管理机构。

各级人民政府应当根据《中华人民共和国文物保护法》的规定，在财政计划中，落实文物经费，并争取逐年有所增加。文物部门的收入只能用于文物事业，作为文物经费的补充，不得挪作他用。要加强对文物管理部门的领导，坚持文物工作的正确方向，坚持以确保文物安全为前提，以社会效益为最高标准，反对一切向钱看，防止把文物作为单纯的盈利手段的错误倾向。要组织文物工作者认真学习马克思主义理论，学习党的方针政策，努力探索和掌握文物工作的规律，研究新情况，解决新问题，加强工作中的原则性、系统性、预见性和创造性。要加强对广大文物干部的职业道德教育，教育他们全心全意、勤勤恳恳地做好本职工作，抵制腐朽思想的侵蚀，改变怕苦怕累、不下田野、垄断资料、争名逐利等不良作风。

不断壮大文物工作干部队伍，提高队伍的政治、思想和业务素质，逐步改善他们的工作条件和生活待遇，是进一步加强文物工作的一个决定性的条件。要把那些年富力强，坚决执行党的方针政策，热爱文物事业，具有专业知识和管理能力的同志提拔到领导岗位上来。要从长远着想，制定培养干部的规划，加强现有各大学的文物、考古和博物馆专业，并根据现有条件积极筹建文博学院。要有计划地培训一批品学兼优的专业人才，轮训在职干部，逐步增加文物干部队伍中业务人员的比重，改善人员结构，提高队伍素质。

我国的文物事业有着广阔的发展前途，文物工作是十分光荣而艰巨的。广大文物工作者要勇敢地担当起这一重任，艰苦奋斗，开拓进取，努力开创文物工作的新局面，在伟大的社会主义现代化建设事业中，做出新的更大的贡献。

中华人民共和国文物保护法（2002）

中华人民共和国文物保护法[*]

第一章　总则

第一条　为了加强对文物的保护，继承中华民族优秀的历史文化遗产，促进科学研究工作，进行爱国主义和革命传统教育，建设社会主义精神文明和物质文明，根据宪法，制定本法。

第二条　在中华人民共和国境内，下列文物受国家保护：

（一）具有历史、艺术、科学价值的古文化遗址、古墓葬、古建筑、石窟寺和石刻、壁画；

（二）与重大历史事件、革命运动或者著名人物有关的以及具有重要纪念意义、教育意义或者史料价值的近代现代重要史迹、实物、代表性建筑；

（三）历史上各时代珍贵的艺术品、工艺美术品；

（四）历史上各时代重要的文献资料以及具有历史、艺术、科学价值的手稿和图书资料等；

（五）反映历史上各时代、各民族社会制度、社会生产、社会生活的代表性实物。

文物认定的标准和办法由国务院文物行政部门制定，并报国务院批准。

具有科学价值的古脊椎动物化石和古人类化石同文物一样受国家保护。

＊ 2002 年 10 月 28 日第九届全国人民代表大会常务委员会第三十次会议通过，中华人民共和国主席令第 76 号，公布施行。根据 2015 年 4 月 24 日第十二届全国人民代表大会常务委员会第十四次会议通过，全国人民代表大会常务委员会《关于修改〈中华人民共和国文物保护法〉的决定》修正。

第三条　古文化遗址、古墓葬、古建筑、石窟寺、石刻、壁画、近代现代重要史迹和代表性建筑等不可移动文物，根据它们的历史、艺术、科学价值，可以分别确定为全国重点文物保护单位，省级文物保护单位，市、县级文物保护单位。

历史上各时代重要实物、艺术品、文献、手稿、图书资料、代表性实物等可移动文物，分为珍贵文物和一般文物；珍贵文物分为一级文物、二级文物、三级文物。

第四条　文物工作贯彻保护为主、抢救第一、合理利用、加强管理的方针。

第五条　中华人民共和国境内地下、内水和领海中遗存的一切文物，属于国家所有。

古文化遗址、古墓葬、石窟寺属于国家所有。国家指定保护的纪念建筑物、古建筑、石刻、壁画、近代现代代表性建筑等不可移动文物，除国家另有规定的以外，属于国家所有。

国有不可移动文物的所有权不因其所依附的土地所有权或者使用权的改变而改变。

下列可移动文物，属于国家所有：

（一）中国境内出土的文物，国家另有规定的除外；

（二）国有文物收藏单位以及其他国家机关、部队和国有企业、事业组织等收藏、保管的文物；

（三）国家征集、购买的文物；

（四）公民、法人和其他组织捐赠给国家的文物；

（五）法律规定属于国家所有的其他文物。

属于国家所有的可移动文物的所有权不因其保管、收藏单位的终止或者变更而改变。

国有文物所有权受法律保护，不容侵犯。

第六条　属于集体所有和私人所有的纪念建筑物、古建筑和祖传文物以及依法取得的其他文物，其所有权受法律保护。文物的所有者必须遵守国家有关文物保护的法律、法规的规定。

第七条　一切机关、组织和个人都有依法保护文物的义务。

第八条　国务院文物行政部门主管全国文物保护工作。

地方各级人民政府负责本行政区域内的文物保护工作。县级以上地方人民政府承担文物保护工作的部门对本行政区域内的文物保护实施监督管理。

县级以上人民政府有关行政部门在各自的职责范围内，负责有关的文物保护工作。

第九条　各级人民政府应当重视文物保护，正确处理经济建设、社会发展与文物保护的关系，确保文物安全。

基本建设、旅游发展必须遵守文物保护工作的方针，其活动不得对文物造成损害。

公安机关、工商行政管理部门、海关、城乡建设规划部门和其他有关国家机关，应当依法认真履行所承担的保护文物的职责，维护文物管理秩序。

第十条　国家发展文物保护事业。县级以上人民政府应当将文物保护事业纳入本级国民经济和社会发展规划，所需经费列入本级财政预算。

国家用于文物保护的财政拨款随着财政收入增长而增加。

国有博物馆、纪念馆、文物保护单位等的事业性收入，专门用于文物保护，任何单位或者个人不得侵占、挪用。

国家鼓励通过捐赠等方式设立文物保护社会基金，专门用于文物保护，任何单位或者个人不得侵占、挪用。

第十一条　文物是不可再生的文化资源。国家加强文物保护的宣传教育，增强全民文物保护的意识，鼓励文物保护的科学研究，提高文物保护的科学技术水平。

第十二条　有下列事迹的单位或者个人，由国家给予精神鼓励或者物质奖励：

（一）认真执行文物保护法律、法规，保护文物成绩显著的；

（二）为保护文物与违法犯罪行为作坚决斗争的；

（三）将个人收藏的重要文物捐献给国家或者为文物保护事业做出捐赠的；

（四）发现文物及时上报或者上交，使文物得到保护的；

（五）在考古发掘工作中做出重大贡献的；

（六）在文物保护科学技术方面有重要发明创造或者其他重要贡献的；

（七）在文物面临破坏危险时，抢救文物有功的；

（八）长期从事文物工作，做出显著成绩的。

第二章　不可移动文物

第十三条　国务院文物行政部门在省级、市、县级文物保护单位中，选择具有重大历史、艺术、科学价值的确定为全国重点文物保护单位，或者直接确定为全国重点文物保护单位，报国务院核定公布。

省级文物保护单位，由省、自治区、直辖市人民政府核定公布，并报国务院备案。

市级和县级文物保护单位，分别由设区的市、自治州和县级人民政府核定公布，并报省、自治区、直辖市人民政府备案。

尚未核定公布为文物保护单位的不可移动文物，由县级人民政府文物行政部门予以登记并公布。

第十四条　保存文物特别丰富并且具有重大历史价值或者革命纪念意义的城市，由国务院核定公布为历史文化名城。

保存文物特别丰富并且具有重大历史价值或者革命纪念意义的城镇、街道、村庄，由省、自治区、直辖市人民政府核定公布为历史文化街区、村镇，并报国务院备案。

历史文化名城和历史文化街区、村镇所在地的县级以上地方人民政府应当组织编制专门的历史文化名城和历史文化街区、村镇保护规划，并纳入城市总体规划。

历史文化名城和历史文化街区、村镇的保护办法，由国务院制定。

　　第十五条　各级文物保护单位，分别由省、自治区、直辖市人民政府和市、县级人民政府划定必要的保护范围，作出标志说明，建立记录档案，并区别情况分别设置专门机构或者专人负责管理。全国重点文物保护单位的保护范围和记录档案，由省、自治区、直辖市人民政府文物行政部门报国务院文物行政部门备案。

　　县级以上地方人民政府文物行政部门应当根据不同文物的保护需要，制定文物保护单位和未核定为文物保护单位的不可移动文物的具体保护措施，并公告施行。

　　第十六条　各级人民政府制定城乡建设规划，应当根据文物保护的需要，事先由城乡建设规划部门会同文物行政部门商定对本行政区域内各级文物保护单位的保护措施，并纳入规划。

　　第十七条　文物保护单位的保护范围内不得进行其他建设工程或者爆破、钻探、挖掘等作业。但是，因特殊情况需要在文物保护单位的保护范围内进行其他建设工程或者爆破、钻探、挖掘等作业的，必须保证文物保护单位的安全，并经核定公布该文物保护单位的人民政府批准，在批准前应当征得上一级人民政府文物行政部门同意；在全国重点文物保护单位的保护范围内进行其他建设工程或者爆破、钻探、挖掘等作业的，必须经省、自治区、直辖市人民政府批准，在批准前应当征得国务院文物行政部门同意。

　　第十八条　根据保护文物的实际需要，经省、自治区、直辖市人民政府批准，可以在文物保护单位的周围划出一定的建设控制地带，并予以公布。

　　在文物保护单位的建设控制地带内进行建设工程，不得破坏文物保护单位的历史风貌；工程设计方案应当根据文物保护单位的级别，经相应的文物行政部门同意后，报城乡建设规划部门批准。

　　第十九条　在文物保护单位的保护范围和建设控制地带内，不得建设污染文物保护单位及其环境的设施，不得进行可能影响文物保护单位安全及其环境的活动。对已有的污染文物保护单位及其环境的设施，应当限期治理。

第二十条 建设工程选址，应当尽可能避开不可移动文物；因特殊情况不能避开的，对文物保护单位应当尽可能实施原址保护。

实施原址保护的，建设单位应当事先确定保护措施，根据文物保护单位的级别报相应的文物行政部门批准，并将保护措施列入可行性研究报告或者设计任务书。

无法实施原址保护，必须迁移异地保护或者拆除的，应当报省、自治区、直辖市人民政府批准；迁移或者拆除省级文物保护单位的，批准前须征得国务院文物行政部门同意。全国重点文物保护单位不得拆除；需要迁移的，须由省、自治区、直辖市人民政府报国务院批准。

依照前款规定拆除的国有不可移动文物中具有收藏价值的壁画、雕塑、建筑构件等，由文物行政部门指定的文物收藏单位收藏。

本条规定的原址保护、迁移、拆除所需费用，由建设单位列入建设工程预算。

第二十一条 国有不可移动文物由使用人负责修缮、保养；非国有不可移动文物由所有人负责修缮、保养。非国有不可移动文物有损毁危险，所有人不具备修缮能力的，当地人民政府应当给予帮助；所有人具备修缮能力而拒不依法履行修缮义务的，县级以上人民政府可以给予抢救修缮，所需费用由所有人负担。

对文物保护单位进行修缮，应当根据文物保护单位的级别报相应的文物行政部门批准；对未核定为文物保护单位的不可移动文物进行修缮，应当报登记的县级人民政府文物行政部门批准。

文物保护单位的修缮、迁移、重建，由取得文物保护工程资质证书的单位承担。

对不可移动文物进行修缮、保养、迁移，必须遵守不改变文物原状的原则。

第二十二条 不可移动文物已经全部毁坏的，应当实施遗址保护，不得在原址重建。但是，因特殊情况需要在原址重建的，由省、自治区、直辖市人民政府文物行政部门报省、自治区、直辖市人民政府批准；全国重点文物保护单位需要在原址重建的，由省、自治区、直辖市人民政府报国务院批准。

　　第二十三条　核定为文物保护单位的属于国家所有的纪念建筑物或者古建筑，除可以建立博物馆、保管所或者辟为参观游览场所外，作其他用途的，市、县级文物保护单位应当经核定公布该文物保护单位的人民政府文物行政部门征得上一级文物行政部门同意后，报核定公布该文物保护单位的人民政府批准；省级文物保护单位应当经核定公布该文物保护单位的省级人民政府的文物行政部门审核同意后，报该省级人民政府批准；全国重点文物保护单位作其他用途的，应当由省、自治区、直辖市人民政府报国务院批准。国有未核定为文物保护单位的不可移动文物作其他用途的，应当报告县级人民政府文物行政部门。

　　第二十四条　国有不可移动文物不得转让、抵押。建立博物馆、保管所或者辟为参观游览场所的国有文物保护单位，不得作为企业资产经营。

　　第二十五条　非国有不可移动文物不得转让、抵押给外国人。

　　非国有不可移动文物转让、抵押或者改变用途的，应当根据其级别报相应的文物行政部门备案。

　　第二十六条　使用不可移动文物，必须遵守不改变文物原状的原则，负责保护建筑物及其附属文物的安全，不得损毁、改建、添建或者拆除不可移动文物。

　　对危害文物保护单位安全、破坏文物保护单位历史风貌的建筑物、构筑物，当地人民政府应当及时调查处理，必要时，对该建筑物、构筑物予以拆迁。

第三章　考古发掘

　　第二十七条　一切考古发掘工作，必须履行报批手续；从事考古发掘的单位，应当经国务院文物行政部门批准。

　　地下埋藏的文物，任何单位或者个人都不得私自发掘。

　　第二十八条　从事考古发掘的单位，为了科学研究进行考古发掘，应当提出发掘计划,报国务院文物行政部门批准;对全国重点文物保护单位的考古发掘计划,应当经国务院文物行政部门审核后报国务院批准。国务院文物行政部门在批准或者审核前,应当征求社会科学研究机构及其他科研机构和有关专家的意见。

第二十九条　进行大型基本建设工程,建设单位应当事先报请省、自治区、直辖市人民政府文物行政部门组织从事考古发掘的单位在工程范围内有可能埋藏文物的地方进行考古调查、勘探。

考古调查、勘探中发现文物的,由省、自治区、直辖市人民政府文物行政部门根据文物保护的要求会同建设单位共同商定保护措施;遇有重要发现的,由省、自治区、直辖市人民政府文物行政部门及时报国务院文物行政部门处理。

第三十条　需要配合建设工程进行的考古发掘工作,应当由省、自治区、直辖市文物行政部门在勘探工作的基础上提出发掘计划,报国务院文物行政部门批准。国务院文物行政部门在批准前,应当征求社会科学研究机构及其他科研机构和有关专家的意见。

确因建设工期紧迫或者有自然破坏危险,对古文化遗址、古墓葬急需进行抢救发掘的,由省、自治区、直辖市人民政府文物行政部门组织发掘,并同时补办审批手续。

第三十一条　凡因进行基本建设和生产建设需要的考古调查、勘探、发掘,所需费用由建设单位列入建设工程预算。

第三十二条　在进行建设工程或者在农业生产中,任何单位或者个人发现文物,应当保护现场,立即报告当地文物行政部门,文物行政部门接到报告后,如无特殊情况,应当在二十四小时内赶赴现场,并在七日内提出处理意见。文物行政部门可以报请当地人民政府通知公安机关协助保护现场;发现重要文物的,应当立即上报国务院文物行政部门,国务院文物行政部门应当在接到报告后十五日内提出处理意见。

依照前款规定发现的文物属于国家所有,任何单位或者个人不得哄抢、私分、藏匿。

第三十三条　非经国务院文物行政部门报国务院特别许可,任何外国人或者外国团体不得在中华人民共和国境内进行考古调查、勘探、发掘。

第三十四条　考古调查、勘探、发掘的结果，应当报告国务院文物行政部门和省、自治区、直辖市人民政府文物行政部门。

考古发掘的文物，应当登记造册，妥善保管，按照国家有关规定移交给由省、自治区、直辖市人民政府文物行政部门或者国务院文物行政部门指定的国有博物馆、图书馆或者其他国有收藏文物的单位收藏。经省、自治区、直辖市人民政府文物行政部门批准，从事考古发掘的单位可以保留少量出土文物作为科研标本。

考古发掘的文物，任何单位或者个人不得侵占。

第三十五条　根据保证文物安全、进行科学研究和充分发挥文物作用的需要，省、自治区、直辖市人民政府文物行政部门经本级人民政府批准，可以调用本行政区域内的出土文物；国务院文物行政部门经国务院批准，可以调用全国的重要出土文物。

第四章　馆藏文物

第三十六条　博物馆、图书馆和其他文物收藏单位对收藏的文物，必须区分文物等级，设置藏品档案，建立严格的管理制度，并报主管的文物行政部门备案。

县级以上地方人民政府文物行政部门应当分别建立本行政区域内的馆藏文物档案；国务院文物行政部门应当建立国家一级文物藏品档案和其主管的国有文物收藏单位馆藏文物档案。

第三十七条　文物收藏单位可以通过下列方式取得文物：

（一）购买；

（二）接受捐赠；

（三）依法交换；

（四）法律、行政法规规定的其他方式。

国有文物收藏单位还可以通过文物行政部门指定保管或者调拨方式

取得文物。

第三十八条 文物收藏单位应当根据馆藏文物的保护需要，按照国家有关规定建立、健全管理制度，并报主管的文物行政部门备案。未经批准，任何单位或者个人不得调取馆藏文物。

文物收藏单位的法定代表人对馆藏文物的安全负责。国有文物收藏单位的法定代表人离任时，应当按照馆藏文物档案办理馆藏文物移交手续。

第三十九条 国务院文物行政部门可以调拨全国的国有馆藏文物。省、自治区、直辖市人民政府文物行政部门可以调拨本行政区域内其主管的国有文物收藏单位馆藏文物；调拨国有馆藏一级文物，应当报国务院文物行政部门备案。

国有文物收藏单位可以申请调拨国有馆藏文物。

第四十条 文物收藏单位应当充分发挥馆藏文物的作用，通过举办展览、科学研究等活动，加强对中华民族优秀的历史文化和革命传统的宣传教育。

国有文物收藏单位之间因举办展览、科学研究等需借用馆藏文物的，应当报主管的文物行政部门备案；借用馆藏一级文物的，应当经省、自治区、直辖市人民政府文物行政部门批准，并报国务院文物行政部门备案。

非国有文物收藏单位和其他单位举办展览需借用国有馆藏文物的，应当报主管的文物行政部门批准；借用国有馆藏一级文物，应当经国务院文物行政部门批准。

文物收藏单位之间借用文物的最长期限不得超过三年。

第四十一条 已经建立馆藏文物档案的国有文物收藏单位，经省、自治区、直辖市人民政府文物行政部门批准，并报国务院文物行政部门备案，其馆藏文物可以在国有文物收藏单位之间交换。

第四十二条 未建立馆藏文物档案的国有文物收藏单位，不得依照本法第四十条、第四十一条的规定处置其馆藏文物。

第四十三条 依法调拨、交换、借用国有馆藏文物，取得文物的文物收藏单位可以对提供文物的文物收藏单位给予合理补偿，具体管理办法由国务院文物行政部门制定。

国有文物收藏单位调拨、交换、出借文物所得的补偿费用，必须用于改善文物的收藏条件和收集新的文物，不得挪作他用；任何单位或者个人不得侵占。

调拨、交换、借用的文物必须严格保管，不得丢失、损毁。

第四十四条　禁止国有文物收藏单位将馆藏文物赠与、出租或者出售给其他单位、个人。

第四十五条　国有文物收藏单位不再收藏的文物的处置办法，由国务院另行制定。

第四十六条　修复馆藏文物，不得改变馆藏文物的原状；复制、拍摄、拓印馆藏文物，不得对馆藏文物造成损害。具体管理办法由国务院制定。

不可移动文物的单体文物的修复、复制、拍摄、拓印，适用前款规定。

第四十七条　博物馆、图书馆和其他收藏文物的单位应当按照国家有关规定配备防火、防盗、防自然损坏的设施，确保馆藏文物的安全。

第四十八条　馆藏一级文物损毁的，应当报国务院文物行政部门核查处理。其他馆藏文物损毁的，应当报省、自治区、直辖市人民政府文物行政部门核查处理；省、自治区、直辖市人民政府文物行政部门应当将核查处理结果报国务院文物行政部门备案。

馆藏文物被盗、被抢或者丢失的，文物收藏单位应当立即向公安机关报案，并同时向主管的文物行政部门报告。

第四十九条　文物行政部门和国有文物收藏单位的工作人员不得借用国有文物，不得非法侵占国有文物。

第五章　民间收藏文物

第五十条　文物收藏单位以外的公民、法人和其他组织可以收藏通过下列方式取得的文物：

（一）依法继承或者接受赠与；

（二）从文物商店购买；

（三）从经营文物拍卖的拍卖企业购买；

（四）公民个人合法所有的文物相互交换或者依法转让；

（五）国家规定的其他合法方式。

文物收藏单位以外的公民、法人和其他组织收藏的前款文物可以依法流通。

第五十一条　公民、法人和其他组织不得买卖下列文物：

（一）国有文物，但是国家允许的除外；

（二）非国有馆藏珍贵文物；

（三）国有不可移动文物中的壁画、雕塑、建筑构件等，但是依法拆除的国有不可移动文物中的壁画、雕塑、建筑构件等不属于本法第二十条第四款规定的应由文物收藏单位收藏的除外；

（四）来源不符合本法第五十条规定的文物。

第五十二条　国家鼓励文物收藏单位以外的公民、法人和其他组织将其收藏的文物捐赠给国有文物收藏单位或者出借给文物收藏单位展览和研究。

国有文物收藏单位应当尊重并按照捐赠人的意愿，对捐赠的文物妥善收藏、保管和展示。

国家禁止出境的文物，不得转让、出租、质押给外国人。

第五十三条　文物商店应当由省、自治区、直辖市人民政府文物行政部门批准设立，依法进行管理。

文物商店不得从事文物拍卖经营活动，不得设立经营文物拍卖的拍卖企业。

第五十四条　依法设立的拍卖企业经营文物拍卖的，应当取得省、自治区、直辖市人民政府文物行政部门颁发的文物拍卖许可证。

经营文物拍卖的拍卖企业不得从事文物购销经营活动，不得设立文物商店。

第五十五条　文物行政部门的工作人员不得举办或者参与举办文物商店或者经营文物拍卖的拍卖企业。

文物收藏单位不得举办或者参与举办文物商店或者经营文物拍卖的拍卖企业。

禁止设立中外合资、中外合作和外商独资的文物商店或者经营文物拍卖的拍卖企业。

除经批准的文物商店、经营文物拍卖的拍卖企业外，其他单位或者个人不得从事文物的商业经营活动。

第五十六条　文物商店销售的文物，在销售前应当经省、自治区、直辖市人民政府文物行政部门审核；对允许销售的，省、自治区、直辖市人民政府文物行政部门应当做出标识。

拍卖企业拍卖的文物，在拍卖前应当经省、自治区、直辖市人民政府文物行政部门审核，并报国务院文物行政部门备案。

第五十七条　文物商店购买、销售文物，拍卖企业拍卖文物，应当按照国家有关规定做出记录，并报原审核的文物行政部门备案。

拍卖文物时，委托人、买受人要求对其身份保密的，文物行政部门应当为其保密；但是，法律、行政法规另有规定的除外。

第五十八条　文物行政部门在审核拟拍卖的文物时，可以指定国有文物收藏单位优先购买其中的珍贵文物。购买价格由文物收藏单位的代表与文物的委托人协商确定。

第五十九条　银行、冶炼厂、造纸厂以及废旧物资回收单位，应当与当地文物行政部门共同负责拣选掺杂在金银器和废旧物资中的文物。拣选文物除供银行研究所必需的历史货币可以由人民银行留用外，应当移交当地文物行政部门。移交拣选文物，应当给予合理补偿。

第六章　文物出境进境

第六十条　国有文物、非国有文物中的珍贵文物和国家规定禁止出境的其他文物，不得出境；但是依照本法规定出境展览或者因特殊需要经国务院批准出境的除外。

第六十一条 文物出境，应当经国务院文物行政部门指定的文物进出境审核机构审核。经审核允许出境的文物，由国务院文物行政部门发给文物出境许可证，从国务院文物行政部门指定的口岸出境。

任何单位或者个人运送、邮寄、携带文物出境，应当向海关申报；海关凭文物出境许可证放行。

第六十二条 文物出境展览，应当报国务院文物行政部门批准；一级文物超过国务院规定数量的，应当报国务院批准。

一级文物中的孤品和易损品，禁止出境展览。

出境展览的文物出境，由文物进出境审核机构审核、登记。海关凭国务院文物行政部门或者国务院的批准文件放行。出境展览的文物复进境，由原文物进出境审核机构审核查验。

第六十三条 文物临时进境，应当向海关申报，并报文物进出境审核机构审核、登记。

临时进境的文物复出境，必须经原审核、登记的文物进出境审核机构审核查验；经审核查验无误的，由国务院文物行政部门发给文物出境许可证，海关凭文物出境许可证放行。

第七章 法律责任

第六十四条 违反本法规定，有下列行为之一，构成犯罪的，依法追究刑事责任：

（一）盗掘古文化遗址、古墓葬的；

（二）故意或者过失损毁国家保护的珍贵文物的；

（三）擅自将国有馆藏文物出售或者私自送给非国有单位或者个人的；

（四）将国家禁止出境的珍贵文物私自出售或者送给外国人的；

（五）以牟利为目的倒卖国家禁止经营的文物的；

（六）走私文物的；

（七）盗窃、哄抢、私分或者非法侵占国有文物的；

（八）应当追究刑事责任的其他妨害文物管理行为。

第六十五条　违反本法规定，造成文物灭失、损毁的，依法承担民事责任。

违反本法规定，构成违反治安管理行为的，由公安机关依法给予治安管理处罚。

违反本法规定，构成走私行为，尚不构成犯罪的，由海关依照有关法律、行政法规的规定给予处罚。

第六十六条　有下列行为之一，尚不构成犯罪的，由县级以上人民政府文物主管部门责令改正，造成严重后果的，处五万元以上五十万元以下的罚款；情节严重的，由原发证机关吊销资质证书：

（一）擅自在文物保护单位的保护范围内进行建设工程或者爆破、钻探、挖掘等作业的；

（二）在文物保护单位的建设控制地带内进行建设工程，其工程设计方案未经文物行政部门同意、报城乡建设规划部门批准，对文物保护单位的历史风貌造成破坏的；

（三）擅自迁移、拆除不可移动文物的；

（四）擅自修缮不可移动文物，明显改变文物原状的；

（五）擅自在原址重建已全部毁坏的不可移动文物，造成文物破坏的；

（六）施工单位未取得文物保护工程资质证书，擅自从事文物修缮、迁移、重建的。

刻划、涂污或者损坏文物尚不严重的，或者损毁依照本法第十五条第一款规定设立的文物保护单位标志的，由公安机关或者文物所在单位给予警告，可以并处罚款。

第六十七条　在文物保护单位的保护范围内或者建设控制地带内建设污染文物保护单位及其环境的设施的，或者对已有的污染文物保护单位及其环境的设施未在规定的期限内完成治理的，由环境保护行政部门依照有关法律、法规的规定给予处罚。

第六十八条　有下列行为之一的，由县级以上人民政府文物主管部门责令改正，没收违法所得，违法所得一万元以上的，并处违法所得二倍以上五倍以下的罚款；违法所得不足一万元的，并处五千元以上二万元以下的罚款：

（一）转让或者抵押国有不可移动文物，或者将国有不可移动文物作为企业资产经营的；

（二）将非国有不可移动文物转让或者抵押给外国人的；

（三）擅自改变国有文物保护单位的用途的。

第六十九条　历史文化名城的布局、环境、历史风貌等遭到严重破坏的，由国务院撤销其历史文化名城称号；历史文化城镇、街道、村庄的布局、环境、历史风貌等遭到严重破坏的，由省、自治区、直辖市人民政府撤销其历史文化街区、村镇称号；对负有责任的主管人员和其他直接责任人员依法给予行政处分。

第七十条　有下列行为之一，尚不构成犯罪的，由县级以上人民政府文物主管部门责令改正，可以并处二万元以下的罚款，有违法所得的，没收违法所得：

（一）文物收藏单位未按照国家有关规定配备防火、防盗、防自然损坏的设施的；

（二）国有文物收藏单位法定代表人离任时未按照馆藏文物档案移交馆藏文物，或者所移交的馆藏文物与馆藏文物档案不符的；

（三）将国有馆藏文物赠与、出租或者出售给其他单位、个人的；

（四）违反本法第四十条、第四十一条、第四十五条规定处置国有馆藏文物的；

（五）违反本法第四十三条规定挪用或者侵占依法调拨、交换、出借文物所得补偿费用的。

第七十一条　买卖国家禁止买卖的文物或者将禁止出境的文物转让、出租、质押给外国人，尚不构成犯罪的，由县级以上人民政府文物主管部门责令改正，没收违法所得，违法经营额一万元以上的，并处违法经营额二倍以上五倍以下的罚款；违法经营额不足一万元的，并处五千元以上二万元以下的罚款。

第七十二条　未经许可，擅自设立文物商店、经营文物拍卖的拍卖企业，或者擅自从事文物的商业经营活动，尚不构成犯罪的，由工商行政管理部门依法予以制止，没收违法所得、非法经营的文物，违法经营额五万元以上的，并处违法经营额二倍以上五倍以下的罚款；违法经营额不足五万元的，并处二万元以上十万元以下的罚款。

第七十三条　有下列情形之一的，由工商行政管理部门没收违法所得、非法经营的文物，违法经营额五万元以上的，并处违法经营额一倍以上三倍以下的罚款；违法经营额不足五万元的，并处五千元以上五万元以下的罚款；情节严重的，由原发证机关吊销许可证书：

（一）文物商店从事文物拍卖经营活动的；

（二）经营文物拍卖的拍卖企业从事文物购销经营活动的；

（三）文物商店销售的文物、拍卖企业拍卖的文物，未经审核的；

（四）文物收藏单位从事文物的商业经营活动的。

第七十四条　有下列行为之一，尚不构成犯罪的，由县级以上人民政府文物主管部门会同公安机关追缴文物；情节严重的，处五千元以上五万元以下的罚款：

（一）发现文物隐匿不报或者拒不上交的；

（二）未按照规定移交拣选文物的。

第七十五条　有下列行为之一的，由县级以上人民政府文物主管部门责令改正：

（一）改变国有未核定为文物保护单位的不可移动文物的用途，未依照本法规定报告的；

（二）转让、抵押非国有不可移动文物或者改变其用途，未依照本法规定备案的；

（三）国有不可移动文物的使用人拒不依法履行修缮义务的；

（四）考古发掘单位未经批准擅自进行考古发掘，或者不如实报告考古发掘结果的；

（五）文物收藏单位未按照国家有关规定建立馆藏文物档案、管理制度，或者未将馆藏文物档案、管理制度备案的；

（六）违反本法第三十八条规定，未经批准擅自调取馆藏文物的；

（七）馆藏文物损毁未报文物行政部门核查处理，或者馆藏文物被盗、被抢或者丢失，文物收藏单位未及时向公安机关或者文物行政部门报告的；

（八）文物商店销售文物或者拍卖企业拍卖文物，未按照国家有关规定做出记录或者未将所作记录报文物行政部门备案的。

第七十六条 文物行政部门、文物收藏单位、文物商店、经营文物拍卖的拍卖企业的工作人员，有下列行为之一的，依法给予行政处分，情节严重的，依法开除公职或者吊销其从业资格；构成犯罪的，依法追究刑事责任：

（一）文物行政部门的工作人员违反本法规定，滥用审批权限、不履行职责或者发现违法行为不予查处，造成严重后果的；

（二）文物行政部门和国有文物收藏单位的工作人员借用或者非法侵占国有文物的；

（三）文物行政部门的工作人员举办或者参与举办文物商店或者经营文物拍卖的拍卖企业的；

（四）因不负责任造成文物保护单位、珍贵文物损毁或者流失的；

（五）贪污、挪用文物保护经费的。

前款被开除公职或者被吊销从业资格的人员，自被开除公职或者被吊销从业资格之日起十年内不得担任文物管理人员或者从事文物经营活动。

第七十七条 有本法第六十六条、第六十八条、第七十条、第七十一条、第七十四条、第七十五条规定所列行为之一的，负有责任的主管人员和其他直接责任人员是国家工作人员的，依法给予行政处分。

第七十八条 公安机关、工商行政管理部门、海关、城乡建设规划部门和其他国家机关，违反本法规定滥用职权、玩忽职守、徇私舞弊，造成国家保护的珍贵文物损毁或者流失的，对负有责任的主管人员和其他直接责任人员依法给予行政处分；构成犯罪的，依法追究刑事责任。

第七十九条　人民法院、人民检察院、公安机关、海关和工商行政管理部门依法没收的文物应当登记造册，妥善保管，结案后无偿移交文物行政部门，由文物行政部门指定的国有文物收藏单位收藏。

第八章　附则

第八十条　本法自公布之日起施行。

附录二 谢辰生致领导书信

致胡耀邦[*]

耀邦同志：

从中宣部那里得知，您三月廿一日对我三月十七日给您的信作了批示，深受鼓舞，深为感动。因为您在批示中两处提到对情况不甚清楚，所以再写这封信就您批示的两个问题作一些补充说明，并提出我个人的看法。

一　关于《文物保护法》的问题。

我国《文物保护法》是三中全会以后，于一九八二年十一月经人大常委会讨论通过公布施行的，现将《法》的全文和穆之同志的《说明》一并随函附上，供您参阅。

这个《法》是在总结建国以来文物工作中正反两方面的基础上制定的，它把党和国家的文物保护政策和重要管理原则用法律的形式固定下来，总的来说是完备而严格的。而且同其他国家的《法》相比，也颇具中国特色，适合我们国情。据我了解，其他国家的《文物法》都比较具体，而我们的《法》则原则些。为此，在《文物法》的附则第三十二条规定了由"国家文化行政管理部门根据本法制定实施细则，报国务院批准实行"。一年多来，我们已经分门别类，制定了几个具体管

---

　*　选自李经国编撰：《谢辰生先生往来书札》，国家图书馆出版社，2010年9月第一版，第38~40页。

此信据考证写于1984年，胡耀邦时任中国共产党中央委员会总书记。

理条例，准备提交文物工作会议征求意见，待补充修改后报国务院批准实行。

我认为法律管理制度和方法都是重要的，而更重要的是有人坚决贯彻执行，在这里领导人是个关键。如果领导的指导思想不对头，置法律制度于不顾，权大于法，则任何好的法和制度都会变成一本空文。在现实生活中，这种情况是屡见不鲜的。目前就有一个突出的例子，我向您和中央书记处紧急呼吁：抢救西堂！

西堂是国共第一次合作国民党第一次代表大会会址的有机组成部分，是广东省级文物保护单位，具有重要的革命纪念意义。但是广东省文化厅却决定把它拆除，新盖一座图书馆，并已经省委、省政府批准。按照《文物保护法》第十三条的规定，拆除省级文物保护单位，要经省政府和文化部的同意，省政府是不能单独决定的。此事一九八四年三月一日文化部根据部务会议的决定，向中宣部写了《关于不同意拆除西堂的请示报告》，并抄报了国务院。现送上《报告》的复印件，有关西堂的历史意义和情况详见《报告》，不再赘述。

中宣部接报告后，力群同志即根据报告的情况直接打电话给广东省委林若同志提出了三点意见：1）拆除西堂必须慎重；2）要考虑《文物保护法》的规定；3）如果你们决定拆，中宣部、文化部都没有同意，请他们根据以上三点慎重考虑做出决定。但广东省根本没有考虑以上意见，而自行决定从四月一日起对西堂进行拆除。目前拆除工作正在加紧进行，企图造成既成事实，这一行动已在广州引起强烈反应。社会知名人士、广大文物工作者、城市规划部门、统战部均对此表示反对。十分明显，正当我们提出国共第三次合作完成祖国统一大业的时候，在祖国南大门，却把作为国民党第一次代表大会会址组成部分的西堂加以拆除，在政治上岂不造成很不好的影响吗？难道不拆西堂就盖不成图书馆吗？这是令人难以理解的。据规划部门称，市内市外都是可以解决地皮的。您在三月二十一日的批示中说："我们现在一些文物重地被一些部门占据做了别的用场，很不好，要下决心及早解决！"西堂问题已经不是占据，而是蓄意破坏了，性质是更为严重的。即使是权衡轻重，可以拆除，但在未经文化部同意之前即决定拆除，也是违反法律的。为了维护法令尊严，我恳切请求您能干预此事，通知广东省委停止拆除西堂，或者责成文化部根据《宪法》第九十条的规定，电令省文化厅立即停止这种违反法律的行为。

二　关于出国文物展览的问题。

在"文革"以前的十七年中，除了建国初期到苏联去过一个小型文物展览外，从未再搞过文物出国展览。十年动乱使祖国文物经历了一场浩劫，只是由于总理的关怀和支持，对林彪、江青两个反革命集团的极"左"路线进行了抵制和斗争，文物工作在很困难的条件下，又取得了可喜的成绩，并且出现了像金缕玉衣、马王堆帛书等过去从未出现过的珍贵文物。一九七一年，是总理在和法国议会代表团会谈中提出了要组织一个出土文物展览，去法、英展出。这个展览的文物目录都是总理逐一确定的。之后，又组织了一个展览到日本、美国。这两组展览先后曾到过十几个国家展出，在国际上引起了广泛的注意，对于宣传我国古代灿烂的文化，增进与各国人民之间的友谊和了解起了很大的作用，一时曾被誉为"文物外交"，与"乒乓外交"相提并论。以后，又继续组织了多次展览展出，特别是三中全会以后，这些展览不仅在政治上、文化上起了很好的影响，而且在经济上也有所收益。正如您的批示中所说的："中国是一个文物大国，出国做些展览，做些宣传，从各方面来看都是有利的。"

但是，目前出国展览也的确出现了一些问题：一是缺乏统筹安排，无计划地频繁出国，各地方也直接与外国人联系出国展览。而且在收益上各地要求很不统一，以致出现了几个展览同时在一个国家（主要是日本）展出，相互影响，参观人数明显下降。过去文物展览在各国政府都十分重视，英国希思，日本首相田中、大平，瑞典国王都出席开幕式。现在就没有那样的礼遇了。二是出国人员要求不严格。有时是为了照顾平衡轮流坐庄。派出去的人不懂文物，对文物的安全缺乏责任感，于是连续出现了损坏珍贵文物的事件。对于这种情况也未认真总结经验教训，如果不加整顿，还会产生更大事故。

　　我认为，今后出国展览一定要全面规划，综合平衡，管而不死，活而不乱。要以我为主，打主动仗。而不是人家要什么就给什么。对出国人员一定要要求严格，不能搞平衡。而且，出国人员除了负责文物安全外，还要有考察的任务。地方出国还是应由文化部统筹安排，避免盲目性。但中央不要和地方争利，人员出国都要照顾地方，这样就可以减少一些矛盾。特别珍贵而易损文物还是不宜出国。关于收益问题，我的看法是文物博物馆事业是宣传教育科学研究工作，它的主要任务是搞好文物保护，发挥宣传教育作用。在这个前提下，搞些经济收入是应该的，但必须放在适当的位置上。要反对一切向钱看，把祖国文物作为盈利的手段，而置文物安全于不顾。故宫博物院为了到香港展销复制品，赶任务，竟然违反文物保管制度和操作规程，把一件稀世珍品，堪称国宝的唐代冯摹《兰亭序》撕成两半。造成了建国以来，也是建院六十年来从未发生过的重大损坏文物事件，是令人十分痛心的事。因此，文物博物馆事业的改革，不同于一般经济部门，也不同于电影队和剧团，不能从经济上要求自给自足，这是办不到的。我认为，它的改革主要应当是坚决贯彻按劳付酬的原则，实行严格的岗位责任制和严格的奖惩制度相结合。

　　当前在文物工作的一些方针原则问题上，存在着不少分歧意见，产生这种分歧的看法原因是多方面的。其中一个重要因素就是对保护文物的重要意义认识不足，对在社会主义建设过程中，文物的价值和作用估计不足，其中包括有些领导同志在内，拆除西堂就是个明显的例子。

　　保护文物问题是尊重自己祖国历史，保持和发展民族文化传统的问题，这个问题对于一个国家，一个民族都是极为重要的，从历史上看也充分证明了这一点。南北朝时期，曾经有这样的现象，就是判断一个人的族别，往往不是看他的血统，而是看他的文化，这个文化包括风俗习惯、心理素质和思想感情。当时有胡化了的汉人，也有汉化了的胡人。汉化胡人虽然血统是汉〔胡〕人，却自认为是胡〔汉〕人，反之胡化汉人也是如此。最能说明问题的例子是，北齐的高欢本为渤海望族，是地道的汉人血统，因为他胡化了，所以他的子孙也认为自己是鲜卑人。

后来高洋（高欢之子——编者注）称帝的时候，问高欢旧臣杜弼，安邦治国应用哪些人？杜弼回答说："鲜卑车马客，会须用中国人。"高洋以为是讽刺他，看不起他这个鲜卑人，于是怀恨在心，后来把杜弼杀了。可见一个民族文化的存亡，是关系到一个民族存亡的大问题。

长期以来帝国主义、霸权主义对被压迫民族和被压迫人民进行文化侵略的一个重要方面，就是摧毁这个民族的固有文化，从而割断人们与自己历史的联系，为他们实行精神统治创造条件。这种文化侵略，在一定意义上，比政治、军事、经济侵略的危害更为严重。因为它摧残的正是能够唤起人民为捍卫自己国家主权和民族独立而斗争的精神支柱。掠夺和破坏别国文物又往往是他们文化侵略的重要内容。我在八二年曾到墨西哥参加联合国世界文化政策大会，在会上深感保持民族文化特性、保护历史文物已成为第三世界人民反帝反霸斗争的一个重要组成部分，这是很值得重视的问题。因为保护作为民族文化象征的文物，就是维护自己国家的形象，就是维护自己民族的尊严。我认为，越是对外开放就越要重视自己的民族传统。

关于文物在精神文明建设中的作用是比较容易被人了解的。其实，文物不仅在今天精神文明建设中，是向广大人民群众进行爱国主义、革命传统和历史唯物主义教育的生动教材，是创造社会主义的、民族的新文化吸取营养的重要源泉，而且在物质文明建设中也能提供有益的借鉴。我们的祖先在改造自然、利用自然的斗争中所取得的许多科技成果，早在千万年前就在当时世界上处于遥遥领先地位。马克思曾经高度评价我国的火药、指南针、印刷术是预告资产阶级社会行将到来的三大发明。

可是古代的有些成果却早已湮没失传，只是在出土文物上才被重新发现。例如：球墨铸铁是一九四七年英国人莫洛发现的一项高强度铸铁工艺，可是在河南古冶铁遗址中却发现，早在东汉时期我们就已经有了球墨铸铁的标本，并且从工艺上看与现代工艺有很大的不同，还是很值得研究的。又如，一九七八年湖北随县出土的一批青铜器（战国），精密程度达到了惊人的程度，经研究就是采用的失蜡法，这是我国极为珍贵的科技遗产。据了解，一九四五年美国陈纳德飞行队在云南民间学到一部分我国传统的失蜡法技术，回国后应用这一技术创造了世界闻名的 Austenal 专利，逐步发展成为世界重要的精密铸造技术秘密。可见历史文物还是我国科技遗产的宝库。如果我们运用现代科学理论和方法对这些遗产进行整理，无疑会有助于我们科学技术的发展。

很明显，我们今天的科学文化水平可能对有些文物的价值还认识不到，社会越是向前发展，文物保护的重要意义就愈益揭示出来。如果大家都有这样的认识，可能有些分歧、看法就比较容易解决了。在"四化"过程中，对有些文物是存亡绝续的关键，不保护好就会造成不可弥补的损失。

作为一个文物工作者，出于对祖国文化遗产的热爱，出于对本职工作的责任感，提出以上一些看法，仅供领导参考。

此致
敬礼！

谢辰生谨上
四月六日

致万里、谷牧*

万里
谷牧 同志：

现送上中宣部代中央草拟的关于加强文物工作的文件一份。此件草拟过程详见报告。近年来文物工作有发展也存在不少问题，从主观上是我们文物部门管理不善存在官僚主义，客观上则是管理体制、干部队伍（质量和数量）、事业经费等都与事业发展的需要很不适应。另一个重要原因是在指导思想上有各种不同认识，因此发一个新的比较全面的文件是非常必要的。今年5月在国务院常务会议上，廖井丹同志曾汇报过我们正在起草一个文件，当时万里同志曾表示：搞一个文件很好，可以由国务院发。这个文件原拟建议以中央和国务院名义下发，根据万里同志指示和十三大党政分开的精神，还是用国务院名义发为好，但文件的内容是可以不改动的。先特送上请审阅，如原则可以，是否请您关心一下，早日提交国务院讨论下发，以利文物事业的发展。

此致
敬礼

谢辰生 谨上
1987 年 10 月 9 日

冶秋同志不幸逝世，所有文物工作者都十分悲痛。在冶秋病重期间，他虽不能说话，但每逢有人看望谈及文物工作他总是热泪盈眶，直到生命垂危还关心着文物工作。您二位老领导都与冶秋比较熟悉，所以我才写这封信，恳切请求能使文件早日讨论下达，因此文件已上报多时，迄无下文。

---

* 选自彭卿云主编：《谢辰生文博文集》，文物出版社，2010 年 9 月第一版，第 358 ~ 359 页。

万里（1916 ~ 2015），时任国务院副总理。谷牧（1914 ~ 2009），时任国务院副总理。

致朱镕基*

镕基同志：

　　您好！

　　不久前听到您在讨论三峡工作的一次会议上的讲话传达，大家都很高兴。因为几年来一直悬而未决的库区文物保护规划问题，看来有希望解决了。

　　最近我们一些专业工作者应"三建委"移民局之约，去三峡进行了为时经旬的文物考察。最后，经讨论，都各自提出了对库区文物保护的书面意见。现将参加考察的考古专家组和我个人对《长江三峡工程淹没区及迁建区文物保护规划》的书面意见，连同巫山等地古墓被盗掘后的现场照片六张一并随函附上，请您一阅，供您考虑三峡库区文物保护问题的参考。

　　三峡库区文物抢救工作理应超前进行，而且还要组织得当、争分夺秒，才可能把文物损失减少到最小的程度。但遗憾的是，几年来，由于认识的差异，意见的分歧，而又未及时协商、交换看法，《规划》迄未审批，经费迟不能到位，以致抢救工作不但未能超前，反而远远滞后于移民其它〔他〕各项工作。通过这次考察，我们深感三峡文物抢救工作是极为艰巨的。目前的情况是，有些地面文物已被确定为保护对象，但在紧张的移民过程中被群众拆除、破坏；地下文物的丰富地区，盗掘、走私文物犯罪分子活动猖獗，有的珍贵出土文物已被走私出境，形势是严峻的。据了解，二〇〇三年的水位到达一三五米的时候，其回水线有的地区要达到一五六至一五八米不等。文物抢救必须考虑要在二〇〇三年以前把海拔一三五米的淹没线及其回水线以下的文物发掘、搬迁和其它〔他〕保护工作全部完成。既〔即〕使现在《规划》立刻批准，

---

　　* 选自李经国编撰：《谢辰生先生往来书札》，国家图书馆出版社，2010 年 9 月第一版，第 162～163 页。

　　此信据考证写于 1998 年。朱镕基（1928～　），时任中共中央政治局常委，国务院总理。

经费完全到位，如果不在全国组织业务力量全力以赴，要在短短不足五年的时间里完成《规划》确定的任务，恐怕还是有困难的。因此，必须加强领导、加强管理。文物工作是一项政策性、专业性很强的工作，建议业务工作应以省、市文物部门为基础，由国家文物局总把关，统一领导，建立健全业务工作的各项管理制度，定期组织检查，确保工作质量。移民局作为拨款部门，应加强财务审计工作，以保证经费使用得当。

关于文物保护经费问题，我认为保护三峡库区的文物是国家的责任，制定库区的文物保护规划，也应是国家的任务。其所需经费如果全部列入移民经费计划是有困难的。其不足部分似应由国家负责解决。我建议白鹤梁和博物馆建设经费不列入移民经费，并不是要把这个项目取消，而是希望由国家从其它［他］渠道安排解决。特别是白鹤梁是库区唯一的全国重点保护单位，价值极高，在国内外都有很大影响。它的经费安排，必须与其它［他］项目同步落实；它的保护工作，必须与其它［他］项目同步进行。

以上意见仅供参考，不妥之处请予指正。

此致

敬礼！

谢辰生上
七月六日

附：对《长江三峡工程淹没及迁建区文物保护规划》的意见

一　《长江三峡工程淹没及迁建区文物保护规划》（以下简称《规划》）是由三十多个科研单位、大专院校的专业人员，经过三年的艰苦努力，在库区各级政府和文物工作者的参与和支持下，共同制定的。总的来说，是个好规划。《规划》根据文物的不同类型和价值，提出了不同的处理办法，特别是地下文物确定的发掘面积仅占总面积的 7% 左右，充分体现了"重点保护、重点发掘"的方针。因此，我认为可以原则同意这个规划。但是，几年来客观情况已经发生了变化：一是一些城市新建区又发现了一些新的地下文物点，有的已经进行发掘的文物点，在发掘过程中又有了新的重要发现；二是地面文物点有的在移民过程中已遭破坏，有些确定搬迁的对象残破过甚，已难以搬迁等等。据此，建议根据现在的实际情况，对规划作适当的调整。具体哪些项目需要调整，建议组织有关专家与规划组一起分类排队，共同协商确定。今后在执行规划时，也还要从实际出发，根据情况作必要的调整。

二　这个《规划》是文物保护规划，保护与发展是有区别的，但又是有联系的。在制定保护规划的同时考虑发展是可以理解的。但在移民经费中不能把发展项目列入计划。因此，要把保护与发展的经费区别开来。凡是纯属发展的项目，所需经费可以不列入移民经费，另外通过其它〔他〕渠道解决。根据以上原则，建议白鹤梁水下博物馆和三个博物馆建设的经费应另案处理，由国家考虑安排，不列入移民经费。

三　鉴于文物保护工作必须考虑在 2003 年以前把海拔 135 米的淹没线及其回水线以下的文物发掘、搬迁等工作全部完成，时间是极为紧迫的。建议对三峡库区文物保护工作要加强领导。一是要加重国家文物局的责任。文物工作专业性很强，业务工作应由国家文物局总把关，统一领导，建立督促检查制度，定期组织专家检查，保证工作质量。二是移民局应加强财务审计制度，以保证经费使用得当。

四　地面古代建筑搬迁任务很重，很可能有些文物因时间、经费的原因而无法全部搬迁。因此，当务之急是对所有确定保护的地面文物点，采用测绘、照相、录像等手段加以详细记录，使每处文物点都有一份完整的科学资料，一旦被毁，必要时还可以进行科学的复原。建议"三建委"对此立即拨出专款，由国家文物局制定记录要求的具体规范，组织力量立即抓紧落实。

谢辰生
1998 年 6 月 30 日

致朱镕基[*]

镕基同志：您好！

　　1998 年 12 月我应重庆移民局之约，参加了三峡白鹤梁题刻等三处重要文物保护方案的论证。经过认真讨论形成了专家组的论证意见，现随函附上请您审阅。在此之前，1998 年 9 月我还参加了三建委召开的关于三峡文物保护规划的专家论证会。专家论证肯定了规划组提出的保护规划方案，提出了一些意见，建议修改补充后尽快审批以利工作正常进行。当时意见之一就是建议把白鹤梁三处重要文物另行专题论证，现在这三处也已专题论证完毕。可以说，整个三峡文物保护规划均已通过专家论证，当务之急就是希望三建委尽快审批规划、落实经费。当前的情况是，由于规划未批，经费不能按规划安排，已严重影响文物抢救工作的正常实施。三建委首次拨付文物保护经费是 1997 年 9 月，真正到位是 11 月，1998 年的经费到位时间也是年底。这两年安排的考古发掘面积，重庆地区约占规划总面积的三十分之一，地面文物更是未安排一处实施搬迁保护。同时，这两年三建委对迁建区抢救项目基本未安排，致使大量古墓葬、古遗址、古民居、石刻等遭到严重破坏，不法分子对古遗址、古墓葬的盗掘活动更是十分猖獗。为此拖下去，后果实不堪设想。原以为专家论证通过规划之后，三建委会很快审批，但从去年 9 月至今已近半年之久仍杳无消息，而三峡工程正在加快进行。文物抢救本应超前，现在已经严重滞后。造成今天这种局面的来龙去脉，去年文物局曾有一个报告写给岚清同志说得很清楚，是符合实际情况和可信的，现随函附上请您一阅。从 1992 年人大通过三峡工程至今已经七个年头，距 2003 年到达 135 米高度只有四年的时间，而绝大多数重要文物是在135 米以下的，抢救任务极为繁重。一项需要超前而且还必须争分夺秒

---

　　* 选自彭卿云主编：《谢辰生文博文集》，文物出版社，2010 年 9 月第一版，第 366～367页。

　　朱镕基（1928～　），时任国务院总理。

才能完成的重要任务，工程已接近了七年，春节过后又是两会，如果第二季度规划还不能审批，按照三建委年度经费要到第四季度才下拨的习惯，则到达 2003 年的工作时间已不足四年，最多不过三年有余，为此短暂的时间完成极为艰巨的任务实在是太困难了。为此恳请您能敦促三建委火速审批规划、落实经费，万不能再拖延了。同时，我再次建议：一、一定要加重文物局的责任，业务工作应由文物局总负责、总把关，并组织全国业务力量全力以赴。二、移民局和长委会都不宜直接领导业务，而应当着重加强经费的审计，对违法、违纪者应严肃处理。任务艰巨，时间紧迫，如果再继续拖延，到三峡工程完成的时候，却有大量文物遭损失，我们这一代人，将何以对祖先？何以对子孙？何以对人民？恐怕在国内国际都会产生不良的政治影响。坦率地说，如果真的出现这种情况，李鹏同志和您也都是有责任的。我已年近八旬，身患绝症，个人得失早已置之度外，故再次上书直谏，不恭之处尚祈见谅。

　　此致
敬礼

谢辰生上

1999 年 2 月 14 日

致李铁映[*]

铁映同志：您好！

春节将临，给您拜年。感谢您的支持，终于由社科院、文化部、文物局三个单位联合举办了纪念郑振铎百年诞辰的座谈会。可惜您未能出席，是个遗憾。现在又有两个情况向您汇报，希望得到您的关注和支持，并盼能将我们意见向中央有关领导代为反映。一是文物市场问题；二是有些省要将文保单位与旅游企业合并捆绑上市的问题。因为您主管文物工作整整十年，对文物工作的情况和基本规律最了解，所以恳切期望得到您的支持，并通过您的影响，不要使文物工作偏离正确方向，造成工作的损失。现将以上两个问题的情况和我的意见分别汇报如下：

一、文物市场问题。最近我看到全国政协教科文卫委员会给中央、国务院写的一份《关于进一步加强打击文物盗窃和走私工作的建议》，这个建议总的来说写得很好，反映了当前文物工作存在的问题，提出了一些很好的意见。但其中关于进一步开放和规范文物市场的建议则是极为不妥的。建议说："馆藏文物越来越多，保管困难"；"国家应重点保护一、二级文物及三级品有价值的文物，允许三级或三级以下文物上市流通，并参与文物的国际交流"。这里说得很清楚，就是要把馆藏三级或以下文物投放市场并且还要卖到外国去。因而进一步提出了"对出境文物的限制要放宽，不能简单地以年代的划分作为出境文物的限制标准"（见附件）。所有这些意见，都是违背《文物保护法》的。文物法及其细则明确规定：禁止出卖馆藏文物；三级文物属于珍贵文物；珍贵文物一律禁止出境。建国以来，禁止珍贵文物出口是我们国家的一贯政策，建国后颁布的第一个文物法令就是禁止珍贵文物出口令。因此，全国政协教科文卫委员会的意见是直接违反法律规定的，是不可取的，是

---

　　* 选自彭卿云主编：《谢辰生文博文集》，文物出版社，2010年9月第一版，第379～381页。

　　李铁映（1936～），时任中共中央政治局委员，中国社会科学院院长、党组书记。

完全错误的。回顾十年来您关于文物市场问题的批示或口头意见，直至文物拍卖要"直管专营"的主张，都是为广大真正文物工作者所拥护的。遗憾的是您的正确意见，始终没有得到认真的贯彻执行，特别是1992年以来，更是在有些方面完全反其道而行之，有些情况已经被您"不幸而言中"。这正是造成今天文物市场混乱局面的主要原因。据海关、公安等部门的反映，当前的文物盗窃、盗掘、走私等犯罪活动大都与混乱的文物市场有千丝万缕的联系。因此，当务之急，应当是依法整顿混乱的文物市场，而不是全面放开、自由买卖，更不是要鼓励珍贵文物出口。国家对于关系到国计民生的粮食、棉花购销已经实行严格的管理，棉粮都是年年可以再生产的尚且如此，为什么对作为不可再生的祖国珍贵文化遗产的文物却偏偏要全面放开而不许专营？"专营"不是区分市场经济和计划经济的标志，埃及1983年文物法明令禁止文物买卖，取消文物市场，难道他们实行的是计划经济吗？我认为文物市场仍然应当坚持专营归口管理，当然不能故步自封搞老一套，而是要在调查研究的基础上，走出一条适应新形势、新情况的新路子来，关键是要深化改革。

二、关于有的地方试图把文保单位和博物馆与旅游企业合并捆绑上市的问题。最近，继桂林市把七星山五个公园和桂湖三处著名景点划归旅游公司经营准备出海上市之后，一些省市也要采取类似办法把一些文物保护单位和博物馆与旅游企业联合组成旅游公司准备上市，而且不仅涉及一些历史文物，甚至涉及如井冈山、红岩乃至总理和鲁迅纪念馆等革命文物。我认为，这种设想是不妥当的，必须采取十分慎重的态度，而不宜鲁莽行事。旅游是经济产业，旅游公司是以谋求利润为目的的经济实体，文博单位则是以促进建设社会主义精神文明为宗旨的社会公益事业，把两个性质根本不同的事物捆绑在一起就混淆了事物的质的区别，就会把事情搞乱。特别是革命文物上市尤为不妥，而目前确有此动向。不久前，江西省一位副省长就曾对井冈山革命遗址能否上市问题打电话给文物局征求过意见，张文彬同志明确表示不能同意。我认为把革命遗址作为旅游产品上市，不仅是错误的，简直是对革命先烈的亵渎。

这样说，我绝不是要把革命遗址排斥在旅游之外，恰恰相反，我则是很希望旅游部门能组织更多的特别是国内旅游者去革命遗址参观，这种参观主要是使参观者受到爱国主义和革命传统教育，同时也同样可以取得相应的经济效益。但在指导思想上绝对不应当把革命圣地作为商品来对待。事实上，社会效益与经济效益是统一的，而且应当成正比，越是重视社会效益，经济效益就越好。如只是单纯地追求暂时的经济效益，不仅会损害社会效益，而且归根到底还会损害经济效益。对文博单位来说，一定要坚持把社会效益放在首位的基本原则。小平同志明确指出："思想文化教育卫生部门都要以社会效益为一切活动的唯一准则，它们所属的企业也要以社会效益为最高准则。"并且对"把精神产品商品化的倾向"和"一切向钱看"的现象进行了严肃的批评。他指出："混迹于文艺界、出版界和文物界的一些人，简直成了唯利是图的商人。"因此，把风景园林、文博单位与旅游企业合并为旅游公司上市的做法，是违背邓小平理论的，是不可取的。我认为一定要坚持社会公益事业不能企业化，国有资产不能私有化。对国家重点文物来说，提出"谁投资、谁开发、谁保护、谁受益"的原则也是值得研究的。现在，"上市"之风来得很猛，而且多是省、市领导拍板作决定，事先并不征求主管业务部门的同意。如果没有中央领导同志的表态，文物局是挡不住的。这不仅是一个面临的现实问题，而且也是一个需要研究的理论问题。实应十分慎重，切不可一哄而起。以上意见如无大错，您可否转请岚清、关根同志考虑？

　　此致
　　敬礼

谢辰生上

1999 年 2 月 14 日

谢辰生等致孙家正[*]

家正同志:

您好!

我们都是国家文物局的老人。八月廿七日下午，文物局约我们开了一个座谈会，会议由张文彬同志主持，主要是征求对《文物保护法》修改稿第四十条的意见。

据我们了解，几年来，法制办在修改《文物保护法》过程中，进行了大量调研，做了很多工作。在几年中，原"四十条"规定"馆藏文物禁止转让、出租或者质押……"的条款是为绝大多数文物工作者和有关单位认同的。今年七月在大连，由法制办主持对修改稿最后审改时，仍然坚持了这条规定。但是这次突然提出了一个新方案，不仅完全否定了"馆藏文物禁止转让、出租或者质押"的内容，而且提出了一个与此完全相反的方案，即规定馆藏文物可以出租、出借、交换、有偿转让，甚至出售或拍卖，并且把这个方案作为第一方案，而且把原"四十条"的规定作为第二方案，倾向性十分明确。究竟出于什么考虑，使我们感到困惑不解。

我们认为，原"四十条"规定是几十年来党和国家文物保护的一贯政策，应当继续坚持，以保持国家政策的连续性，具体意见如下:

一、《文物保护法》专设《馆藏文物》一章，完全是从文物保护要求做出的若干规定。如要健全各项管理制度，配备防火、防盗等安全设

---

* 选自李经国编撰:《谢辰生先生往来书札》，国家图书馆出版社，2010 年 9 月第一版，第 201 ~ 202 页。

孙家正（1944 ~ ）时任文化部部长、党组书记。国家文物局于 1996 年冬启动对《文物保护法》修订工作，1997 年形成修订草案，报文化部后，经部务会议讨论，于 1998 年 5 月 20 日，以文办报（1998）96 号报国务院。在国务院法制办调研、修改文化部所报草案过程中，出现了谢老等信中反映的问题。经国务院法制办继续调研、修改并报国务院常务会议讨论后，由国务院提请全国人大常委会审议。2002 年 10 月，全国人大常委会通过修订的《文物保护法》，第四十四条仍明确规定"禁止国有文物收藏单位将馆藏文物赠与、出租或者出售给其他单位"等内容。

施，法人要对文物安全负责等，以防止文物损坏、流失，它不涉及博物馆的其它〔他〕业务内容。文物出租、有偿转让，甚至出售、拍卖，即使可以考虑，也不能写入《文物保护法》，因为它不是反映文物保护要求，甚至还是相抵触的。过去考古学家夏鼐同志一直强调这个意见，是有道理的。

二、国有收藏单位的馆藏文物是全民所有的国家资产，其所有权属于国家，国家是所有权的唯一主体，中央或地方的任何单位，包括国家博物馆都不能作为国家所有权的主体，也不能同国家共同作为所有权的主体。国有收藏单位对所藏文物只有保护管理的责任，而无进行占有和处分的权利。自行处理本单位的文物是对国家所有权的侵犯，是违法的。因此，原"四十条"规定"馆藏文物禁止转让、出租或者质押"是完全必要的、正确的，应当保留，不能删除。但在文字上可进行调整，改为："禁止收藏单位对馆藏文物进行转让、出租或者质押……"这样主体更加明确。

三、我们不同意把法制办新方案写入《文物保护法》，是因为它的内容与《文物保护法》的性质有矛盾，这些内容应写入文物局正在起草的《博物馆管理条例》当中去。我们并不是否定新方案的全部内容，包括对有一些不够馆藏标准的文物资料的处理，但处理方式是要研究的。同时，要实施这个新方案，就必须有一系列可操作性的配套措施，以保证不出问题。首先是要有明确具体的标准，各种类别的文物都各具自己的特点，而且如何处理，也涉及全国存量、地区存量等问题。有的只能在本地区（省）内调剂，有的则需要在全国范围内调剂。因此，处理标准必须在调查研究的基础上，由文物专家认真研究制定。现在新方案笼统地提出把"文物较多的重复品"作为标准，很难界定，是不科学的。

我们建议文物局在制定《博物馆（管理）条例》时，一定要把实施《条例》的配套措施包括明确具体的标准以及组织实施的具体办法搞好再出台。否则，只有原则规定出台，其它〔他〕措施跟不上，很可能造成混乱，后果是严重的。

　　最后，我们再次强调：一定要保持原"四十条"的规定条款，不同意把法制办提出的新方案列入《文物保护法》。现随函附上国家文物局原综合司司长兼法制处处长李晓东同志的书面意见，他从法律角度提出了一些很值得考虑的见解，供您参考。我们迫切地期望得到您的鼎力支持，使这一问题能尽快得到合理解决，以利文物事业的健康发展。

　　此致
　　敬礼!

　　国家文物局原副局长、国家文物委员会秘书长　沈竹
　　国家文物局原副局长、鲁迅博物馆馆长　马自树
　　国家文物局原副局长、中国考古学会原副理事长、常务理事　黄景略
　　国家文物局原副局长、中国文物学会常务副会长　彭卿云
　　国家文物局原顾问、中国文物学会名誉会长　谢辰生
　　　　　　　　　　　　　　　　　　　　　2001 年 8 月 31 日

致李岚清*

岚清同志:

您好!

不久前,我参加了国务院法制办组织的文物法修改调研组到安徽、浙江调查,在调查过程中发现了一个很不正常的现象,感到有必要向上反映,并恳切期望领导能予以关注和纠正。

据了解,绍兴市把周恩来纪念馆、鲁迅博物馆等几个收入较多的文博单位统统划归旅游公司领导,市文物局也并入公司,局长是公司的副经理。因此,文物局名义上是政府职能部门、行政机构,实质上属公司管。中央一再强调要政企分开,企业要与政府脱钩。而绍兴却创造了一个政企合并,由企管政的"新体制"。这恐怕古今中外全世界都是没有先例的。

一个时期以来,有些省市都采取类似办法,要把一些重要文博单位合并到旅游公司并准备上市。山东已把曲阜"三孔"划归旅游公司。承德正在要求由旅游公司接管外八庙和避暑山庄。在云南考察时,据文化厅同志反映,埂〔耿〕马县、建水县都在考虑把全国重点文物保护单位石佛洞和省保单位文庙交由当地旅游部门开发。前两天大连市的同志也来京反映,旅顺区正在准备把全国重点保护单位日俄监狱和旅顺博物馆交由旅游公司"经营"。

目前,旅游公司兼并文博单位之风愈刮愈烈,如此发展下去,不加

＊　选自李经国编撰:《谢辰生先生往来书札》,国家图书馆出版社,2010年9月第一版,第212～213页。

此信据考证写于2002年。

李岚清(1932～　),时任中共中央政治局常委,国务院副总理。在先生写此信后不久,10月28日第九届全国人民代表大会常务委员会第三十次会议修订通过了《中华人民共和国文物保护法》,针对先生所反映的情况,特别增加了第二十四条,明确规定"国有文物保护单位不得作为企业资产经营"。12月19日,国务院在北京召开全国文物工作会议。20日,国务院副总理李岚清出席会议并发表重要讲话,明确表示有些省市把文博单位合并到旅游公司并准备上市的做法是错误的。

制止，恐怕全国重要文博单位只要收入好的都将陆续被旅游公司所兼并。整个文博事业岂不被支［肢］解了吗？文物行政部门又怎么进行统一管理？我认为这种做法是很不妥当的。旅游业是经济产业，旅游公司是以谋求利润为目的的经济实体；文博单位则是以促进社会主义精神文明建设为宗旨的社会公益事业。把两个性质根本不同的事物捆绑在一起就混淆了事物的质的区别，就会把事情搞乱。尤其是要把革命文物上市更为不妥。这样说，我绝不是要把革命文物排斥在旅游之外，恰恰相反，我倒是很希望旅游部门能更多地组织国内旅游者特别是青少年去革命遗址参观，接受爱国主义和革命传统教育，以利精神文明建设。这同样可以取得相应的经济效益。但在指导思想上绝对不能把革命圣地作为商品来对待。我认为，如果把革命圣地如井冈山等包装上市，不仅是错误的，简直是对革命先烈的亵渎。事实上，社会效益与经济效益是统一的，而且应当成正比。越是重视社会效益，经济效益就会越好。如果只是片面地追求眼前和局部的利益，不但会损害社会效益，而且归根结底还会损害长远的经济效益。对文博事业来说，必须要把社会效益放在首位，这是必须坚持的基本原则。小平同志明确指出："思想、文化、教育、卫生等部门都要以社会效益为一切活动的唯一准则，它们所属的企业也要以社会效益为最高准则。"并且对"把精神产品商品化的倾向"和"一切向钱看"的现象，进行了严肃的批评。他指出："混迹于文化界、出版界和文物界的一些人，简直成了唯利是图的商人。"因此，把文物博物馆与旅游企业合并为旅游公司捆绑上市的做法，是违背邓小平理论的，是不可取的。我认为一定要坚持社会公益事业不能企业化，国有资产不能私有化。

　　文物保护与发展旅游原本是应当相互促进、相辅相成的。文物部门要有旅游意识，应当在文物保护的前提下，最大限度地为发展旅游创造条件。而旅游部门也应当认真贯彻中央的文物工作方针，尊重文物工作的客观规律。不是一切文物都是旅游资源，能够成为旅游对象的文物只是其中的一部分。也只是这一部份［分］才是两个事业的结合点。但是，要结合得好，就必须有个"度"，即必须以文物保护为前提，超过了这个"度"，就会走向反面，正如列宁说的，真理过一分就会变成谬误。文物工作是一项政策性、专业性很强的工作，因而不是任何部门、任何单位、任何人都可以掌握好这个"度"的。为此，那［哪］些文物可以"开发"？如何"开发"？"开发"到什么程度？那［哪］些文物不宜"开发"，或者暂时不宜"开发"，都应当由文物主管部门根据中央确定的文物工作方针和政策，遵循文物工作本身的客观规律来做出决定，而不宜单纯从旅游需要来决定。

据说，在"五一"期间敦煌有两万人参观，这完全是超负荷的，对壁画影响甚大，照此下去，不用多少年，敦煌壁画可能就完全消失了，我们这一代人将何以向后代子孙交代？早在一九八七年国务院一〇一号文件规定"像敦煌壁画这类易于损坏的稀世珍宝，不能作为一般性的旅游开放点，必须严格控制参观人数，并采取有效的保护措施"是完全正确的。我认为，旅游和文物部门应当相互理解、相互尊重各自的要求，相互促进、密切协作，共同把"度"掌握好。只有这样，才能形成发展旅游与文物保护的良性循环，达到"两利"的目的。反之，掌握不好"度"，就势必造成"两不利"：既不利于文物保护，更不利于旅游业的可持续发展。当前的情况是，公司兼并文物单位并非一切单位都兼并，收入不好的一概不要，兼并对象专门选择收入最好或较好的单位。这即表明，兼并的决策者根本没有考虑文博单位必须要坚持小平同志提出的必须要以社会效益为唯一准则或最高准则的要求，而是把"文物"当"摇钱树"，以单纯追求最高经济效益为目标。在这种指导思想下所建立的管理体制，怎么可能会很好地掌握"度"的问题？特别还值得注意的是，如果只是从增加地方财政收入出发，就把属于国有的、不可再生的珍贵文化遗产作为一般企业的资产上市经营，承担经济风险，会不会造成国有资产的流失？这也是令人深感忧虑的。

我认为，目前的这种情况，已经影响了文博事业的正常发展，为此专函呼吁，恳切期望领导予以关注，并采取措施纠正绍兴的做法，刹住当前的这股兼并风。同时也建议，可否由有关部门在调查研究的基础上，建立起互相通气、加强合作的协调机制，以促成发展旅游与文物保护的良性循环。

　　以上意见供您参考，如有不妥，请批评指正。

　　此致

敬礼!

谢辰生谨上

八月十九日

致刘淇*

刘淇同志：您好！

我从北京新闻中听到您在保护皇城会议上的讲话内容，其中提出了要以对历史、对民族、对国家负责的态度整体保护皇城。之后又辗转听说这个整体保护的原则也有可能扩大到二环以内的整个老城区。对于我这个年逾八旬，为保护北京古城奋斗了半个世纪的文物老兵来说，实在是个天大的喜讯。我对北京市新一届领导做出了如此具有远见卓识的英明决策表示由衷的钦佩和感谢！这个功在当代、利在千秋的决策，如果经过努力得以实现，它将成为建国后北京市人民政府一个永垂史册的最大政绩，也是最得人心的重大举措。这绝不是溢美之词，我可以有把握地说，这是反映了很多专家学者乃至北京市基层大多数老百姓的看法。据我了解，人们在街谈巷议中大多数人都对那种推平头的危改方式反映十分强烈，如果进行一次广泛的、不施加任何压力的客观民意测验，就一定会证明这一点。为此我恳切地期望市领导一定坚持这个决策，促其早日实现。我认为，当务之急就是要下决心立即制止在二环以内，特别是皇城区仍在继续拆除完整四合院的危改活动。四合院是古城的细胞，毁掉了四合院，古城的生命也就消失了。近几年来，古城格局和风貌已遭到极其严重的破坏，是令人十分痛心的。但是，二环以内如果能立即停止乱拆风，还可以依稀看到这个驰名世界的古城轮廓，因此您现在提出整体保护原则实在是一场及时雨。也许有人提出，如果古城保持现在这样陈旧的面貌，如何迎奥运？这是完全多虑的。事实上，如果我们能把老城区整体保存下来，到 2008 年奥运时，使人们能够看到一个古老的历史文化名城，虽然是陈旧的（当然应当是整洁的）也必然会赢得人们的赞许。反之，如果按照南池子的模式，把老四合院推平而代之以

---

* 选自彭卿云主编：《谢辰生文博文集》，文物出版社，2010 年 9 月第一版，第 382～384 页。

刘淇（1942～），时任中共中央政治局委员，中共北京市委书记。

不伦不类的所谓高级别墅,其效果只能是遭到非议甚至谴责。现在对北京大规模拆除老四合院,来自国际社会的批评已经不少了。现随函附上我在一次学术研讨会上所做的题为《北京迎奥应当打什么牌?》的发言稿供您参考,请您指教。同时,我对实现您的决策提出以下几点建议:

第一,从战略上重新考虑调整北京市的总体规划,合理配置城市功能的布局,特别是要调整完善和细化不久前出台的北京历史文化名城保护规划。这个规划基本是好的,对存在的问题抓得很准,但缺少如何解决这些问题的有针对性的具体措施,需要进一步补充。

第二,调整老城区的危改政策。改变现在由开发商说了算的局面,彻底否定推平头的危改方式。凡是完整不危的老四合院,都应原地保存。

第三,调整对城区的危改时限。老城区目前存在的诸多问题是五十年来积累而形成的,要在短期内完全解决是不现实的。如果一定要赶时间,就只能采取大拆大跃进的方式。这是与保护古城的原则和要求相违背的,是绝对不可取的。因此只能采取逐步解决的办法,不能要求时限太紧,没有必要一定赶在奥运之前,否则政府就要投入较多的资金。

第四,北京古城这份珍贵遗产是属于整个中华民族的,也是属于全人类的。北京市政府固然负有直接保护的责任,同样中央政府也负有不可推卸的责任,因此建议国家应当在政策和保护资金上给予支持。

第五,在危改中一定要保护老百姓,特别是弱势群体的合法权益,尤其不能采用粗暴手段欺压老百姓。前几天,南池子一位住户送给我一份材料,现随函送上请您一阅。其中有些情况实在令人气愤,开发商、拆迁办有什么权力殴打群众?据我所知,他们采取的手段还有更恶劣的,恶劣到令人难以置信的程度。我作为一个普通公民和党员,恳切请求市领导对南池子的违纪情况进行调查,对有关人员严肃处理,以缓解群众情绪,维护社会稳定。南池子是首批公布的二十五片保护区之一,现在这种做法根本不是保护而是彻底的破坏,如果不及早纠正,则皇城整体保护的原则就会完全落空。

我已属耄耋之年,坦率地提出上述意见,绝无任何私利可图,完全是出于对祖国文化遗产的热爱，出于对弱势群体老百姓的同情，也是出于对党风廉政建设的关心，如有不妥请予指正。

　　此致
敬礼

谢辰生上
2003 年 3 月 4 日

　　顷又见《北京晚报》刊登有三眼井将成为仿古街的消息，"仿古"提法本身就与国际社会通认的"真实性"原则相违背的，万万不可照此实施，否则就成了第二个南池子，是违背您的讲话精神的。

致温家宝、胡锦涛[*]

家宝同志并

锦涛同志：

　　我是八十二年前出生在北京的老北京市公民，又是在文物战线奋斗了半个多世纪的文物老兵，对北京古城的保护问题极为关切。顷阅报载家宝同志在考察北京城建工作时的讲话，明确指出："要在加快旧城改造、改善人民居住条件的同时，十分注意保护好文物和历史文化遗产，保护好古都风貌。"对此，我感到极为兴奋，正如几个月前听到刘淇同志关于要整体保护皇城讲话时一样高兴。但是，面对严峻的现实，又使我五内如焚，深为忧虑。

　　今年四月，北京市委提出要加强对北京古城的保护，并决定公布在古城区内需要保护的四合院名单，以便于广大人民群众进行监督。不久，由于非典肆虐，拆除四合院的活动被迫中止。但在抗击非典取得胜利之后，拆除活动又卷土重来，而且一些已列入名单的四合院亦被拆毁。七月十六日，北京市在东四十二条举行了为古城区第一个四合院保护院落挂牌的仪式，北京市主要领导刘淇、王岐山同志亲临现场为四合院揭牌。仪式完成后，又召开了由各区各部门主要负责人参加的座谈会，刘淇同志强调指出："对四合院要成片保护，要加强规划，旧城内不允许成片'推平头'，盖楼房。对此，态度要坚决，措施要果断。保护好文物，保护好四合院，保护好古都风貌是市委、市政府的历史责任。"这话讲的［得］是何等的好啊，充分表达了市领导的决心。

　　但是就在刘淇同志讲话后的第三天，七月十八日午夜，二十几个手持大棒的人分乘小面包和小车，闯入西单前老菜街民宅，砸了四五个四

---

　　* 选自李经国编撰：《谢辰生先生往来书札》，国家图书馆出版社，2010 年 9 月第一版，第 249～251 页。

　　此信据考证写于 2003 年。

　　温家宝（1942～），时任中共中央政治局常委、国务院总理。胡锦涛（1942～），时任国家主席、中共中央总书记。

合院，并打伤群众四人，其中一个小女孩才十五六岁（此事曾见于《北京晚报》）。在此案件发生后的几天内，在城区内又连续发生了同样情况的事件。尤其使人难以理解的是，据说七月廿二日深夜，竟发生了由北京市检查〔察〕院一位副检查〔察〕长亲自率人砸了高检职工的四合院宿舍。现随函送上几个老菜街受害群众给中央领导的申诉信，请您一阅。我真诚地期望中央领导能够直接听到来自基层老百姓的声音，以了解下面发生的真实情况。在党中央所在地的人民首都，竟发生这样的咄咄怪事，实在令人感到震惊和愤慨!!!

几年来在危改中，开发商、拆迁办以粗暴手段欺压老百姓的事件虽已屡见不鲜，但尚未发生过像现在这样聚众持械、夜袭民宅的严重事件。这表明，北京有那么一股力量明目张胆地向市领导提出的保护古城的正确决策进行挑战，而且还有恃无恐，这是很发人深思的。也许有人认为已与政府签过合同，程序上是合法的。我想，在合同条文中总不可能有允许打砸群众的内容吧？夜袭民宅的打、砸、抢行为，是对人民群众基本权益的粗暴侵犯，是违反宪法的，是触犯刑律的，现在已在社会上引起强烈的反响，如不采取果断措施，严肃处理，听其继续发展，将直接影响到首都的社会稳定。而且，如果任其继续拆除四合院的活动不加制止，则家宝同志关于要十分注意保护文化遗产、保护古都风貌的讲话精神，和市委、市政府下决心保护古城的决策就会落空，后果是严重的。

但是，此时如无中央的关注和支持，只靠基层公安部门侦破和处理，是很困难的。过去几年中，开发商、拆迁办派人殴打或其他方式欺压百姓的事件，迄今没有一件得到公正的解决，最后总是以老百姓忍气吞声地接受不公正的现实而告终。有的公安人员也是只能暗暗对老百姓同情。因为对他们办案，来自各方面的压力和阻力实在是太多太大了。

北京市世界上独一无二的历史文化名城，国际上给予了极高的评价，是祖先留给我们的一份珍贵的遗产。保护好并使之传至后代，不仅仅是北京市委、市政府的历史责任，而且是我们这一代人的共同责任。您们是当前我们党和国家的最高领导，理所当然地负有这个责任。因此，我写这封信向中央紧急呼吁，恳切请求中央领导同志支持北京市委、市政府关于保护北京古城的正确决策，促其早日实现，并提出以下几点具体建议：

一、最近几年对北京古城格局和风貌的破坏是十分严重的，令人非常痛心，已在国内外引起强烈的反响。现在仅存的部分无论如何是不能再继续破坏了。北京市应按刘淇同志讲话"在旧城区不允许'推平头'、盖楼房"的意见，立刻停止继续拆除四合院的活动，并尽快公布北京市已确定保护的四合院名单，以便于人民群众进行监督，至少是要正式通知区政府严加保护，禁止拆除。因为名单迟迟不公布，就留给了一些人继续拆除四合院活动的时间和空间，对古城保护极为不利。

二、北京市最近连续发生的夜袭民宅的打、砸、抢事件，性质是严重的。锦涛同志提出"群众利益无小事"的理念，赢得了广大人民群众的赞许和拥护。北京发生如此粗暴侵犯人民群众基本权益的事件，显然不是小事。因此，恳切请求中央能予以关注，并督促北京市进行彻查，依法严惩肇事者，追究幕后指使者的法律责任。处理结果也应公开登报，以平民愤，以儆效尤，以利维护首都的社会稳定。

三、北京皇城申报世界遗产我非常赞成，但是，我建议不要把南池子模式作为典型推广到整个皇城区。我认为南池子模式是拆旧建新的典型，不是保护古城的典型。对古城保护来说，是需要我们总结的教训，而不是值得推广的经验。因为，南池子是以"推平头"的方式拆除了大量的老四合院，重新建了这些仿古的新建筑，保存的老四合院比重很小。媒体宣传说应保的已经全部得到了保护，是不符合实际情况的，这样宣传是很不实事求是的。如果以此为样板推广到整个古城区，其结果就是拆掉了一个老古城，又新建了一个仿古城，这是与国际社会共同确认的真实性与完整性的原则要求相抵触的。新创造的建筑群怎么可以作为遗产申报呢？整个皇城区如以此模式改造，大量拆旧建新，我有百分之百的把握说，申报世界遗产肯定得不到批准。因此，皇城区的保护还是应当按照市领导同志关于"当前必须停止对皇城内拆旧改'新'的行为。不能鼓励营造新景观的计划"的意见实行。只有这样，才能保持皇城的真实性和完整性，申报世界遗产才是有希望的。看来阻力相当大。

北京古城是国之瑰宝，是民族瑰宝，也是全人类的瑰宝，对它的保护问题是有国际影响的。我正是基于对北京古城重要价值的认识，基于自己毕生从事文物工作的责任感，才坦率提出以上几点意见，绝无任何私利可言，耿耿此心，可誓天日。如蒙考虑，使北京市委、市政府的决策能排除阻力得以完全落实，则北京古城幸甚矣。我认为保护好北京古城是民族利益，国家利益，它反映了广大人民群众的根本利益和长远利益，这恰恰是符合"三个代表"重要思想要求的。

我年逾八旬，早已离开工作岗位，本可以不问世事，在家坐享含饴弄孙之乐。但作为一个共产党员，则必须恪守自己为共产主义事业奋斗终生的誓言，对党的事业绝不应漠不关心。并且我坚定的［地］相信，历史发展的客观规律是不可阻挡的。不管出现什么曲折，不管遇到什么艰难险阻，健康的力量一定会战胜腐朽的势力，正义的事业一定会取得最后的胜利。我们在正确的党中央领导下，就一定会实现中华民族的伟大复兴。正是基于这种信念，尽管酷暑逼人，挥汗如雨，还是坚持写了这封信，不管其效果如何，今后我只要有三寸气在，仍将继续为保护祖国文化遗产而努力奋斗，并向一切危害我们党的事业的种种不良现象作不懈的斗争，鞠躬尽瘁，死而后已。

此致
敬礼！

谢辰生谨上
八月廿四日

附录三　有关文章

大型古遗址保护的开创阶段[*]

李晓东

大型古遗址保护，是近些年来备受关注的一项事业，在研究和实践方面都有不少进展，促进了大型古遗址的保护、利用和管理工作，取得了显著成绩。为了进一步加强大型古遗址保护研究，进一步保护好大型古遗址，有必要从历史发展的角度对大型古遗址保护工作进行梳理和总结，对有些工作进一步做出规范。这里简单谈一下大型古遗址保护肇始和开创阶段的几个问题。

一　大型古遗址保护的缘起

在一些文件和文章中，把大型古遗址称为"大遗址"，对开展"大遗址"保护的时间，有些文章认为是 20 世纪 90 年代中期。这可能与1995 年全国文物工作会议和 1997 年《国务院关于加强和改善文物工作的通知》有关。在"通知"中提到"古文化遗址特别是大型遗址"保护问题。如果不是从"大型遗址"这个词汇，而是从实质内容来考察，实际上在 20 世纪 50 年代，大型古遗址保护问题就已提出，只是用"重要的古代文化遗址"，而所列举的遗址都是大型古遗址（古城址）。在

---

* 原载于《中国文物科学研究》2006 年第 2 期。

这里"重要的古代文化遗址"和大型古遗址实际内容是相同的。

20世纪50年代中期,在全国各地兴起打井、修渠、挖塘、筑坝、开荒、修路、平整土地等农业生产建设高潮,在一些地方也因之发生了破坏文物的严重情况。为了在农业生产建设中做好文物保护工作,1956年4月2日,国务院发出《关于在农业生产建设中保护文物的通知》,其中要求地方各级人民委员会(政府)在进行农村建设全面规划中,把文物保护纳入规划,同时列出了一批"重要的古文化遗址"名单。"通知"规定:"全国有很多地区已经确定是革命遗迹和重要的古文化遗址,例如:河南省安阳殷墟、新郑郑韩故城、洛阳汉魏故城,陕西省西安市丰镐遗址、汉城,山东省临淄县齐国故城、曲阜县鲁国故城,河北省邯郸赵王城、易县燕下都,湖北省江陵楚郢都、纪南城,云南省大理县南诏故城,内蒙古自治区宁城县辽大名城,新疆维吾尔自治区哈拉和卓高昌故城、雅尔湖故城……在上述地址进行农业生产基本建设规划的时候,必须征得文化部同意,以避免遗址的破坏。"

在上述所列举的"重要的古代文化遗址"都是大型古遗址(古城址),其特点有三:一是规模大,面积一般都在几十平方公里;二是文化遗存和文化内涵十分丰富;三是在历史上占有重要地位,是我国文化遗产的重要组成部分。它们都是1961年国务院公布的第一批全国重点文物保护单位。

"重要的古代文化遗址",特别是位于农村和城郊的遗址,在农业生产建设高潮中,大都首当其冲,受到破坏的威胁。因此,国务院"通知"要求地方各级人民政府采取措施,包括将其纳入农业生产基本建设规划,加强保护,使祖国重要的文化遗产大型古遗址得以保存和延续,发挥其作用。这就是大型古遗址保护的缘起和肇始。

二 大型古遗址保护开创阶段的主要工作

在大型古遗址保护工作中,文化部和地方政府认真贯彻国务院"通知"和1961年国务院公布的《文物保护管理暂行条例》,积极开展各项保护工作。在大型古遗址保护的开创阶段,即1956年至1966年,主要是对大型古遗址开展全面调查、勘探以及必要的试掘，全面了解大型古遗址范围、各种遗存分布、保存状况，宣传文物保护方针政策，宣传、动员群众参与保护，开展"四有"（有保护范围、有标志说明、有记录档案、有人保管）为主要内容的规划保护和管理等工作。

这里以河北省易县燕下都遗址保护为例。1956 年 3 月至 12 月，易县政府多次颁发文件和布告保护燕下都遗址，组织干部对燕下都遗址调查，召开会议布置文物保护工作，举办文物展览，向群众宣传文物知识和文物方针政策，建立燕下都遗址群众保护小组 25 个，吸收文物保护员工 126 人。这些工作提高了群众认识和保护文物的自觉性，为燕下都遗址保护奠定了坚实的群众基础。

为了表彰燕下都遗址保护取得的成绩，1957 年 2 月，文化部文物局、河北省文化局和易县人民委员会（政府）在武阳台村，召开了有燕下都遗址内外 29 个村庄、4000 多人参加的"燕下都遗址保护模范单位和积极分子奖励大会"，对模范单位和积极分子进行奖励，进一步宣传文物方针政策和保护燕下都遗址的意义。这次表彰会对燕下都遗址保护产生了重要影响。

做好燕下都遗址保护，需要对遗址进行全面调查了解。各级文化部门对这项工作十分重视，除 1956 年易县文化科组织干部对燕下都遗址调查了解外，1957 年文化部文物局陈滋德、谢元璐、刘启益等人对燕下都遗址进行了初步调查。1957 年冬至 1958 年春，河北省文物管理委员会对燕下都遗址进行了调查，并在西城西墙中段阙口处进行了发掘。1958 年 1 月至 5 月，文化部文物局组织的燕下都工作队对燕下都遗址进行了调查和勘探，其成果由参加调查工作的黄景略执笔，撰写了《燕下都调查报告》，以中国历史博物馆考古组署名刊于 1962 年《考古》杂志。这些调查，从不同角度和不同层面为燕下都遗址保护提供了科学依据。

1961 年 3 月 4 日，国务院公布《文物保护管理暂行条例》，同时公布第一批全国重点文物保护单位，燕下都遗址是其中之一。"条例"规定，对于文物保护单位，应"划出必要的保护范围，作出标志说明，并且建立科学的纪录档案"，要有保管机构或有人保管。这就是文物界简称的"四有"。

为了贯彻"条例"规定，做好燕下都遗址"四有"工作，1961年7月，河北省文化局文物工作队成立了燕下都"四有"规划工作组，由业务干部敖承隆、孙德海、陈应祺和钻探技工马尚柱等十多人组成，开始以上述1958年调查成果为线索，对燕下都遗址进一步进行有目的有计划的全面勘察和小规模试掘，在进一步获取科学资料的基础上，对燕下都遗址做出"四有"规划，为"四有"工作和保护管理打下坚实基础。我1961年从北京大学考古专业毕业后，也参加到这一工作中来。在全面勘察工作之初，文化部文物局罗哲文还指导有关人员运用经纬仪测量勘察成果。

燕下都遗址的全面勘察工作，主要有调查、普探、试掘，把取得的成果测绘成图。在当时生活、工作极为艰苦的条件下，经过全组人员一年半的共同努力，对燕下都城址内32平方公里和城址外的一部分地区进行了全面勘察。当时对每项工作都要求很细很严，如钻探记录，按照全面普探布网和探孔情况做出详细记录。这次全面勘察，共调查勘探了地上城墙、地下城墙基址、城壕和城址内河道遗迹、地上夯土建筑台基、地下夯土建筑遗迹，还有作坊遗址如制铁工具、制兵器、铸钱、烧陶、制骨器等遗址，居住遗址、墓葬区等等，其中有许多遗存是这次勘察中发现的。它们均按一定的区域和规律分布，在城址内总体上可分为宫殿区、手工业作坊区、市民居住区、墓葬区等，全面勘察工作取得了丰硕成果，1965年第1期《考古学报》发表了勘察工作的科学成果《河北易县燕下都故城勘察和试掘》报告。这些全面勘察成果，为做好燕下都遗址"四有"规划和保护奠定了科学基础。

在这一阶段，文化部文物局通过抓典型、派专业干部指导、组织协调等多种形式，推动了大型古遗址保护工作。如派专业干部参与和指导山西侯马晋国遗址勘察和保护，1963年组织河南、广东等省文物考古工作者与山西文物考古工作者一起配合侯马基本建设对晋国遗址进行发掘等。同年，中国科学院考古研究所对黑龙江省宁安县渤海国上京龙泉府遗址进行大规模勘探。1964 年 5 月，山东省文化局组织临淄文物工作队，在中国历史博物馆等单位协助下，开始对齐临淄故城进行全面钻探；同年，还有河南省博物馆文物工作队对新郑县郑韩故城进一步做全面勘察和重点发掘；云南省文物工作队在大理勘测南诏太和城遗址，查明了城墙走向和范围，与此同时，他们都开展了保护工作。

三　大型古遗址"四有"规划保护工作

大型古遗址"四有"规划保护工作的前提和科学基础，是对大型古遗址地上地下各种文化遗存的分布、规模、性质、文化内涵、保存状况及相关环境等有基本的了解。要做到这一点，必须对大型古遗址进行全面深入的调查、勘探及试掘，并对所有成果进行测绘，就"四有"保护规划而言，大型古遗址的勘察平面图有着十分重要的作用，各种勘察资料是建立科学记录档案的基础。

"四有"中首先是对文物保护单位"划出必要的保护范围"，对大型古遗址（古城址）而言，只有勘探出它的整体范围，才能划出它的总体的保护范围；对大型古遗址（古城址）内的各种遗存，只有把它们调查、勘探、测绘出来，才能划出它们各自的保护范围和重点保护区，否则要科学地划出它们的保护范围是不可能的，同时，也就难以有针对性地提出对它们各自的保护要求和保护措施。"四有"中第二项是"作出标志说明"，如果没有勘探、测绘出各种遗址的具体位置、规模并划出保护范围，标志、说明牌树立的位置就无法确定，标志、说明牌上的遗址名称、范围、文化内容、保护要求也无法书写。"四有"的第三项是"建立科学纪录档案"，对大型古遗址的调查、勘探、试掘、测绘等各种资料和成果，划出保护范围、作出标志说明、确定保护措施，以及建立的群众保护组织和吸收的保护员等等材料，都是建立科学记录档案重要内容和基础。"四有"的第四项是有保护机构或有人保管，除有的需建立专门保护管理机构外，有些需依靠建立的群众保护组织，无论是哪一种，对大型古遗址勘察的成果、划出的保护范围、作出的标志说明等，都是他们做好保护工作的重要依据。

燕下都遗址的"四有"规划保护工作，在上述全面勘察工作成果的基础上进行，到 1963 年 3 月，燕下都遗址"四有"规划工作组基本上完成燕下都遗址保护范围和各类遗址保护范围划定，树立标志说明牌，建立记录档案和调整健全群众保护组织等工作。这是燕下都遗址保护的基础工作，也是大型古遗址保护开创阶段的重要工作。大型古遗址保护是文物工作一项重要的长期的工作，河北省文化局文物工作队（后相继改为河北省文物管理处、河北省文物研究所）在燕下都"四有"规划保护工作完成之后，又设立燕下都工作组。在以往勘察、"四有"工作等基础上，由石永士等继续对燕下都遗址进行勘察、保护和配合农业生产建设进行考古发掘，至 1982 年，各项工作取得了重要成绩。1996 年文物出版社出版的大型报告《燕下都》，是燕下都遗址调查、勘探、发掘以及保护的重要成果。

四　"大型古遗址保护工作座谈会"及相关问题

文化部文物局对燕下都遗址勘察、"四有"规划保护等所取得的成绩和经验十分重视，给予充分肯定。为此，文化部 1963 年发出（63）文物平字第 2064 号函，内称"定于 1964 年 3 月中旬在河北省易县召开大型古遗址保护工作座谈会"，并对座谈会内容提出明确要求。为了开好这次座谈会，也是大型古遗址保护第一次座谈会，1964 年 3 月 11 日，在易县召开了预备会，文化部文物局谢辰生、谢元璐，河北省文化局文物工作队队长李捷民和易县县长等参加，共同研究了座谈会筹备有关问题，为座谈会按时召开做好了准备。

1964 年 3 月 15 日至 24 日，文化部"大型古遗址保护工作座谈会"在易县召开，座谈会由文化部文物局副局长王书庄主持，参加座谈会的有河北、河南、山东、山西、湖北、陕西、内蒙古、黑龙江等省（区）文化文物部门和中国科学院考古研究所的代表。会议期间各地代表参观了燕下都遗址勘察、"四有"规划成果和保护现场，并按照文化部 1963年函件提出的以下内容进行了座谈讨论：

1. 结合燕下都遗址现场，交流如何解决保护遗址与生产建设矛盾的具体经验；

2. 交流如何划定重点保护范围以及配合生产建设进行保护与发掘工作的经验；

3. 交流如何组织群众性保护小组的经验；

4. 研究如何制定大型遗址的保护规划。

座谈会通过参观、交流，提高了保护大型古遗址的认识，研究了以后的保护工作，增强了保护好大型古遗址的信心，达到了推动各地大型古遗址保护工作的目的。山东齐临淄故城、河南郑韩故城等大型古遗址勘探、保护等工作就是在这次座谈会后展开的。

与这次座谈会相关的问题之一，是关于"大型古遗址"概念。近些年有的文章把大型古遗址，或者"大遗址"概念的提出认定在1995年，即全国文物工作会议的文件中使用"大遗址"提法。如果以国家文物行政主管部门文件为准，从上述文化部1963年关于召开大型古遗址保护工作座谈会的函件可以看出，"大型古遗址"概念提出应是1963年，距今已四十四年，而不是1995年，当然也不是有的文章认为的是1997年国务院《关于加强和改善文物工作的通知》中提出的了。这个时期只是根据新的形势和大型古遗址保护面临的严峻挑战，重提大型古遗址保护问题，而保护举措则带有明显的时代特点。

与这次座谈会相关的问题之二，是关于大型古遗址的"保护规划"概念。上述文化部1963年函件中明确提出座谈会内容之一为"研究如何制定大型遗址的保护规划"，即提出了大型古遗址"保护规划"这一概念和制定大型古遗址保护规划问题，并把这一问题放在大型古遗址保护的重要位置对待，反映了对制定大型古遗址保护规划在保护大型古遗址工作中的重要性和规律性的认识。在这次座谈会上与会代表对这一问题进行了认真讨论。但是，由于1966年开始的"文化大革命"，使制定大型古遗址保护规划的工作中止了。20世纪90年代中期，重提制定大型古遗址保护规划问题，是对这一问题认识的深化和保护理念的提升。国家文物局大力抓这两项工作，并从制定大型古遗址保护规划，到制定古建筑、石窟寺、古墓葬群等其他法定类别不可移动文物保护规划，已取得显著成绩。通过近些年的研究和实践，国家文物局 2004 年制定发布了《全国重点文物保护单位保护规划编制审批办法》和《全国重点文物保护单位保护规划编制要求》，在保护规划编制规范化和法规化方面迈出了重要一步。

附记：

此文在撰写时，石永士先生给提供了有关材料，在此致以谢忱！

保护避暑山庄和外八庙的重大决策[*]

李晓东

今年（1993年）是避暑山庄建园290周年。目前，避暑山庄和外八庙仍基本上保持着原有的格局与特点，根本的原因是国家的高度重视和采取了一系列保护与管理的重大措施，特别是70年代中期国务院作出保护避暑山庄和外八庙的重大决策，起了决定性作用，并产生了深远影响。在避暑山庄和外八庙的保护和整修工作中，王冶秋同志积极争取中央领导和有关部门的支持，并到实地调查研究，提出意见，倾注了许多心血，发挥了重要作用。我曾是河北省文化局文物干部，亲身经历了其中许多事情，有着深切的感受，并得到许多教益。

一

避暑山庄又称热河行宫或承德离宫，是清代皇帝避暑和从事各种政治活动的地方。它位于河北省承德市市区北半部，占地8400亩，是我国现存规模最大的古代皇家园林。

避暑山庄于清康熙四十二年（1703年）开始动工兴建，经过89年，至清乾隆五十七年（1792年）才基本完成，它规模宏大，周围环绕的"虎皮墙"，随山势起伏，气势雄伟，长达10公里。避暑山庄内分宫殿区和苑景区，总建筑达120余组、10万平方米之多。其中有著名的康熙（玄烨）皇帝以四字题名的三十六景和乾隆（弘历）皇帝以三字题名的三十六景。

宫殿区在避暑山庄南部，包括正宫、松鹤斋、万壑松风和东宫（仅存基址，其中卷阿胜境殿已重建），是清代皇帝处理政务、举行庆典、会见外国使臣的地方，也是帝后居住之所。

---

[*] 原载于国家文物局编：《回忆王冶秋》，文物出版社，1995年第一版。

苑景区分为湖区、平原区和山区。湖区在宫殿区的北面，是避暑山庄风景的中心，呈现一派江南风光。湖沼总称为塞湖，被洲岛桥堤分割为上湖、下湖、澄湖、长湖、内湖、如意湖、银湖和镜湖。热河泉在湖区的东北。湖沼水面广阔，约30万平方米。有月色江声、如意洲、青莲岛、金山、戒得堂、清舒山馆、文园狮子林和环碧（千林岛）等洲岛。主要建筑群有水心榭、文园（无存）、清舒山馆（无存）、戒得堂（无存）、月色江声、如意洲、烟雨楼和金山。平原区在湖区的北面，西部傍山。这里地势平坦，区域辽阔，约千余亩。主要分为万树园和试马棣两部分。在万树园的东部和北部，原有嘉树轩、春好轩（已复建）、永佑寺和乐成阁等建筑。现存于北部的永佑寺塔，是仿南京报国寺和杭州六和塔的形式修建的。在平原区西部山麓有文津阁，原藏有《四库全书》和《古今图书集成》各一部。山区位于西北部，约占整个避暑山庄面积的五分之四。原有寺庙、亭、榭、轩、斋等众多建筑，已基本无存。现坐落在主要山峰的亭榭，均为重新复建。

外八庙位于避暑山庄东面和北面，原有11座寺庙，即溥仁寺、溥善寺（已无存）、普宁寺、安远庙、普乐寺、普佑寺（已大部无存）、普陀宗乘之庙、广安寺（已无存）、殊像寺、罗汉堂（已大部无存）和须弥福寿之庙。这些寺庙自清康熙五十二年（1713年）至清乾隆四十五年（1780年）间陆续修建而成，与避暑山庄修建的时间大体相当。这些寺庙大多数是康熙、乾隆年间，在解决北部和西部边疆及西藏问题的过程中，为了巩固中央政权，团结蒙、藏等少数民族上层人物和供他们来热河觐见清朝皇帝、观瞻、居住和进行宗教活动而建造的。外八庙的文物、建筑等，从不同的方面，在一定程度上记录了清政府对边疆少数民族关系的历史；在建筑上它集我国各民族宗教建筑艺术之大成，是我国气势宏伟、富丽堂皇的建筑群。它体现了康熙和乾隆时期的民族政策和我国多民族团结统一的历史，并是这一历史的实物见证。

二

从清代末年到解放前，避暑山庄和外八庙由于人为和自然的原因，许多著名的风景点建筑、寺庙建筑等遭到了严重破坏。例如：避暑山庄殊源寺铜殿建筑等，被日本侵略军拆除；东宫分前部和后部，前部有主体建筑清音阁，是清代四大戏楼之一；后部有勤政殿和卷阿胜境殿，均于1945年11月毁于火灾；山区在康、乾盛世时有40余组依山而建的山中之园也已基本无存。日军占领热河时在避暑山庄还乱建了一些新建筑。

解放后，党和人民政府十分重视对避暑山庄和外八庙的保护与管理，及时建立了保管机构，对其整修工作连年不断，从而使这一重要的文化遗产得到了较好的保护。1961年国务院公布避暑山庄、普宁寺、普乐寺、普陀宗乘之庙和须弥福寿之庙为全国重点文物保护单位。

避暑山庄的江南风光全在于湖沼，保护湖沼极为重要。1951年、1953年和1973年先后三次大规模挖湖泥，整修湖岸和桥堤。1951年，当地政府用以工代赈的方式动员、组织群众挖湖泥，用款96000元，折合小米120万斤。古建筑和园林的整修工作连年不断，自1949年起，迄于1973年，除1969～1970年未拨款外，各级拨款总计169.545万元，即使在我国自然灾害最严重的1959～1961年也无例外，三年投资整修经费达13.67万元。

普宁寺是外八庙中保存最完整的一座寺庙，由于年久失修，主体建筑大乘之阁残破，急需修缮。当时任文化部文物局局长的王冶秋同志，对此十分关心。后经研究决定，于1960～1963年由国家拨款落架重修。这次大修新换16件艾叶青大理石柱顶和8根钢筋混凝土山柱，对所有糟朽的木构件均进行了更换，同时补配琉璃瓦件和擦洗鎏金宝顶，对阁内高22.28米、腰围15米的木雕千手千眼观音立像进行了加固。

但是，无可讳言，在保护方面仍存有许多问题，有的问题直接危害和改变着避暑山庄的格局与特点，甚至威胁古建筑的安全，发展下去后果不堪设想。比较突出的是"文化大革命"中一些单位违反国家《文物保护管理暂行条例》等法规、政策的规定，陆续搬进避暑山庄，使非文物单位不断增加。它们或占用古建筑，或修建新的房舍，或两者兼有，结果严重破坏了避暑山庄原貌，在一定程度上使其失去传统特点。

例如，某单位在湖区北面"万树园"修建宿舍楼九栋，占地面积5438平方米。不仅如此，当时有些单位还正在或将要修建新建筑，面积多达数万平方米。如果让这种违反国家文物法规的情况继续发展下去，避暑山庄这一著名的古代皇家园林，将会面目全非。

当时，避暑山庄在保护方面存在的严重问题，在广大群众和文物工作者中引起强烈反响，他们强烈要求中央采取坚决措施，制止在避暑山庄内增加新建筑，已进驻的单位应有计划地迁出，以保护好这一重要文化遗产。避暑山庄管理处负责人责任在身，忠于职守，根据国家文物法规、政策的规定积极向当地政府和上级主管部门汇报和反映情况，要求制止迁入和新建。这样恪于职守、履行自己保护文物职责的干部，竟受到有的领导的严厉批评，甚至斥责！

在避暑山庄保护面临严重困难时，省文化局曾多次向国家文物事业管理局陈滋德处长和王冶秋局长汇报。他们对避暑山庄保护方面出现的问题十分关心。王冶秋同志多次明确指出：应该按照《文物保护管理暂行条例》的规定保护好避暑山庄。

三

1973年，进驻避暑山庄的某单位要求继续增建和扩建，且新建面积较大，承德地、市文物部门都坚持不能再新建。省文化局和国家文物事业管理局对避暑山庄的保护问题多次进行研究，并派人到现场进行调查。当时曾提出一些解决避暑山庄保护问题的意见，其核心是先冻结现状，但难以落实。10月中旬，去承德调查的同志在北京向王冶秋同志汇报了情况。

王冶秋同志听了汇报之后，意味深长地说："日本、英国面积不大，都有几百亩、上千亩大的游览区，我们社会主义国家为什么不能保留几个大的游览区呢？周总理陪同法国蓬皮杜总统参观游览云冈石窟，陪同加拿大特鲁多总理参观游览龙门石窟，对文物工作很重视，在大同指示三年整修好云冈石窟。李先念副总理前几天去故宫，指示要维修故宫古建筑。离宫（避暑山庄）从长远看一定要对外开放，如果现在不注意，将来会很被动。外国元首、政府首脑和有名望的人士都愿意看新的参观点，明年英国首相希思来，会不会去承德？清代与英国建立关系就是在离宫（指乾隆皇帝在避暑山庄接见英国使节马戛尔尼）。"同时，冶秋同志让河北省文化局向省委汇报，如同意冻结现状的意见，由省提出意见报国务院。

冶秋同志的谈话，给了我们很大启示，我们当即向他建议，可与外交部联系，请冶秋同志和外交部领导同志一起去承德，对避暑山庄进行考察了解。冶秋同志立即拿起电话与韩念龙副部长商谈。韩念龙同志十分高兴，说他早就发愁，外交使团、外宾可去的地方太少了，早想去看看。同时询问了避暑山庄及沿途经过地方的有关情况。

说实在的，当时为了保护避暑山庄，我们想用外事促内事的原则去促使避暑山庄保护问题的解决。

10月28日上午，王冶秋、韩念龙以及国家文物事业管理局和外交部礼宾司等有关负责同志来到承德，开始对避暑山庄和外八庙进行参观考察。

当日下午，参观了普宁寺、须弥福寿之庙和避暑山庄部分景点。在金山亭，针对当时用大红油漆油饰的柱子，冶秋同志指出：颜色太不好，总理看了非批评不可。同时说：要把路修好，不然外宾和年岁大的游客上不来，总理来了就上不来。这些谈话处处表达了冶秋同志对周总理的尊敬与爱戴。韩念龙同志在金山亭上，为眼前的湖光山色深深吸引住，连连赞叹：壮哉，美哉，塞北江南！

当日晚上，王冶秋、韩念龙等同志听取了地市领导关于避暑山庄和外八庙情况介绍。之后，王冶秋和韩念龙同志就避暑山庄和外八庙保护、宣传、开放等方面谈了重要意见。

王冶秋同志在谈到对避暑山庄和外八庙应加强宣传时说："博物馆（避暑山庄博物馆）应把承德的历史很好宣传一下，搞个介绍离宫、外八庙历史的展览。这很有特点。《土尔扈特全部归顺记碑》余湛同志认为很重要，可以介绍。这个展览搞好了，有些人不能全部看离宫、外八庙，可以看展览。这对人们了解离宫、外八庙以至承德都很有好处。"

在谈到保护时，王冶秋同志说："避暑山庄和外八庙的确需要保护下来，不能再增添新建筑了，不然面貌要全改变了！"接着，他把周总理陪同外宾参观云冈石窟和龙门石窟，指示要整修、保护石窟文物的情况作了介绍。进一步说：避暑山庄要早点搞个规划，申请一笔专款。这么大规模的古代园林，全国是第一个，希望早点规划，保护起来。按照国家法令，要保护下来，整修古建筑。这里搞好了，不论是配合我国外交路线，还是中央领导来休息，都很重要。他还对维修工作进一步提出了要求：要维修，就要很好地规划，还要保持原状。现在有些彩画不行，楠木殿（正宫区的澹泊敬诚殿）一上油漆看着不好，原来不饰彩画，表面朴素，实是精工细雕。有些桥（指湖区桥）的油饰颜色不大对头，要恢复它的原状，朴素些。

韩念龙同志就避暑山庄和外八庙对外开放的有关问题，如城市街道、环境卫生、园林绿化、文物维修等谈了意见。他说："避暑山庄是人民的血汗和智慧的结晶，是艺术品，保护不好，坏了，很可惜！对外对内开放，就一定要把文物保护下来。"

10月29日，王冶秋同志又继续参观了避暑山庄的一些景点，并到驻在山庄内的个别单位了解有关情况，实地看了一些新建筑物。在察看烟雨楼周围环境时，面对九栋家属宿舍楼，很有感触地说："大家都往风景区挤，把风景区挤完了，也就完了，就没有风景区了！"在这次参观考察中，王冶秋同志一再强调：我们的原则是基本上不能改变原来面貌，搞个冻结现状的意见，逐级上报，由省报国务院审批。

由于种种原因，这次考察并没有及时促成解决避暑山庄保护中存在与面临的急待解决的一些主要问题，但为以后解决问题做了重要准备。根据冶秋同志意见，博物馆在有关单位协助下举办了介绍避暑山庄和外八庙展览，加强了宣传工作。同时，群众要求保护避暑山庄的呼吁、文物等部门的反映，通过不同途径被传送到国务院及有关领导机关。

1974年10月26日，人民日报编印的《情况汇编》第2484期，刊登了情况组写的《承德"避暑山庄"多处被占用遭破坏，希望有关党委和有关部门重视保护这一古建文物，认真解决存在的问题》的情况反映。对避暑山庄和外八庙的基本情况和在历史上的地位与作用、保护中存在的主要问题和目前混乱不堪的状况以及承德市文物部门的希望等，作了比较全面和详细的反映。指出"到目前为止，进驻避暑山庄的共有大小15个单位"。"几年来，新建筑大量增加，全部新建筑占地面积约3.66万平方米，几乎占用了避暑山庄内全部平原"。"目前进驻避暑山庄，占地占房之势，仍无停止的迹象。为了贯彻执行中央有关保护文物的政策、法令，使这一重要历史文物，能够确实得到保护，不致继续破坏，希望重视解决这个问题"。"承德市文物管理部门的同志，希望上级党委采取有力措施，立即制止新的单位进驻避暑山庄；制止已进驻单位的继续扩建；所有进驻单位都应做出安排，有计划地迁出"。在《情况汇编》中还反映了有的进驻单位根据事业发展、需要扩建的情况，认为在避暑山庄受到限制，"他们也希望上级领导机关批准他们迁出，择地另建"。

四

人民日报《情况汇编》对避暑山庄保护问题的反映，引起中央领导同志的高度重视。11月4日，国务院办公室向国家文物事业管理局传达了纪登奎副总理的指示：承德离宫的问题，派个小组去承德处理。小组长由北京军区副司令员担任，组员由河北省委、国家文物局各派一名。

12月4日下午，纪登奎副总理召集调查处理避暑山庄问题小组在国务院开会。他们是：北京军区副司令员肖文玖（因在外地，由其代表参加会议）、河北省革命委员会副主任王路明、国家文物事业管理局局长王冶秋。纪登奎同志说："中央政治局责成我处理承德避暑山庄问题。我是北京军区的（北京军区政委），让我抓，部队要带头。你们先研究个意见。"之后，他忙着去开别的会议。在吴庆彤同志主持下，进行了研究，主要由王冶秋同志谈了情况和问题，最后议出了解决问题的原则意见，待纪登奎同志批示。纪登奎同志对个别提法作了修改，批示由北京军区、河北省革委会、国家文物局组成调查组，研究出方案，报国务院审批。他说："军队同志牵头，就是要军队带头，你们带头了，他们就好办了。"同时他又一次对调查组的同志说，你们去了要彻底革命。王冶秋同志说，去年去了本想解决一下问题。纪登奎同志说，原先想改良一下，这不行，群众老有意见。之后，纪登奎同志与李先念、华国锋同志就议定的意见做了研究，并由吴庆彤同志向调查组作了传达。

这次会议提出解决避暑山庄保护问题的原则意见主要内容是：现在驻在避暑山庄内的单位一律不许新建，计划往里搬的一律停止；驻在避暑山庄内的单位在一定时间内迁出，成立以地委为主的领导小组进行落实；迁出后的房子可作博物馆用，防害古建筑的房子要拆除；保护、维修、利用问题由省革委会和国家文物局作出规划报国务院审批。

12 月 6 日，调查组肖文玖、王路明、王冶秋及工作人员到达承德，开始调查处理避暑山庄保护中的问题。在承德，调查组向承德地市和驻避暑山庄一些单位的领导传达了国务院领导同志的批示和解决避暑山庄问题的原则意见；调查与实地考察了驻避暑山庄单位新建筑情况及迁出后拟新建地点；调查了解避暑山庄和外八庙古建筑保护情况并交换了整修古建园林的规划意见；召开有关部门领导和群众座谈会，传达国务院领导同志批示和听取意见，等等，做了大量的、深入的调查研究和群众工作，在此基础上研究起草了调查组向国务院的报告。于 12 月 14 日返回北京。

在承德期间，王冶秋同志在调查中，对文物保护做得好的给予了肯定，对有些问题也谈了看法。例如，他指出普宁寺保护得比较好，安远庙维护得不错；普乐寺很好，应该整修，可以拨给经费。他认为溥仁寺很重要，并问，为什么没有列入全国重点文物保护单位？（溥仁寺是现存的康熙时期的唯一一座寺庙，有重要历史价值，但由于工作上的原因，公布第二、第三批全国重点文物保护单位时仍未列入，致使外八庙现存庙宇中只有此庙不是全国重点文物保护单位，希望在提第四批全国重点文物保护单位名单时能够列入）之后，国家文物事业管理局给承德拨款 30 万元，用于整修避暑山庄（10 万元）和外八庙（20 万元）。

在这次调查中，王冶秋同志对一些重要问题反复谈了自己的意见。

在肖文玖、王路明、王冶秋等有关领导和调查组秘书班子成员谢辰生等
同志研究起草向国务院报告稿的过程中，王冶秋同志着重谈了两点：
一、对在报告中如何写避暑山庄的历史地位与价值问题，王冶秋同志一
再说，清朝一些皇帝一年中有半年左右时间在这里居住，许多重大的政
治活动都在避暑山庄进行，在这里接见少数民族的上层人物和一些国家
使节，几个重要的不平等条约的签订也在这里决定。修建外八庙体现了
康熙、乾隆时期的民族政策和我国多民族团结统一的历史。二、对驻避
暑山庄单位迁出后留下的新建筑要不要拆除的问题，王冶秋同志一再
说，驻避暑山庄单位分期分批迁出后，一些新建筑应拆除，在报告中应
作为一条原则写。如果在报告中不写，将来我们做整修规划、拆除就没
有根据，没有原则。至于具体拆除哪些，或者如何利用，在这个报告里
可不写。

　　王冶秋同志的上述意见，得到调查组其他同志的赞同，一一写入向
国务院的报告中。

　　1974 年 12 月 14 日，由肖文玖、王路明、王冶秋署名向国务院的报
告，共分三个部分。第一部分是"避暑山庄的基本情况和存在问题"。
报告说："承德是清代的第二政治中心，从康熙四十二年（1703 年）到
乾隆五十五年（1790 年），经历了 87 年的时间，在这里营建了避暑山
庄和外八庙。它不仅在建筑艺术、园林布局上，集中了我国各民族的特
色，更重要的是，一些建筑物本身就是当时重大政治历史事件的产物。
从康熙开始，清代有些皇帝每年都有半年左右的时间来此居住，许多重
大政治活动都在此进行。现存的古建筑和碑刻，非常具体生动地反映了
康熙及乾隆前期抵制沙俄侵略的历史，反映了清初我国多民族统一进一
步巩固与发展的历史。"报告对进驻避暑山庄单位的历史与现状作了分
析之后写道："据调查，目前进驻避暑山庄的有承德军分区、解放军
266 医院、承德地区招待所、承德地市委家属院等大小 17 个单位。共
占地 65.7686 万平方米，约占避暑山庄整个平原总面积的 66.05%；建
筑面积共 8 万平方米左右，其中新建筑 7 万多平方米，占用古建筑 7 千
多平方米。由于这些单位的进驻，已经在不同程度上改变了避暑山庄的

面貌，问题是必须解决的。"

　　报告的第二部分是"解决的方案和具体步骤"。写道："我们到达承德传达中央领导同志的指示精神以后，承德地市委、军分区及各有关方面的负责同志一致表示'完全拥护，坚决执行'，并成立了搬迁领导小组。经过调查研究，认真讨论，决定任何单位不得再进驻避暑山庄，目前进驻单位一律停止扩建，并按照勤俭节约的原则，做好搬迁工作。迁出单位有些可以尽量利用现有房屋，少搞新建筑；必须搞新建筑的，一律不得超过原有的建筑面积；个别单位因有特殊需要，必须征用土地的，应当尽量少占地，占坏地，防止影响农业生产。"根据这些原则，在报告中提出了两个方案，第一方案：离宫内除幼儿园、兴隆街派出所（以后改为离宫派出所）等单位外，其他单位一律在一定时间内迁出。实施这个方案的初步估算，拟请中央补助经费 1 千万元左右和部分建筑材料。第二方案：除第一方案列举的单位和承德军分区（不含家属宿舍）外，一律迁出，拟请中央补助经费 800 万元左右和部分建筑材料。第二方案的好处是可以节省部分开支，"但从发展上看，对避暑山庄仍有一定影响，对军分区今后的发展也有较大的限制"。调查组倾向于采用第二方案，"具体实施的步骤，预定在中央批准后半年内，烟雨楼招待所和其他小单位一律迁出，266 医院等较大单位在两年内迁出。如采用第一方案，军分区在三年内迁出。"

　　报告的第三部分是"关于避暑山庄和外八庙开放、保护规划的问题"。报告在概述承德地市委初步设想之后写道："为了适应上述工作的需要，必须尽量利用现有的建筑，对于严重妨碍园林布局和古建筑的新建筑，可能要适当拆除一部分。对现有的古建筑要分期分批地进行必要的修缮、整理、使用，创造条件逐步向国内外观众开放。具体规划将由河北省革委会与国家文物事业管理局共同协商拟定，另报国务院审批。"同时建议国家有关部门协助省、地、市，制定一个承德市建设的长远规划，报请批准后逐步实施。

　　调查报告呈送国务院后，吴庆彤同志遵照国务院领导同志批示，于 12 月 24 日上午，邀韩念龙、任朴斋和国家计委、财政部的同志，会同肖文玖、王路明、王冶秋同志对调查报告进行了研究，并提出了三点意见报纪登奎同志。三点意见的基本精神与调查报告是一致的，其中谈到："从长远看，需要保持'避暑山庄'的完整性。现在住在里边的单位，除了个别需要保留的外，其他单位一律分批分期迁出为宜。大家原则上同意调查报告中提出的第一方案。现在先按第二方案办。"

1975年2月22日，国务院办公室通知河北省革命委员会、北京军区和国家文物事业管理局："关于承德'避暑山庄'保护问题的意见，国务院已批准先按第二方案办，即：承德军分区（包括六和塔附近家属宿舍）暂不搬迁，其他单位在二年左右时间内迁出。迁出单位新建房屋，要贯彻自力更生、勤俭节约的原则，尽量少花钱、少占耕地。搬迁基建项目，列入国家基建计划。具体搬迁方案，由北京军区和河北省革委会研究提出，报国家计委审批。"同时将国务院三位副总理纪登奎、余秋里、谷牧同志批示原文抄告。

纪登奎副总理1月24日批示："请秋里、谷牧同志审批。"

余秋里副总理1月27日批示："拟同意先按第二方案办。有些迁出单位应尽量利用外边现有房屋，少搞新建筑。新建房屋，要贯彻自力更生、艰苦奋斗的方针。少花钱，少占地，尽量利用荒地、坏地。请谷牧同志批示。"

谷牧副总理批示："同意先按第二方案办。执行一段看情况再说。"并在报告内第一方案处注："应当按此执行。"

国务院关于保护避暑山庄的重大决策，是在"文化大革命"尚未结束的历史条件下做出的，意义尤为重大，充分体现了国务院保护、弘扬我国重要历史文化遗产的决心。它为从根本上解决避暑山庄和外八庙保护中一系列重大问题明确了指导思想、方针、政策和重要原则，是避暑山庄和外八庙保护工作进入一个新阶段的重要标志，不仅有重大的现实意义，而且有深远的历史意义。同时，这一决策对我国文物保护事业也必将产生深远的影响。历史已经证实并将继续证实这一点。

五

王冶秋同志对避暑山庄和外八庙整修规划的制订十分关心。国家文物事业管理局、省文化局和有关单位派出专家和有关负责人,协助承德市文物部门对整修原则、整修项目及经费、材料等进行研究论证,使其建立在科学性与可行性的基础之上。1975 年 11 月 14 日,河北省革命委员会和国家文物事业管理局向国务院呈报了承德市革命委员会《关于承德避暑山庄、外八庙整修工程十年(1975~1984 年)规划的报告》。

整修工程十年规划制订的原则是:"主要是对现存古建筑的抢险和维修,兼顾园林、湖泊、道路、桥梁、假山的整治。对于现已不存的政治意义较大的古建和重要风景点,只是有重点地复原或清理其基址,不要求全面彻底的修复。"据此,提出了两个方案。第一方案:"总投资758.64 万元,计划整修古建筑 116 处,亭榭 16 处,桥梁 7 座,道路1.3 万米,古建基址 16 处,围墙 5300 米,假山 8 处,湖沼 80 万平方米,并清除积土 3.5 万立方米,安装避雷消防设备 17 处,完成全面绿化。计划分三期进行。"第二方案:"总投资 949.04 万元,计划整修的工程基本同第一方案,只是增加古建修复工程 10 处(建筑面积为 6848平方米)。分前后两期进行。"

规划报告对两个方案实施后的效果做了说明:"预计第一方案实现后,现存大部古建和园林中的重点亭榭整修完竣,可供对外开放;第二方案实现后,现存古建亭榭全部整修完竣,并可全部对外开放。"

在向国务院呈报十年整修规划时,考虑到当时国家的经济状况,提出拟同意第一方案,并建议将整修工程所需经费及三大材料和设备列入国家十年规划,分期分批拨付。

国家计划委员会对呈报国务院的承德避暑山庄和外八庙整修工程十年规划进行了认真的调查研究,于 1976 年 1 月 6 日向谷牧副总理报告他们的意见。顾明同志在核报时写道:"谷牧同志:承德避暑山庄和外八庙规模宏大,无论从文物、风景园林角度都有保存价值,且可供对内对外开放,建议以第二方案为基础,分两期进行,为期十年。这样,比第一方案多花 190 万元,但较为完整。妥否,请酌。"谷牧副总理批示"同意"。

国务院批准承德避暑山庄和外八庙整修工程十年规划,进一步明确了整修工程的指导思想和原则，解决整修工程的经费、三大材料（水泥、木材、钢材）和职工编制等重大问题，为整修规划的实施奠定了坚实的基础。这个由国务院批准长达十年、投资巨大的大规模的古建筑整修工程是史无前例的，在中华人民共和国成立以来还是第一次。因此，它所产生的影响是巨大的、深远的。

国务院领导同志对落实驻避暑山庄单位迁出方案和实施避暑山庄、外八庙整修规划十分关心。谷牧副总理和纪登奎副总理曾先后亲自到承德进行检查指导，现场解决问题。国务院领导同志的检查督促，大大加快了迁出单位的搬迁进度，促进了古建筑整修工程的进行。

六

现在，原驻在避暑山庄的单位，除市幼儿园按计划保留外，其他单位已由国家先后投资 3650 万元分期分批全部迁出，先后拆除了九栋家属宿舍楼、大礼堂等新建筑，为整修工程的进行创造了条件。但也应该指出，仍存在或出现了一些不符合国务院保护避暑山庄决策和文物法规的问题，如有的单位迁出后应拆除的新建筑尚未拆除，影响了原状的恢复；增建了一些不属于恢复原格局的蒙古包；继续在宫墙外紧贴宫墙修建了新建筑等。

避暑山庄和外八庙整修工程十年规划，在实施过程中，经批准对某些项目进行了调整后已于 1984 年完成，国家共投资 1353.4 万元。之后，又开始按第二个十年规划进行整修工程。现在，避暑山庄和外八庙基本保持和恢复了原来的格局与特点，早已对国内外游人开放。1982年，国务院先后公布承德为第一批国家历史文化名城，避暑山庄和外八庙为第一批国家重点风景名胜区。在继承与弘扬中华民族传统文化、巩固与加强民族团结、加速我国现代化建设中，它将不断发挥其特有的作用。

1993 年 6 月于北京沙滩北大红楼

1979 年为制定文物保护法整理的法规资料 *

李晓东

1978 年，党的十一届三中全会提出"有法可依，有法必依，执法必严，违法必究"的法制工作方针，法制建设工作加速进行。在这样的大背景下，文物保护法起草制定工作也提上日程。最早在 1977 年 8 月大庆文物工作会议时，王冶秋同志就提出这一问题。后来，他告诉谢辰生同志，要起草文物保护法，这项工作随即启动。1979 年，谢辰生同志开始起草文物保护法草案。

起草文物保护法草案，1961 年 3 月 4 日国务院公布的综合性文物法规《文物保护管理暂行条例》是重要的基础，同时，要总结新中国成立以来保护文物的主要措施、原则和实施的基本经验，还要借鉴其他国家的好的东西。做好这些工作，是起草好文物保护法草案的重要保障。

1979 年 9 月初，国家文物事业管理局文物处陈滋德处长和研究室主任谢辰生，让我到文物局为起草文物保护法草案搜集整理一些国外的文物法律、法规、规定和中国历史上的文物法规资料，供制定文物保护法时参考借鉴。

9 月 3 日，我来到文物局，9 月 4 日，即在陈滋德、谢辰生同志指导下，开始紧张的搜集、查阅、摘录、整理有关法律法规等工作。为了抓紧时间，早日整理好法规资料，我每天早上去文物局（当时在故宫慈宁宫办公）时，顺道在街上买两个烧饼，中午在办公室就茶水边吃边看材料。这样也减少了麻烦，不用拿全国粮票换文物局食堂饭票，不用去食堂就餐。经过一段时间的紧张工作，我先后搜集、查阅、摘录、整理了民国时期的文物法规 9 件，法国、意大利、埃及、日本、苏俄、瑞士等国家的法律法规文件 20 多件，圆满地完成了任务。它也是这一时期

---

* 原题目为《回忆为制定文物保护法整理资料的日子》，发表于《中国文物报》2014 年 2 月 7 日第 3 版。

我做的最重要、最有价值和具有重要意义的一项工作。

受当时条件所限，我没有留下材料备份。但在我当时的文物工作笔记中，记录了所搜集、摘录、整理的文物法律法规文件资料的目录和部分摘录，现抄录如下：

一　中国部分·中华民国

古物保管法令

民国十九年，因古物时为（有）出口，於是特别定古物保存法，今已有十余种法令……

古物保存法

十九年六月七日 国民政府公布 于二十二年六月十五日施行

古物保存法施行细则

二十年七月三日 行政院公布

中央古物保管委员会组织条例

二十一年六月十八日公布

中央古物保管委员会办事规则

二十三年十一月 呈奉国府令准备案

中央古物保管委员会会议规则

同上

中央古物保管委员会各地办事处办事细则

二十四年二月 呈奉国府令准备案

采掘古物规则

二十四年三月十六日 行政院公布

外国学术团体或私人参加掘采古物规则

二十四年三月十六日 行政院公布

古物出国护照规则

二十四年三月十六日 行政院公布

二 外国部分

法国古物保管法律

1887 年 3 月 30 日法律

一八八九年一月三日施行法令（此为实施古物保管法律所颁发之第一次"施行法令"）

一九一三年十二月三十一日法律

（公布于 1914 年 1 月 4 日政府公报）

第二十五条 若州市负担看守及保管费用时，得呈准美术部长，向游客征收参观费，其数目由州长规定之。

第五章是罚则，共七条，实际是六条，第七条是指得符合刑法多少条；对文物保管失职者也要罚。

一九二〇年十二月三十一日法律

本法律系制定 1922 年度预算事宜

一九二七年七月二十三日法律

一九三〇年五月二日法律

第一条 每州组织一"天然纪念物与风景名胜委员会"……

第三条 美术部组织一"天然纪念物与风景名胜高级委员会"。

第三章 保护风景区

第十七条 ……天然纪念物或风景名胜之周围，得……设一保护地带……

第二十一条 保护风景区成立之法令一经宣布后，一切巨大工程之计划，不论性质若何，亦不向关涉该项地带之全部抑一部，均应先行征求美术部长之意见。

第四章 罚则

第五章 附则

第二十八条 ……历史纪念物之周围……设立一保护地带。

一九三〇年七月二十七日施行法令

此系一九三〇年五月二日法律之施行法令

埃及古物保管法律

一九一二年六月十二日公布 法律第十四号

古物之通称

第一条　凡埃及管辖土地，无论地面地下，所有古物均为国家公有物。

第二条　所有关于美术、科学、文学、宗教、风俗之工业废弃与变换之偶像祠宇，巴西力建筑之礼拜堂，修道院……皆视为古物。

第三条　凡属官地及政府公布公物管辖区域所有地面地下之沙土，洪濑，与沙白克等，亦一律视为古物。

第七条　凡国家博物院保存之古物，亦一律视为公有物。

第十条　无论谁发现地上地下古物，应于六日内将古物交最近官署，除有采掘执照者外。

第十六条　把古建改为私人住房、园圃、货栈等除罚外，得赔偿损失。

第十八条　在古物上擅自书画姓名与各项文辞者，罚。

埃及保存古物部令 1912 年 12 月 8 日 工务部部令 第 50 号

古物售卖章程

埃及保存古物部令 1912 年 12 月 8 日 工务部部令 第 51 号

古物输出章程

埃及保存古物部令 1912 年 12 月 8 日 工务部部令 第 52 号

古物采掘章程

苏俄中央革命艺术文化等古物保管委员会条例

一九三二年八月二十日公布

第一条　为保存革命的、艺术的、文化的古物，设立中央管理机构。

一九三三年三月十日 保护革命、艺术、文化等古物法令

第一条　禁止破坏、改造或利用有国家意义之历史古物（如

……教堂、道院……），并禁止消灭有美术意义及属于国家保管物上之一切附属物件。

第三条　如欲利用历史建筑物，租借人于承认租费之外，并负担古物之一切保护费及修葺费。

一九三四年二月十日　保护古物补充法令

第一条　未经许可，不准毁坏、损害并利用有关考古学之遗物……并禁止毁弃有考古意义之物质、财宝、货币。

日本·文化财保护法

昭和二十五年五月三十日　法律第二百十四号

关于罚则有六条。

日本国宝保存法　昭和四年三月二十八日　法律第十七号

第十二条　凡祠庙或寺院（包含佛堂在内　以下仿此）所有之国宝……

日本国宝保存法施行令　昭和四年六月二十九日　敕令第二百十号

日本国宝保存法施行规则

昭和四年六月二十九日　教育部令第 37 号

日本史迹名胜天然纪念物保存法

大正八年四月十日　法律第四十四号

第四条　规定纪念物之保存得划定地域，禁止或限制若干行为，亦得命其为必要之设施。

日本史迹名胜天然纪念物保存法施行令

大正八年十二月二十九日　敕令第 499 号

日本史迹名胜天然纪念物保存法施行规则

大正八年十二月二十九日　内政部 37 号

瑞士日内瓦邦古物名胜保管法律

一九二〇年六月十九日法律

第一条　凡建筑物、动产、名胜之有历史的、科学的，或美学的性质而经编定者，行政会议负责监督其保管事宜。

第五条　内容说失去上述价值的，撤销编定。

第八条内容是不准招贴。

第十一条至第十六条是发掘批准，文物发现等事。

第十七条是罚款与治罪

瑞士伏邦古物保管法律

1898 年 9 月 10 日法律　1915 年 9 月 1 日、1920 年 12 月 7 日修订

第二十一条　关于发掘占用土地赔偿损失。

第二十二条　对发掘品政府半价收购。政府对于当地博物馆，予以扩充收藏之便利。

第二十三条　无论何人，概不得擅自于本邦地域内施行发掘。

第二十四条　关于罚金。

瑞士伏邦古物保管法律施行细则

1899 年 4 月 21 日公布

意国保护历史建筑物之立法

斐列宾群岛禁止古物出口条例

由斐列宾立法部召集上下两院制定并预备案

一、其中规定（暂定）"以一百年以上之物品为古物"。

（本条例 1931. 11. 13 批准）

当年，我在河北省文化局做文物工作。这次为制定文物保护法搜集整理文物法律法规资料，对我来说是一次很好的学习，我第一次比较系统地了解学习了民国时期和法国、埃及、苏俄、意大利、日本、瑞士等国保护文物法律法规的文本及其内容，受益匪浅，为自己进一步做好文物保护工作和开展文物法制研究打下了良好基础。

二十年前文物工作方针公布的一桩往事[*]

彭卿云

今年，是文物工作中周年纪念较多的一年，例如《文物保护法》颁布 30 周年，具有里程碑意义的首次西安全国文物工作会议及其确定的"保护为主，抢救第一"文物工作方针公布 20 周年，《文物保护法》第二次大修订，并将现行文物工作方针"保护为主、抢救第一、合理利用、加强管理"作为正式条文写入《文物保护法》10 周年，国务院首批 24 个"历史文化名城"公布 30 周年，还有与我国文物保护密切相关的联合国教科文组织通过《保护世界文化和自然遗产公约》40 周年等等，都是意义非凡，值得纪念、重温的大事件。唯其如此，也使我想起 20 年前首次西安全国文物工作会议确定文物工作方针过程中的一件往事。

1992 年 5 月 2 日，首次西安全国文物工作会议正式召开，党和国家领导人李瑞环、李铁映同志出席并分别作重要讲话，充分体现党中央、国务院对文物工作的高度重视。在此之前的年初，文物局党组责成我为李瑞环同志起草讲话稿。由于事先商量不够，对会议宗旨、议题吃得不透，匆匆受命，心底茫然。特别是自身视野囿于一隅，立足点低在底层一角，写出来的东西，自然只见树木，不见森林，只见脚下，不看天下，其广度、高度、深度都不适应讲话者高屋建瓴的需求，所以最终只被采用一些材料和论点，例如：中华文明五千年一脉相承，源远流长，历久不衰，唯我独存；如果将现有馆藏的历代文物珍品展示出来"就是一部完整系统、生动形象、翔实可征的中国通史"等等。其余满纸都成了废料，多日的"闭门造车"之苦统统化作内疚与汗颜！但由此也就破解了"功夫自在诗文外"的"密码"，引出许多教益。而今，20 年后

---

* 原载于《中国文物报》2012 年 7 月 4 日第 4 版。

重温李瑞环同志的这篇讲话，其高屋建瓴之气势，荡气回肠之感动，意味无穷之底蕴，依旧不减当年，真个"文章经国之伟业，不朽之盛事也"。就是这篇以"保护为主，把抢救放在首位"为题的讲话，对当时文物工作的历史和现状，保护文物的重要性和迫切性，文物工作者面临的形势与任务等等分析之透彻，论述之深刻，完全有理由称之为当代文物保护的宣言书！特别是在提出"保护为主，把抢救放在首位"的同时，还首次确定了一项全新的保护原则，"先救命，后治病"，强调了"把抢救放在首位"的紧迫性，对文物工作者发出了危急的警示。这些都犹如春雷震地，在全国文物界引发起振聋发聩的回响，大家都在欢呼文物工作新的春天已经到来！这篇讲话从标题到通篇论述，都用的是"保护为主，把抢救放在首位"。当时作为会议简报负责人，本人每次见这一表述，心中总有所思，总觉得前后两句不够整齐、对称，后半句又比前半句多出三个字，同我国习惯的传统表述形式不大一样，经再三琢磨认定"把抢救放在首位"，实际上就是"抢救第一"。"首位"完全等同于"第一"。如果把"抢救第一"放在"保护为主"之后，岂不就是"保护为主，把抢救放在首位"的另一种意义等同的表述吗！而且前后两句字数相等，读来也朗朗上口，便于记忆。为此，我找到时任李瑞环同志办公室写作组负责人李昌鉴同志，建议将"把抢救放在首位"改为"抢救第一"，并陈述了上述种种理由。李昌鉴同志第二天正式答复我："首长说照你的意见办，讲话正式发表时就以你的改稿作为标题，并在文中明确宣布必须坚持保护为主，抢救第一的方针。"最后，我们遵照这个意见，以"保护为主，抢救第一"为题公开发表。自此，这就成了中央决定的国家文物工作方针。2002年《文物保护法》修订时，又加上在1995年第二次西安全国文物工作会议上，李铁映同志提出的"有效保护，合理利用，加强管理"的十二字原则的后两句八个字，即"保护为主、抢救第一、合理利用、加强管理"十六字方针写入《文物保护法》，正式确定其法律条文地位，其完备、完整程度可谓史无先例了。近年来，有的老专家在论述这方针的由来、背景和形成过程时，曾多次提及本人对方针的词语表述提出过修改的往事。出于纪念方针公布

20 周年之想，现以文字记其原委，作为一炷心香，一份虔诚，以奉飨读者。同时，也借此机会说明，保护为主的思想，是新中国文物保护事业一以贯之的主张，国务院 1987 年 10 月公布的《关于进一步加强文物工作的通知》曾经明确指出："加强文物工作保护，是文物工作的基础，是发挥文物作用的前提。"这就是"保护为主"的实质。但是，正如谢辰生先生所说"现行的文物工作方针，是在斗争中制定的"，"它的形成不是那么简单的"。尽管它是新中国"文物保护政策的继续和发展，但并不是一下子被大家所认同的，到今天也还是没有完全被所有人都认同的"。这些都是事实，一个正确方针的出台确实不那么简单。今天在纪念其发表 20 周年之际，我国文物事业在这个方针指引下，已经处于今非昔比的全面发展的新局面，因而更值得我们记忆和珍惜，也更需要人们共同执行和维护。

关于《长江三峡工程淹没及迁建区文物古迹保护规划报告》的几点说明[*]

俞伟超

按照国务院三峡工程建设委员会的要求，中国历史博物馆和中国文物研究所接受了制订三峡工程库区文物保护规划的任务，1994 年 3 月成立了"三峡工程库区文物保护规划组"（以下简称规划组），1995 年 3 月 31 日，规划组以中国历史博物馆和中国文物研究所的名义与湖北省移民局、四川省移民办（今重庆市移民局）及长江委库区处签订了编制"长江三峡工程淹没及迁建区文物古迹保护规划报告"的合同。

经过大量工作，于 1996 年 5 月，规划组编制完成了《长江三峡工程淹没及迁建区文物古迹保护规划报告》（以下简称《规划报告》），《规划报告》共 25 本和附录 5 本、附件 1 本，已分批提交湖北省移民局和四川省移民办（今重庆市移民局）及长江委库区处进行审议，同时也提交三峡建委移民局。1997 年 12 月和 1998 年 2 月得到湖北省政府和重庆市政府的验收。现就编制《长江三峡工程淹没及迁建区文物古迹保护规划报告》的基本考虑以及制定规划过程中遇到的一些问题和处理办法，作一简要说明。

一　对三峡库区文物古迹价值的认识

制定好三峡工程库区文物古迹保护规划的基础，是对这个地区文物古迹情况进行符合实际的了解，因而制订规划工作的第一步是对库区的文物古迹进行全面调查和评估其价值。在这个过程中，我们得到了以下

* 原载于国务院三峡工程建设委员会办公室、国家文物局编：《长江三峡工程淹没区及迁建区文物古迹保护规划报告·综合卷》，中国三峡出版社，2010 年 3 月第一版。

俞伟超，原中国历史博物馆馆长，著名考古学家、教授。时任三峡工程库区文物保护规划组组长。

三点基本认识。

（一）三峡库区文物的重要性与独特性

三峡地区历史悠久，人文荟萃，是中国古文化的重要发祥地之一。独特的地理环境影响了三峡地区历史文化的面貌。现存三峡库区中历经沧桑而幸存下来的文物古迹，是古代中国文明整体中的重要组成部分，是一个很有自身特点的系统。

已发现的文物古迹共 1200 余处。其重要性和独特性，最主要的可以概括为 10 个方面。

（1）60 多处旧石器时代遗址和古生物化石地点（含 14 个难得的未被扰动的旧石器遗址），包括罕见的丰都高家镇的旧石器时代晚期的露天石器制作工场。许多遗址多中国南方旧石器特征的大型砍砸器、刮削器，是解决我国旧石器文化南北分界的重要地区。

（2）80 多处新石器时代遗址，是解决长江流域江汉平原至三峡和瞿塘峡夔门以西至四川盆地东西两大文化系统分界的关键地区。

（3）100 多处古代巴人的遗址和墓地，包括夏商周时期巴人的政治、经济、文化的中心地和战国晚期至秦代前后的巴王墓地，是解开古代巴人历史之谜的主要地段。

（4）数十处可说明楚、秦文化进入三峡地区历史过程的遗址和墓地。楚文化大致在西周中晚期时已进入西陵峡地段而至秭归一带，春战之际则达到忠县一带；秦人则在公元前 278 年攻下楚国郢都之役时，占有三峡全境。

（5）470 余处汉至六朝的遗址和墓地，包括了汉代鱼复县和朐忍县县城，是说明中原文化和当地巴文化如何逐渐融合的重要地段。

（6）6 处古代枯水题刻和数十处宋代以来洪水题刻组成的举世罕见的古代石刻水文记录长廊，其中的白鹤梁被誉为世界第一古代水文站。

（7）2 处东汉石阙和数十处唐以后的摩崖造像、碑碣、摩崖诗文题刻，有些是著称于世的珍贵艺术品，有些可说明当地重要历史情况。

（8）结合三峡自然风光特点的近 300 处明清建筑物，包括庙祠、民居、桥梁等，是自然风貌和传统文化的荟萃点。

（9）古代的栈道、纤道等世界上规模最大的古代航运遗迹。

（10）大量土家族等民族民俗文物，是四千年来巴文化遗痕延续至今的活化石。

所有这一切，都是古人开发三峡的历史证迹，包涵着大量可以激发今人勇气、智慧和提供历史经验的文化宝藏。今天修建三峡工程，也是前人开发在三峡活动的继续。我们应当让这些文体（化）遗产长期发挥作用，不能让后世子孙见不到这些久远而光辉的历史遗迹而留下万世遗憾。

（二）三峡库区文物资源的不可再生性

三峡工程涉及的文物古迹，包括地下文物、地面文物和民族民俗文物三大类，统统具有不可再生的性质。与其他造成破坏的当代各种建设项目不同，其他受损内容是可以重建的，而这三大类文物，一旦损失，就再也无法恢复。有一种估计以为民族民俗文化还会延伸下去。但一旦当地民族迁移到新建区后，整个生产、生活状况都将发生巨大的变化。原有的生产、生活方式不可能延续下去，其民族民俗特点也就将发生变化。所有这些文物古迹和现有民族民俗文物的丧失，对理解三峡地区多民族的历史文化来说，将造成无法弥补的空缺，从而对今后三峡地区的民族团结、文化建设、经济的可持续发展，将带来巨大的负面影响。

（三）文物保护与工程建设及移民安置工作的差异

文物保护工作与工程建设不同，其投资的方式、计算的标准、效益的表现都不一样；而且，文物抢救工作又必须在三峡工程完成以前就提前做完。这就不能完全按建设工程的模式来安排文物保护项目的经费支出。

由于同样的道理，也不能以移民补偿的一般办法来安排文物保护工作。例如青苗费的赔偿，因文物抢救与保护工作需提前进行，这种赔偿费用也应该提前按实际情况支付；关于民居迁移的赔偿，其中属于个人所有建筑物，应支付一定的征集费用，否则就会受到农民的随意拆迁毁坏。总之，都不能只是简单地按照移民补偿办法来处理。

二　编制《规划报告》的三个原则

早在 50 年代，中国社会科学院考古研究所、湖北和四川两省的文物考古机构及水利部长江水利委员会办公室考古队等单位就陆续进入三峡地区，进行考古调查和发掘。在 80 年代时，虽然对库区又进行了更多的调查、发掘工作，但规模仍然有限，对文物古迹的了解还远远不够全面和深入。

1992 年国家正式决定兴建长江三峡水利枢纽工程后，四川省和湖北省文化厅便组织了全省文物考古工作人员对库区的文物古迹进行详细调查。从 1993 年 11 月起，国家文物局及四川、湖北两省文化厅进一步组织了全国大量的文物考古队伍进入三峡地区，为制定文物保护规划对库区进行了全面的普查。至 1994 年 3 月以后，规划组又扩大了调查队伍和调查内容。

经过这些年的工作，至 1995 年秋，已在三峡工程淹没和迁建区内确定了地下文物 824 处、地面文物 451 处。但随着三峡工程的进展，肯定还会有一些新的发现，尤其是地下文物点。例如 1998 年初，又在巫山县和云阳县新发现了重要的新石器和商周时期的古代巴人遗址各 1 处。整个规划报告，是据全国 30 多个科研单位的数百名科学工作者所完成的基础工作报告而编制成的。规划组在制订保护规划的全部过程中，充分考虑了以下三大原则。

（一）科学性与准确性的原则

规划组编制完成的《规划报告》，是在各普查单位提供的大量第一手资料的基础上形成的。各单位对发现的各种文物点，都在万分之一的地图上标出了位置，并做了各种记录和提出保护意见。1994 年 6 月至 1995 年 11 月，规划组还召开了 8 次由国家文物局考古专家组、古建专家组及全国提供基础资料的部分单位参加的论证会或研讨会，并根据各方的核实和订正意见，对《规划报告》进行了多次修改。参加规划前期工作的单位有：中国社会科学院考古研究所、中国科学院古脊椎动物与古人类研究所、中国科学院地理研究所、中国科学院地球物理研究所、国家地震局地球物理研究所、中国文物研究所、中国历史博物馆、中国革命博物馆、南京博物院、湖北省文物研究所、四川省文物考古研究所、重庆市文化局、重庆市博物馆、北京市文物研究所、河北省古代建筑研究所、山西省古代建筑研究所、河南省古代建筑研究所、北京大学、清华大学、中央民族大学、吉林大学、山东大学、四川大学、武汉大学、厦门大学、天津大学、北京建筑工程学院、西南交通大学、重庆建筑大学、协和医学院、武汉测绘大学、长江委水文局地勘队。

《规划报告》是在这样许多专家、学者的指导下和数百名专业工作人员大量工作的基础上完成的，其科学性是可以信任的。这是新中国成立以来规划最大、内容最完备、准确性最高的一部文物保护规划。

（二）突出重点保护的原则

"重点发掘、重点保护"是自 50 年代以来我国考古文物界一贯坚持的原则，"保护为主、抢救第一"又是现阶段我国文物工作的基本方针。三峡库区的文物保护量空前巨大，时间又极其紧迫，基于这种现实，"重点发掘、重点保护"始终是制定三峡库区文物保护规划的指导思想。

确定三峡库区的文物保护重点时，当然会首先考虑到现有的各级文物保护单位。各级政府对文物保护级别的确定，是根据陆续了解到的情况而逐步公布的，而三峡库区的大量文物，有很多是近年新发现，还有不少是近年才认识其重要性。因此，这个文物保护规划不能仅注重已公布的各级文物保护单位，还应当根据现在的认识来确定其保护措施。这些措施是：

对地下文物，制订了 A 级（大部分发掘）、B 级（局部发掘）、C 级（少量发掘）、D 级（采样式的发掘）四个级别的发掘以及勘探和登记建档这些措施。计划发掘的总量，只占埋藏总量的 8% 左右。

对地面文物，制订了原地保护、搬迁保护、留取资料三种方案。原地保护的文物（含经保护处理后淹没于水下的）面积有 33934 平方米，搬迁保护的为 85637 平方米，留取资料的为 32284 平方米。在库区地面文物的总面积中，搬迁的约占 56%，还有大量的栈道、纤道则仅仅以留取资料的方式而将被淹没于水下，其保护面积并未计算。规划正是出于重点保护的原则，仅仅把三峡库区原有的历史性的建筑物等古迹，作了一些提要性的保存。

（三）经费概算贯彻了实事求是的原则

在《长江三峡工程淹没处理及移民安置规划大纲》中，确定了移民补偿投资实行概算总额控制及经费切块包干的方案，为文物保护估列了 3 亿元的补偿投资；但没有说明这个补偿投资的计算根据。规划组在制定保护经费概算时，对地下文物部分是根据国家文物局（90）文物字第 248 号文件《考古调查、勘探、发掘经费预算金额的管理办法》为依据而计算出来的。关于地面文物部分，因全国现行有关工程定额均不能准确地适用于三峡的抢救保护项目，就专门邀请了多方面的专家，特别是古建保护工程方面和定额编制方面的专家，按三峡地区地面文物的特殊工艺要求，制定了《三峡工程库区地面文物保护规划经费概算细则》，并经国家文物局审议批准后而作为依据的。这个文物保护规划中的经费概算，就是按照上述国家已有的考古经费规定和当前古建迁移的需要，并参照国务院三峡建设委员会有关文件及四川、重庆、湖北和北京的工程定额而制定的。

由于规划的制订工作是在 1994 年 2 月以后进行的，在当地获得的价格水平与长江委规定要求的 1993 年 5 月的不变价格有差距，当时经过统计平衡，其地下文物保护概算中的民工费和占地费已按照 1993 年 5 月不变价格作取费标准。而地面文物和民族民俗文物保护经费则按当时实际统计的 1995 年第三季度价格进行计算，总经费为 19.41 亿元。现按三建委移民局的要求，将地面文物和民族民俗文物保护经费折算成 1993 年 5 月的数额，经重新复核后，总经费应为 17.59 亿元。

三　关于地下文物保护问题

三峡工程涉及的地下文物至少有 824 处，各类遗存的埋藏总面积超过 2300 万平方米。规划按照"重点保护、重点发掘"的原则，对地下文物制定抢救性的发掘、勘查方案和安排经费。

　　三峡库区中的旧石器时代、新石器时代和后来的古代巴文化遗存，是地下文物保护的重点对象，采取抢救性措施的力度高于其他时期遗存。如丰都高家镇、忠县的中坝和哨棚嘴及口井口、云阳李家坝、巫山双堰塘、涪陵小田溪等等，都列为重点发掘对象。对于已有珍贵文物出土或有线索露头的重要墓葬遗存，是规划中的另一些重点，如曾出土过鎏金铜棺饰的巫山江东嘴墓群、发现有众多蜀汉陶俑和青瓷等文物的忠县涂井崖墓群等文物点。

　　全库区受影响的地下文物的埋藏面积约为2377万平方米. 而安排的发掘面积仅190万平方米，占埋藏量的8%。规划确定对105处地下文物不采取发掘措施，仅作登记建档处理，未安排保护经费。采取这类措施的文物点，占地下文物总数的12.9%。位于迁建区内的73处地下文物点，希望在新的建设中能够避开，所列保护经费是指工程建设不准备避开文物点时所必须支付的。

　　要求进行发掘的722处地点中，属于重中之重的A级发掘项目有61处，约占发掘文物点的8.45%，发掘面积82万平方米，占全部地下文物总面积的3.45%。次一等的B级发掘项目有175处，约占发掘文物的24.24%，发掘面积约74万平方米，占全部地下文物总面积的3.11%。作C级发掘项目的有281处，约占发掘文物点的38.92%，发掘面积约29.49万平方米，占全部地下文物总面积的1.24%。最低一等的D级发掘项目205处，约占发掘文物点的28.39%，发掘面积约3.68万平方米，占全部地下文物总面积的0.15%。

　　地下文物的不可预见性是很大的。按照以往经验，这部分规划的实施，必然会因发掘时所遇实际情况，加以调整。对于抢救地下文物来说，应当给予实施单位一定的调整权力。

四　关于地面文物保护问题

　　三峡工程涉及的需要进行各种保护措施的地面文物共计451处，包括祠庙、民居、石刻、桥梁、塔、牌坊、栈道、纤道等等。这是根据"重点保护、重点发掘"的原则，既考虑到历史、科学和艺术的总体价值，又兼顾了三峡地区特定的自然、人文环境而选定的。它们代表了三峡地区古建筑、古桥梁、石刻艺术等各类地面文物的最高水准，规划对每一处文物点，都从其文物特征、价值评估、保存情况和文物级别四个方面进行综合考虑，然后提出不同的保护方案。

规划要求进行原地保护的 110 处地面文物中，除了 4 处是采取围堤、筑坝等措施来保护的文物建筑外，大量是分布于长江两岸的洪枯水位题记、栈道、纤道和摩崖石刻。对于这些文物，除对一些价值极大、影响深远的采取技术较为复杂的措施（如白鹤梁的水下博物馆、龙脊石的异地复制展示）外，其余的只进行表面防风化处理后淹没于水下。另外，对迁建区的 11 处地面文物，因为新的建设可避开这些目标，原则上也是采取原地保护措施，没有专列搬迁经费。其中，古栈道、纤道的留取资料工作在规划中原是分散在各县进行的，现在看应该作为一个专项的工作来进行。

在进行搬迁保护的 250 处地面文物中，除列为专题保护的张飞庙和 2 座东汉石阙外，最重要的是一些民居群，特别是巫山大昌古镇民居群、秭归新滩民居群。大昌和新滩民居群在整体上保留了清代峡江地区古镇的风貌，包括原有居民的民俗和生活方式，具有很高的历史和民俗价值，作为极有区域代表意义的重要历史乡镇古迹来考虑，应作整体性的搬迁，计有建筑物 73 处。其他迁移的民居为 53 处，在全库区中，平均每个市、县、区仅有 2.4 处。其他祠庙、桥梁等共 107 处，平均每个市、县为 4.8 处。在 124 处石刻题记中，进行切割搬迁或异地复制的为 17 处，仅占总数的 13%。

至于保存现状残破或改动较大的地面文物，总计有 91 处，则只进行测绘、记录、摄像、照相、登记并采集保存较好的构件等，只列出了很少的经费。

三峡是举世闻名的具有丰富中国文化传统的区域，在新建成的三峡库区中，如果到处只见大片的洋楼群而连这么一点点传统古建和古代石刻都不留下，中国传统文化的面貌就几乎将一扫而空，后人将感觉不到这里曾是中国的历史胜地，这当然也不会符合三峡工程建设的设想。

五 关于专题保护项目及其他项目

整个三峡库区的文物保护内容中,有三项地面文物价值特殊,规模又大,按照移民部门要求,列为专题项目。此外,还有民族民俗文物的抢救以及博物馆的建设,均有特殊情况,需作专门说明。

(一)制定专题保护方案的白鹤梁、石宝寨和张飞庙三大文物点

涪陵白鹤梁、忠县石宝寨和云阳张飞庙,具有特殊的历史、文化、艺术价值,自制订三峡库区的文物保护方案以来,一直作为重点的专题项目来对待,故单独制定专题保护规划。现因这三个项目工程较大,内容较复杂,也可另作专门审批。

(二)民族民俗文物保护的不可回避性

民族民俗文化是活的文化遗产,或被称为“无形文化遗产”,其内容包括表演、音乐、工艺技术以及衣食住行、生计方式、一年的例行风习和伴随的重要器物,从 20 世纪起,已有多国立法保护。1964 年 5 月 25 日 ~31 日第二届历史古迹建筑师及技师国际会议通过的《威尼斯宪章》,特别提到要注意民族特性的文物。我国第六届全国人大第十三次会议批准的联合国教科文组织于 1972 年 11 月 16 日在巴黎通过的《保护世界文化和自然遗产公约》,也强调这些方面对巩固个人、地区和国家的文化认同和尊重少数民族的意义,要求当代文明国家应当对此持有谦逊态度并身体力行地加以保护。

就三峡地区而言,民族民俗文物随近水与远水的差距、山地高差的不同而体现出不同的文化内涵。三峡库区的民族民俗文物,都属于近水区域的,与高地的民族民俗文物不同。三峡工程的“开发性移民”战略,对这一地区民族民俗生活的影响是巨大的。移民生存环境和生计方式的改变,将对这一区域的传统的民族民俗文化产生重大冲击,许多传统的民族民俗文化将会完全消失。

所以,本规划确定进行的民族民俗文物保护措施,具有一种不可替代性,而数量只占受三峡工程影响的民族民俗文物的极少一部分。其保护方法有影像及文字记录、实物征集等方式,而以记录方式为主,征集

文物只是一些典型物品，数量不多，可说只是做了有限的重点保护措施。

（三）博物馆建设项目的必要性

通过陆续开展的对三峡库区地下文物的发掘和地面文物、民族民俗文物的征集，将有大量的、有价值的文物，需要集中管理，进行科学研究和展示宣传。建立博物馆是完成这些工作的必要手段。如果没有这样的机构，大量文物得不到应有的保护和进一步的研究，不能与广大人民群众和专家学者见面，三峡库区的文物保护工作发挥不了应有作用，实际无异于一种新的破坏。

三峡工程库区文物保护规划，是一项为抢救三峡淹没区及移民迁建区内的文化遗产而制定的全面系统的规划，它既考虑到文物的抢救，又考虑到了长远的保护，其最终目的则是使三峡地区的灿烂的古代文化及其珍品能长久地传之后世，长期发挥其社会效益。所以，在库区建设几座博物馆是必不可少的。至于经费由何处投入，建议三建委可从三峡工程的整体建设出发，与国家的其他有关部门商议决定。

规划组根据对三峡库区文物状况的了解和近数年来实际工作的体会，深深地感到时间上的紧迫感和保护中国文化传统的责任感，要求我们加强呼吁即时实施三峡文物保护规划。

这项文物保护工作因工作量巨大，时间又紧，必将出现的文物损失是必然的。抢救时间越短，损失就越大。最初在制订规划时，就因规划经费的迟拨延误了一年时间。后来又因规划审批工作的滞后，使文物抢救和保护工作又损失了二年的宝贵时间。

现在，三峡工程已于去年冬完成截流工作，各项工程建设正以高速度推进，库区水位将迅速提高，许多来不及实施抢救保护措施的文物古迹将永被淹没。而且，近两年来，由于文物保护规划未能按原定步骤加以实施，库区范围内发生的文物破坏事件出现迅速上升趋势，一些重要文物已受到毁灭性的破坏。如巴东县的省级文物保护单位"共话好河山"石刻已在开公路过程中被炸毁；云阳县走马岭墓地、李家坝的巴人墓地，巫山县的麦沱、江东嘴、椿树包等墓地，忠县的火电厂、鸡骨梁、崖脚、下白桥溪和武陵的罗洲坝等等墓地以及奉节县宝塔坪的古墓葬，已遭到大量盗掘，一些重要文物甚至流失海外；武陵县的 8 处纤道及洪水等题刻，亦因修公路遭损坏；宜昌和秭归县的民居等古建，又有了 32 处在移民过程中遭到破坏。这些珍贵的历史文物，都是规划中列出的保护项目。三峡工程部门没有按照规划中提出的内容实行保护措施，是造成这些损失的重要原因，如果文物保护规划继续不能及时实施，损失还将扩大，几年以后不知还能剩下多少文物古迹。

作为中华子孙，最不愿看到的是蕴藏在三峡库区的古老的、光辉的文化遗产，在短短数年时光中永远失去它的身影；也不希望看到新建成的三峡水库，成为一个没有中国文化传统和特色的环境。三峡工程是当代最宏伟的跨世纪的文明工程，我们必须从抢救和保护中国古代文化优秀遗产的大局出发，从中华民族的历史责任感出发，及时审批规划，尽可能多地抢救出一些文物，尽量减少损失，完成好保护三峡库区文物古迹的历史使命。

关于原中国历史博物馆通史陈列的记忆

王宏钧口述

这里就我所知道所记忆的，谈一谈 20 世纪 50 年代初到 90 年代末历史博物馆举办中国通史陈列的一些基本情况，其中不准确和错误的地方，请见谅。

一

自 1912 年（民国元年）国立历史博物馆建立，直到 50 年代初期，历博的馆名虽然几经变迁，陈列内容都是文物陈列。在新中国成立前的 40 年代我上大学时曾经参观过历史博物馆，就是摆的文物，分为若干专题陈列。新中国成立初期，酝酿着改革。当时改革就根据毛泽东主席《新民主主义论》中"民族的、科学的、大众的新文化"的精神，我记得那时大家都在学社会发展史，中央文化部科学普及局等单位举办了一个"从猿到人"展览。历史博物馆也参加了。正是 1950 年的春节，在厂甸庙会时展出，借的是师大附中的教室。之后，历史博物馆举办了"原始社会"展览。指导的人是裴文中（时任文物局博物馆处处长）和贾兰坡等。到了 1951 年，文化部和文物局提出来要举办中国历史展览，要按马克思主义历史观，用文物把中国几千年历史陈列出来。局里还以正式公文指示历史博物馆，这文件还在。所以，中国历史陈列应是从 1951 年开始筹办的。

当时周扬到历史博物馆作了一次动员报告。周扬是文化部副部长，又是中宣部的副部长，报告中他曾提出中国五千多年历史应按社会性质分期，又按朝代排列。朝代是历史的具体内容，社会性质是科学的抽象。这个报告的记录历史博物馆的档案里有，我看过。在这次动员以后，历史博物馆就开始研究筹备中国历史陈列。这个陈列工作的困难在于首先得结合历史学马克思主义历史观，虽然当时的历史博物馆应该说专家也不少，但是都没有学过多少马克思主义历史观。所以就请大学和研究所的专家大力支持，共同研究，一边学习，一边研究陈列方案。从这以后，历史博物馆就一段一段的搞。先摆出来的是原始社会（阶段），在午门前朝房。然后是夏商周（阶段），再后是春秋战国（阶段）。我记得1954年春，当时我还在局里，我陪同山东等地的同志去参观，那时候秦汉陈列已公开展出了。接下来是南北朝、隋唐、宋元（阶段）。到明清（阶段）的时候，明清陈列布置好，没有公开展览，为什么？因为提前办了一个中国近代史展览。后来还由上海人民出版社出了三卷本的近代史图录。到1958年，北戴河会议中央决定在天安门前建立历史博物馆和革命博物馆时，从原始社会，一段一段，除了明清摆出来没有公开陈列以外，连近代史都展出了。这次中国历史陈列说是试验也好，初步的草稿也好，已经搞了一遍。这一比较完整的系列展览，应该说是我国博物馆以历史唯物主义为指导举办中国通史陈列的初次尝试或准备。

二

1958年8月，中央决定建立中国革命博物馆和中国历史博物馆后，随即成立了以钱俊瑞副部长为组长，北京市委书记处书记邓拓、中央办公厅副主任田家英为副组长的两馆筹建组领导两馆的建设工作。中国历史博物馆的建馆小组由邓拓任组长，尹达任副组长。由于当时文化部精简机构，故宫、北图和历史博物馆都已下放北京市，邓拓是北京市委书记处书记，又是历史学家，"中国通史陈列"便由他主持。

邓拓首先请了一些历史学界的老专家，范文澜、侯外庐、考古界的夏鼐，北京大学的苏秉琦和邓广铭……讨论这个历史博物馆的中国通史陈列该怎么办，要定几条原则，大家热烈讨论了半天，首先定了一个问题——社会分期。范老（范文澜）主张西周封建论，侯外庐侯老主张魏晋封建论，郭老（郭沫若）是战国封建论。最后共同商定就按郭老的意见。这个原则就先定下了。其他问题大家讨论后，邓拓同志执笔，归纳出六条陈列原则，大家都同意，随即以馆筹建小组名义报中央宣传部批准。这六条原则如下：

（1）中国通史陈列既按社会发展分期，又按朝代排列。从原始社会开始，到鸦片战争前 1840 年结束。

（2）以阶级斗争为主线，同时结合生产斗争，要表现我国历史各个时期的生产力和生产关系的发展变化状况和劳动人民的斗争历史。其中突出地表现历代农民起义和标志各个历史时期生产力发展水平的重要发明创造。对我国历代的文化、艺术、科学和人们生活状况也适当地加以表现。

（3）凡是对我国历史发展各个方面起过重大推动作用的代表性人物都适当地加以表现。对代表被压迫阶级和民族的革命领袖人物和大思想家、大政治家、大军事家、大科学家、大文学家、大艺术家都有所表现。对统治阶级的重要代表人物，只要对历史发展起过重大积极作用的，也适当表现。

（4）关于我国历史上的民族关系，根据历史真实情况，正确地表现以汉族为中心的多民族的、统一的国家发展的历史，着重地表现民族间的友谊团结和各民族对祖国的贡献。

（5）关于我国历史上的中外关系，力求正确地表现中国在世界史上的地位和作用。同时也注意表现中外经济、文化的交流和相互影响。关于历史疆域地图问题，凡涉及国际关系的，本着既符合历史真实，又注重国际关系的精神慎重处理。

（6）关于我国奴隶社会和封建社会分期问题以郭沫若同志的观点为依据。

这六条原则就是"中国通史陈列"的纲领，它规定了"中国通史陈列"是一个什么样的历史陈列。这是指导"中国通史陈列"设计的理论基础。陈列的指导原则已定，研究设计的工作随即逐步展开。"中国通史陈列"的设计工作，当时分由四个设计组进行，即原始社会内容设计组、奴隶社会内容设计组、封建社会前期内容设计组、封建社会后期内容设计组。封前组又分为战国、秦汉、两晋南北朝三个设计小组；封后组又分为隋唐、宋元、明清三个设计小组。通史陈列由各小组分段设计。"中国通史陈列"是一个整体，因此，设有总体组贯通全局，指导各组，总体组由邓拓主持。

当时参加陈列设计工作的，除了本馆的业务人员外，还有不少从外单位抽派来的支援人员，有二三十人之多，都是知名的专家、教授和青年业务骨干。有商承祚、邓广铭、闫文儒、贾兰坡、郭宝钧、安志敏、苏秉琦、彭连琦（山东大学）、王毓铨等。年轻的有王守义、杨讷、吴荣曾等。当时原始组的负责人是贾兰坡，奴隶组是郭宝钧，封前组是苏秉琦，封后组是闫文儒；闫文儒还负责隋唐段，宋元段是邓广铭，明清段是王毓铨，设计力量非常强。另外当时史学考古界的权威人士如郭沫若、范文澜、翦伯赞、夏鼐、裴文中、黄文弼等也参加过研讨座谈。

开始拟通史陈列的大纲后，是一遍一遍地研究修改，到 1959 年 2 月已铅印了一本第五稿大纲了，然后在午门雁翅楼上，摆出了初步的大样子，请人审查提意见。我记得 1959 年 2 月间，在故宫绛雪轩开了一次审查、座谈会，来的老专家很多，谈得很热烈。我记得黄文弼老先生发言说："春秋划入奴隶社会，孔夫子是封建社会的圣人，他同意吗？"引的全场大笑。此后，陈列大纲继续一遍一遍地研究、修改。

同时派人分几路到各地调集文物。因为当时中央支持，中宣部开介绍信，加上给各地打了招呼，最终调来三万多件文物。1958 年"大跃进"以后，全国一盘棋，各地方大力支持，所以（调集文物）没什么大困难的地方。中央需要，就能从各处调来（文物）。像那个广州五层楼上的元代的"铜壶滴漏"，人家正陈列呢，就撤下来支援历史博物馆了。这样的事例不少。

1959 年 7 月出了第八次修正稿。8 月 18 日第九稿出来了。这个大纲最后是邓拓修改的定稿。到了 1959 年的 8 月初大楼展厅刚完工，8 月中旬文物就开始就位，正式布展。

1959 年的 9 月，中央来审查，是邓小平同志带队来审查的。来了好多中央的老同志，也来了好多专家。他们重点是审查中国革命历史陈列，对"中国通史陈列"也一并审查。到 1960 年的全国博物馆会议时，介绍这两馆建设经验，王冶秋局长就把那次中央审查两馆陈列试展的主要意见向全国来参加会的同志传达了。当时的意见中，有些同志觉得历史博物馆的展览太长，不便一般观众参观，并说这得让人家背着铺盖卷来看展览啊！最重要的意见是"见物不见人"，"这是文物陈列，不是历史陈列"。审查后决定"中国通史陈列"从 1959 年 10 月公开预展。当时展出陈列面积 8000 平方米，文物 8000 多件，绘画、雕塑、古代遗址照片、历史地图、碑刻拓片等 500 多件，在我国博物馆中第一次展出了五千多年的"中国通史陈列"。1959 年国庆期间几十个国家的元首和一些专家都曾来参观，在全国以至国外引起很大反响。预展大约一个月后又闭馆一段时间（大约是两个月），遵照中央审查意见进行修改。

在中国革命和中国历史两馆建立和建成与"中国通史陈列"的过程中，我认为应记住始终得到周恩来总理的关心、指导，他多次过问、听取汇报，在布展完成后，亲自参加现场审查，一个一个场面，一个一个专柜，认真观看，或予以肯定，或提出质疑及修改意见，令人难忘。王冶秋局长对两馆建馆和两馆基本陈列的建立和后来的历次修改也都始终十分关切，使我至今记忆犹新。

三

到了 1961、1962 年，那时候提出来强调阶级斗争，所以有人就批评：这个中国通史陈列中阶级斗争应该是一条红线，历博这个历史陈列不成为一条红线，只有几个红点。只得想方设法找更多的材料来补充农民战争，勉强拼凑"一条红线"。1966 年"文化大革命"期间，"八·一八""破四旧"之后，大概是 8 月 20 日或 21 日，周总理就指示革博和历博两馆闭馆，故宫同时闭馆。

1971 年，周总理提出来让故宫恢复开放，并开始办出国文物展览。首先是青铜器展，到法国、美国展览。跟着恢复了三个刊物：《文物》、《考古》和《考古学报》。大概是 1971 年提出来历史博物馆恢复开馆。原来历博的工作人员和从事通史陈列的工作班子绝大部分都下放了。请来大学一些年轻人。他们提出一个方案，打破王朝体系，各个历史阶段以农民战争打头（开始）。比方秦汉这一段，不是以秦开始，而是以陈胜吴广起义开始。隋唐这一段是以窦建德、李密等瓦岗山起义开始。拟出这个方案，就初步试展了。1972年底，周总理接见一位美国专栏作家，叫艾瑞·索普。接见前，周总理请北大历史系算了一个账，中国统一的时间和分裂的时间各有多少。针对当时西方国家对中国历史的偏见，根据历史事实阐明中国历史的主流自古是统一的多民族国家。当时王冶秋局长也在座。艾瑞·索普走了以后，就留下冶秋谈了一会儿，王冶秋把这个情况给周总理汇报了。周总理说："都以农民战争来打头，农民战争都是失败的。我们的历史不全成了失败史了么？"周总理还讲："王朝不能不要吧？帝王将相也不能一个没有吧？帝王将相也有对历史起到好的作用的。"

周总理这次的谈话不同意过分强调农民起义的历史作用，否定按王朝排列、否定一切帝王将相等历史人物的指导思想。1972年底，历博下放咸宁五七干校的人员绝大部分都回馆了。这时杨振亚同志也从国务院五七干校回京，出任"革命历史博物馆"（1968年革博历博合并）馆长，1973年初开始按周总理谈话的精神全面修改"中国通史陈列"。这年10月展出以后，观众十分欢迎，社会反响强烈。许多大学也来参观，有的如南京大学历史系的同志还要求咨询、座谈，因为当时不少大学历史系都不讲中国通史了。这次修改是在杨振亚馆长支持下，由巩邵英同志主持。他是一位老干部，原教育部党组成员、南开大学教授。

这次修改后，我建议以陈列内容编写出版多卷本《（图说）中国通史》，得到馆领导和陈列部同志们的同意。后来为了普及，由天津人民美术出版社出版了一部文图并茂的32开本《简明中国历史图册》，从北京猿人直到1919年的"五·四运动"，共分10册（当时中国近代史陈列从革命博物馆移到"中国通史陈列"，作为最后一段）。

到了1973年冬又出问题了。"中央文革"领导小组江青等人提出批林批孔，颂扬法家，批评儒家，还要批周公。为此1974年初在体育馆召开了动员大会。在此形势下，历史博物馆只得在"中国通史陈列"中补充了一些有关"儒法斗争"的内容，直到"四人帮"倒台以后才逐步拨乱反正。

四

1978 年中共十一届三中全会后，进入改革开放的新时期。1968 年合并的革博历博，1983 年两馆恢复原建制，各自进一步拨乱反正，整顿提高。这时思想界史学界各种思潮、见解很活跃，阶级斗争是否是历史前进的动力？对原始社会、奴隶社会、封建社会、资本主义社会、社会主义社会相继演的五种社会形态提出了质疑。对农民起义农民战争的历史作用是否应否定？战国封建论、中国明清时期是否出现了资本主义萌芽等等也都提出了质疑。总之，要修改"中国通史陈列"首先必须对这些问题提出适当的解决思路。这时老馆长全都离休了，任命我主持历博工作。我们先后两次请来二十来位历史、考古方面的专家召开座谈会，向他们请教。我记得邓广铭先生说，古代社会分期就采取"模糊哲学"吧！对以上举出的问题有些取得了共识，也有些存在分歧。对我们很有启发，很有帮助。我们研究后订出了以下几条，依此进行修改。

1. 此次先修改封建社会馆陈列，总体上，强调统一是我国历史自古以来的主流，也是我国历史的特点和优点。加强我国统一多民族国家的建立、发展和巩固。突出秦汉、隋唐和元明清三大统一时期。同时，结合社会经济文化的发展，展示中国封建社会的形成、发展、繁荣和进入 17～18 世纪渐趋衰落，为鸦片战争后沦为半殖民地半封建社会预示前景，以显示我们国家历史的发展脉络。

2. 根据史实，实事求是的展示农民起义、农民战争，保留秦末、隋末、唐末、元末、明末几次，其余撤除。

3. 加强汉唐丝绸之路陈列，充实中外经济文化交流。

4. 继续清理"评法批儒"的内容，进一步拨乱反正。

5. 压缩隋唐至明清陈列面积 800 平方米，减轻观众疲劳，同时用以举办临时展览，丰富展示内容，活跃展示氛围。

根据以上几条，封建社会馆秦汉至明清的陈列进行了"文化大革命"后的较大修改。修改后封建社会陈列的大标题如下：

第一部分　封建社会的形成——战国。

第二部分　统一的多民族国家的建立和封建经济文化的发展——秦汉。

第三部分　南方社会经济发展和北方各族大融合——三国两晋南北朝。

第四部分　统一的多民族国家的发展和封建经济文化的繁荣——隋唐五代。

第五部分　民族政权的并立和统一；封建社会开始向后期过渡——宋辽夏金元。

第六部分　统一的多民族国家的巩固；封建制度渐趋衰落和资本主义萌芽——明清。

为使历史脉络清晰，以理论的概况作为主标题，以朝代作为副标题。

这次修改后，我主持依据陈列内容，适当精简调整 10 册本《简明中国历史图册》，由香港三联书店和天津人民美术出版社出版了大 16 开本《图说中华五千年》上下两册，比较全面地记录了当时的"中国通史陈列"。

五

1987 年 5 月俞伟超同志接任领导历史博物馆工作，1988 年继续修改"中国通史陈列"。这时史学界又对一些理论问题仍继续争论。如五种社会形态的问题。有人认为中国没有奴隶社会。对封建社会认识问题就更复杂，有对马克思主义经典著作的理解问题，有封建社会的名实、封建社会的分期之争，封建社会中西异同的问题等等。

还有一些考古界的先生认为"中国通史陈列"中有好些展品不必要，例如人物像没有多少根据。怎么知道秦始皇就是这样的？孔子就是那样呢？1984 年修改的时候就有这个意见，当时我们坚持只要在古代留下有像的，我们就表现。比方汉武梁祠画像石里头有孔子像，我们就表现。《三才图会》等古书中有的像也可以用。但是我们新画的，历史上没有留下来的，如秦皇汉武像，如果撤下来，陈列中不宜说明有关历史，我们还是保留了。这次修改的时候，专家们有一种倾向，认为博物馆就应摆文物，像原来的历史人物、事件的美术作品和其他非文物的展品都可以不要。不赞成陈列文物以外的辅助展品。

这次修改，先从一层陈列（原始社会至南北朝部分）修改，到1990年修改完毕，经领导和专家审查后，重新开放。接着开始着手二层陈列（隋至清部分）。1992年，为了大楼维修闭馆，文物展品全部撤下退库。到了1994年12月，一层陈列才重新开放。二层陈列一直到1997年9月才完成修改，重新开放。至此，这次"中国通史陈列"的修改才最后完成。

如果要对这次修改进行评估，我认为最重要的有两点：

一　在中央支持下，俞馆长借助他在考古文博界的影响各地奔走调来或借来不少珍贵考古出土文物，如红山文化玉龙、大玉琮、汉代金缕玉衣，使"中国通史陈列"有所充实，得到不少更新。

二　撤销了大部分美术作品（历史人物、事件的绘画、雕塑）、古代科技模型、地图、图表、古史文摘和古籍等。与此同时，取消了分设"原始社会馆"、"奴隶社会馆"和"封建社会馆"。原始社会的"部分"标题改作"旧石器时代"和"新石器时代"。奴隶社会和封建社会标题，取消主题标题，简化成朝代的名称，如"夏"、"商"、"周"、"秦"、"汉"……"清"。实际上就是只按朝代排列了。全部大小标题多去掉了具体历史内容，简化为"经济与社会生活"、"科学文化"、"农业"、"手工业"，改为比较空洞的概念了。

对第一点馆内馆外一致，肯定这次修改工作和俞伟超同志的功绩。对于第二点馆内馆外看法不一，赞成者认为"博物馆就应该这样，这才是博物馆的陈列"；质疑者认为"中国历史的发展线索看不清了"、"这改成历代文物陈列了"。

1999年大楼开始"抗震"工程，两馆全面闭馆。直到2003年组建中国国家博物馆。所以这次修改是中国历史博物馆"中国通史陈列"的最后一次修改，也是最后的结束。（完）

（李晓东　彭蕾整理）

国家文物局机构名称沿革

彭蕾

1949 年 10 月 1 日，中华人民共和国中央人民政府成立。11 月 1 日，设立文化部文物局。此后，在新中国历史进程中，文物局名称多次变更，直到 1988 年国务院决定将"国家文物事业管理局"改为"国家文物局"。这一名称才稳定下来。现根据《中华人民共和国文物博物馆事业纪事（1949—1999）》[①] 资料，将文物局名称沿革辑录如下：

序号	历年机构名称	机构名称沿革
1	文化部文物局	1949 年 10 月 1 日，中华人民共和国中央人民政府成立。
		1949 年 11 月 1 日，中央人民政府文化部成立，设一厅六局，文物局是其中之一。
		1949 年 11 月 16 日，中央人民政府政务院任命郑振铎为文化部文物局局长，王冶秋为副局长。
2	文化部社会文化事业管理局	1951 年 10 月 1 日，文化部文物局撤销，成立文化部社会文化事业管理局。
		1951 年 12 月 14 日，政务院任命郑振铎为文化部社会文化事业管理局局长。
3	文化部文物管理局	1955 年 1 月 15 日，文化部部务会议决定，成立文化部文物管理局，主管文物、博物馆事业。
		1955 年 8 月 7 日，中共中央宣传部任命王冶秋为文化部文物管理局局长。
		1959 年 1 月 22 日，国务院任命王冶秋为文化部文物管理局局长。
4	文化部图博文物事业管理局	1965 年 8 月 23 日，文化部决定将图书馆事业再次划归文物管理局领导，改为文化部图博文物事业管理局。

---

① 国家文物局编，文物出版社，2002 年 9 月第一版。

续表

序号	历年机构名称	机构名称沿革
5	国务院图博口	1970 年 5 月，图博口领导小组成立，由国务院办公室直接领导。组长为军宣队干部，副组长王冶秋（原文化部图博文物事业管理局局长）。
6	国家文物事业管理局	1973 年 2 月 14 日，国务院发出《关于成立国家文物事业管理局的通知》，仍由国务院办公室代管。同日，国务院任命王冶秋为国家文物事业管理局局长。
7	文化部文物事业管理局	1982 年 4 月，国务院决定进行机构改革，将文化部、对外文化联络委员会、国家出版事业管理局、国家文物事业管理局和外文出版发行事业局五单位合并，设立文化部。国家文物事业管理局改为文化部文物事业管理局。
8	国家文物事业管理局	1987 年 6 月 20 日，国务院决定将文化部文物事业管理局改为国家文物事业管理局，仍由文化部领导。国家文物事业管理局独立行使职权，计划、财政、物资分配等单列户头。
9	国家文物局	1988 年 6 月 16 日，国家文物事业管理局改名为国家文物局。国家文物局是由文化部归口管理的国务院主管全国文物、博物馆工作的职能部门，在人事管理、行政和事业费预算、劳动工资等方面与国务院有关部门直接联系办理。"国家文物局"的名称延续至今。

整理后记

　　谢辰生先生是一位值得我们尊敬和赞誉的老一代文物工作者。他从1949 年进入文化部文物局从事文物工作，迄今已 66 年。在长达半个多世纪的岁月里，他为新中国文物保护事业的创建发展披荆斩棘、呕心沥血，为文物保护不辞劳苦、不言放弃，做出了卓越贡献。他是新中国多项重要文物方针政策、法律法规的主要起草人，是文物保护法律法规的奠基者和开拓者之一。谢辰生先生是新中国文物保护事业的参与者、践行者，是新中国文物保护事业史的见证人。

　　历史不应忘记。如果丧失了对历史的记忆，就可能在复杂的环境中迷失，做出有损于文物保存、保护与文化传承的错事，甚至造成文物损毁这一不可弥补的损失。"历史记录了过去，同样昭示着未来"。历史是最好的教科书。谢老确像一部内容厚重的书，他记忆力惊人，思路清晰。为了忠实记录和再现新中国文物保护史，从 2012 年初开始，我们就积极筹划请谢老讲述新中国文物保护史。我们先拟出十来个题目，与谢老沟通、研究，不断调整，形成了一个基本框架。总题目定为《新中国文物保护史记忆》。

　　真正启动，由谢老按照拟定的题目讲述，是 2012 年下半年。每次讲述，我们都做好录音、记录。由于谢老已年逾九旬，还有其他重要事要做，每次讲述时间都根据情况确定，一般安排比较宽松。从拟定题目到谢老讲述完毕，前后经过一年左右时间。

　　就整理工作流程来讲，谢老每次讲我们都做好录音、记录，继而将录音转化成文字，并进行初步整理，对讲述中涉及的相关史实和材料进行核实和补充。在此基础上，对讲述稿的结构进行必要调整，根据内容拟定文内各小节题目，最后形成整理初稿。在把全部初稿打印装订成册后，送请谢老审阅。谢老已审阅同意。

《新中国文物保护史记忆》（以下简称《记忆》）是新中国第一部口述文物保护史。正文部分是谢老讲述的十二讲，其中有些讲以一个时期重要文物保护工作为主要内容，有的讲以某个专题为主要内容，联系一定时期相关重要工作，整体内容丰富，时间跨度五十多年。同时，有三部分附录，都与讲述正文内容相呼应，使内容更加丰富、充实。附录一，选取一些新中国不同时期有代表性的法律法规等重要文件。附录二，选取谢老在不同时期就文物保护一些重要问题写给领导同志的部分书信。附录三，根据谢老的意见选取一些同志的文章或有关专家的口述，其中有的内容他不讲述了，可以此作为补充，如关于解决避暑山庄问题，用《保护避暑山庄和外八庙的重大决策》一文；三峡工程库区文物抢救保护问题，用《关于〈长江三峡工程淹没及迁建区文物古迹保护规划报告〉的几点说明》；有的他讲述得简单，如中国历博通史陈列问题，让我们请王宏钧先生讲述，等等。

《记忆》项目由中国文物学会申报，经国家文物局同意。在中国文物学会和国家文物局领导和王宏钧等专家的大力支持下，书稿已经整理完成。金冲及先生审阅书稿，提出意见，并为《记忆》撰写了序言。文物出版社领导和编辑同志为《记忆》出版做了大量工作，在此，对所有给予该《记忆》项目大力支持的领导、专家和有关同志，致以衷心的谢忱！

整理：李晓东（中国文物学会原副会长，研究员）
           彭蕾（博士，中国文化遗产研究院副研究馆员）
                               2015 年 12 月